吴玉贵 著

資治通鑑疑年録

上海古籍出版社

圖書在版編目(CIP)數據

資治通鑑疑年録/吳玉貴著.—上海：上海古籍出版社，2019.9
ISBN 978-7-5325-9315-6

Ⅰ.①資… Ⅱ.①吳… Ⅲ.①中國歷史-古代史-編年體②《資治通鑑》-研究 Ⅳ.①K204.3

中國版本圖書館CIP數據核字(2019)第173199號

資治通鑑疑年録

吳玉貴 著

上海古籍出版社出版發行

（上海瑞金二路272號 郵政編碼200020）

（1）網址：www.guji.com.cn
（2）E-mail：guji1＠guji.com.cn
（3）易文網網址：www.ewen.co

常熟市新骅印刷有限公司印刷

開本635×965 1/16 印張24.5 插頁5 字數294,000
2019年9月第1版 2019年9月第1次印刷
印數：1—2,100
ISBN 978-7-5325-9315-6
K·2688 定價：98.00元
如有質量問題，請與承印公司聯繫

《資治通鑑》紀事時間方面存在問題不少，長期未曾引起人們的足夠重視，更談不上專門研究，後出校點本的校勘也仍有缺憾。本書作者窮盡《通鑑》所有紀事時間，經過系統研究考證，以疑年錄的形式，揭示出《通鑑》紀事時間上的近九百條錯誤，填補了"通鑑學"研究上的一大空白，實可謂一個創舉。書首的長篇前言歸納《通鑑》正文紀事時間錯誤的六類情況、八項原因，最後涉及前人對《通鑑》紀事時間校勘失誤的七種問題，其深刻見解對古籍校勘有普遍意義。

序

吴玉貴《資治通鑑疑年録》是近年文獻學研究的一項重要成果，無疑會受到學術界的重視和歡迎。

《通鑑》是研習中國文史者的必讀書，其價值和意義用不着在這里饒舌。如本書前言所指出，《通鑑》在史學領域引發了一場深刻變革，對後世產生了深遠的影響，不僅續作者不絶，而且連研究《通鑑》都成了專門的學問。中國歷史的傳統形象，很大程度上是在《通鑑》一系史書中形成的。《通鑑》的作用實超過很多正史。晚清張之洞《書目答問》因《通鑑》"其書博大"，爲之別立一類，殊屬恰當。

清代趙翼《陔餘叢考》，認爲"《通鑑》倣《左氏》編年體，雖創於溫公，然溫公以前已有爲之者"，舉習鑿齒《漢晉春秋》、劉允濟《魯後春秋》，張始均改《魏志》爲編年，裴光庭等續《春秋》經傳，姚康撰《統史》，柳璞作《天祚長曆》等等爲例。實則這些書有的與《通鑑》性質不同，有的雖相類似而規模無法倫比。它們大都久已散佚，在學術史上没有多少影響，怎麼能和《通鑑》同日而語呢？有些人喜歡以考證的方式，說什麼古已有之，通過貶低一些學術成就的創造性而抹煞其價值，是不足取的。

一種高度發展的傳統文化，必然擁有若干足以垂之久遠的著作，爲想瞭解、研究、繼承這種文化的人們所必讀。西方也是這樣，例如美國大學里有"西方文化"必修課，規定要研讀一系列西方經典作品

（參看《讀書》1994年第1期張寬文）。談弘揚中國傳統文化，自然要研讀不少著作，究竟是哪些，學者間見仁見智，意見未必一致，但《通鑑》總該是其中之一。

我是最主張讀常見書的。常見書還沒有讀，卻一味去獵奇求異，絕非善讀書者。每個人生也有涯，尤其是處於現代社會，時間有限，讀書應當分別精讀、泛讀，對《通鑑》這樣的著作就該精讀。精讀能夠培養良好的學風。

最近，曹道衡等先生在《古籍整理出版情況簡報》上撰文，談到古籍整理出版"許多最基本的資料建設都還沒有完成"，提到的原因之一是"學術研究傳統遭到衝擊，逐漸形成不重文本，崇尚浮泛空疏之論及貼標簽的不良學風"。空疏學風的出現，正是由於對最基本的書籍都不肯下功夫精讀。

《資治通鑑疑年錄》不妨説是作者反覆精讀原著的結果。只要略加翻閱，不難看到作者以怎樣的細心和毅力，對卷帙浩繁的《通鑑》全書考察推求，得到豐碩的收穫。這樣的精讀，實際上是深入的學術研究，所獲成果既有裨於《通鑑》的研討，又便利了整個的古史研究工作。因此，《資治通鑑疑年錄》必將傳於久遠。希望這部書在恢復謹嚴務實的學風方面起重要的作用。

李學勤

一九九四年二月六日

於北京紫竹院寓所

叙 例

一、節録《通鑑》正文據中華書局（北京）一九五六年標點本（一九七六年重印本）。下附《通鑑》原卷數與標點本册、頁數。如：卷二百三十二，《唐紀》四十八，16/7465，即《資治通鑑》卷二百三十二，《唐紀》四十八，標點本第十六册，第七千四百六十五頁。

二、前人校文仍依標點本置於正文之下，加方括號。其中：

"嚴"代表嚴衍《資治通鑑補》。

"張"代表張敦仁《資治通鑑刊本識誤》。

"退"代表張瑛《資治通鑑校勘記》。

"章"代表章鈺《胡刻通鑑正文校宋記》。章鈺所用宋本仍依原來的簡稱，詳見標點本《通鑑》卷首附章鈺《胡刻通鑑正文校宋記述略》。

三、凡引用十七史各史"校勘記"，除特別注明者外，均爲中華書局（北京）標點本每卷後所附的"校勘記"（詳見《主要引用書目》）。

四、所列諸條衹限於前人没有校勘出的《通鑑》紀事時間的錯誤以及"胡注"與前人校勘中的有關紀事時間的錯誤。凡《通鑑》與正史記載不一，又未經《考異》考辨者，間亦附録存疑。

五、朔閏推算以陳垣《二十史朔閏表》、《資治通鑑目録》載劉羲叟《長曆》爲準。二書朔閏不一者，均在行文中加以注明。

前　言

　　《資治通鑑》是北宋編撰的一部編年體通史。主編司馬光，參加編寫工作的主要有范祖禹、劉攽、劉恕等著名學者。全書二百九十四卷，上起周威烈王二十三年（前四〇三），下迄五代周世宗顯德六年（九五九），系統記載了中國古代一千三百六十二年的歷史。

　　《通鑑》的編著者都是當時的碩學通儒，他們在編撰過程中"研精極慮，窮極所有"，"抉摘幽隱，校計毫釐"，前後歷時十九年（一〇六六至一〇八四），最終完成了這部千古流傳的史學巨著，同時完成了《目録》、《考異》各三十卷。書成之日，司馬光在《進書表》中説："臣今骸骨癯瘁，目視昏近，齒牙無幾，神識衰耗，目前所爲，旋踵遺忘，臣之精力，盡於此書。"説《通鑑》是一部嘔心瀝血之作，是一點也不過份的。《通鑑》取材廣泛，除了十七史之外，雜採傳狀、文集、譜録、野史等三百餘種，并在《考異》中對史事記載的異同進行了精審的考訂。這樣不僅提高了《通鑑》記述史實的科學性，而且保留了許多現在已經失傳的佚書中的珍貴資料，具有很高的史料價值，也是校勘史書的重要參考書。就史料價值而言，《通鑑》在有些方面甚至超出了正史，是研究中國古代歷史的必備書之一。

　　《通鑑》體大精深，網羅宏富，在編年體史書的編寫方法，編纂體例以及史料的甄別、去取、剪裁等方面都對後世產生了深遠的影響，在歷史學領域引發了一場深刻的變革。自《通鑑》問世之後，歷代續作、注釋、校勘者紛紛不絕，以至研究《通鑑》成了一門專門的學問。胡三省曾深有體會地說："溫公作《通鑑》，不特紀治亂之迹而已，至於禮樂、曆數、天文、地理，尤致其詳。讀《通鑑》者如飲河之鼠，各充其量而已。"（卷二一二，唐玄宗開元十二年附"胡注"）自司馬光以後，倣照《通鑑》體例續作者主要有（宋）李燾《續資治通鑑長編》、（宋）李心傳《建炎以來繫年要錄》、（清）夏燮《明通鑑》、（清）徐乾學《資治通鑑後編》、（清）畢沅《續資治通鑑》等等。與《通鑑》有關的著作還有（宋）袁樞《通鑑紀事本末》、（宋）朱熹《通鑑綱目》、（明）嚴衍《資治通鑑補》等等，這些著作或在體裁上有所創造，或在書法上有所發明，或在體例上有所補益，但無一例外，都是在《通鑑》的啓發下，或在《通鑑》的基礎上寫成的。舉此數端，足以證明《通鑑》在中國古代史學領域中的重要地位。

《通鑑》是一部卷帙浩繁、內容廣博的巨著，對一般讀者來説具有一定的難度；再加上編撰和傳鈔刻寫過程中也難免出現錯誤，所以自宋代以來不斷有學者致力於《通鑑》的注釋、校勘工作，宋元時代的胡三省就是其中最突出的一位。胡三省受父親影響，畢生致力於《通鑑》的研究，先著《廣注》九十七卷，《論》十篇，不幸在戰亂中丟失；後來又將《考異》和他的注文散入《通鑑》正文之下，"凡紀事之本末，地名之同異，州縣之建置離合，制度之沿革損益，悉疏其所以然"（胡三省《新注資治通鑑序》）。此後又另著《通鑑釋文辯誤》十二卷，爲後人閱讀《通鑑》提供了很大的便利。胡三省所作的工作并不限於注釋，對於原書中的錯誤，他也隨處在正文下做了校注。但是校勘《通鑑》用力最勤的是近人章鈺。章氏窮十三年之力（一九一六至一九二八），用清朝胡克家翻刻的元刊胡三省注本爲底本，參校了九種宋刊本和一種明刊本，並採用了張敦仁《資治通鑑刊本識誤》、張瑛《資治通鑑校勘記》、熊羅宿《胡刻資治通鑑校字記》以及嚴衍《資治通鑑補》中的改正誤字等校勘成果，寫成《胡刻通鑑正文校宋記》三十卷，出校記七千數百條，刊正了傳鈔刻寫過程中出現的脱、誤、衍、倒。一九五六年，中華書局組織專家學者，整理出版了《通鑑》的標點本。標點本以胡刻本爲底本，並將章鈺的校記附注在正文之下，從而吸收了宋、元、明各種版本的優點，爲《通鑑》的整理和普及作出了貢獻。

《通鑑》紀事以年、月、日爲序，"無日者附於其月之下，稱'是月'；無月者附於其年之下，稱'是年'。無年可附者附於其事之首尾。有無事可附者則約其事之早晚，附於一年之下"（《傳家集》卷六三《答范夢得》）。應該説這是一套比較科學的編纂原則。但是《通鑑》記載了一千多年的歷史，千慮一失，難免出現疏漏，而且由於採用干支紀日，很容易在刻寫過程中出現訛誤，所以在《通鑑》紀事時間上也有很多錯誤。前人在校勘工作中雖然對《通鑑》紀事時間的錯誤有所校正，但即使在標點本中也仍然保留了不少的錯誤。其主要原因在於，無論校勘如何縝密，也無法校出原作者編寫中的錯誤。而且由於對《通鑑》紀事時間的錯誤缺乏比較全面、系統的研究，在校正了原有錯誤的同時，也出現了一些誤校的情況。相對於《通鑑》在其他方面的缺陷而言，紀事時間方面存在的錯誤還没有引起足夠的重視，缺乏專門的研究，從而也就成了《通鑑》的一個比較突出的瑕疵。

《通鑑》在紀事時間方面的錯誤，不僅影響了《通鑑》自身的科學價值，而且也影響了古籍的校勘工作。《通鑑》是一部以嚴謹、縝密著稱的名著，近人在校勘古籍，尤其是在校勘古籍紀事時間的錯誤時，常用《通鑑》作爲根據，但往往忽略了《通鑑》自身失誤的可能性，使校勘工作出現了一些不應有的錯誤。例如，據《晉書·孝武帝紀》記載，歷史上著名的淝水之戰發生在晉孝武帝太元八年（三八三）十月乙亥。標點本"校勘記"説："《通鑑》一〇五記肥水之捷在十一月，較合當時情事。"（標點本第一册，第二四五頁）爲什麽呢？似乎既然《通鑑》這樣記了，就不必再問了。但我們祇要對《通鑑》本身稍作考察，就會發現問題并非如此簡單。《通鑑》卷一〇五孝武帝太元八年下云：

> 十一月，謝玄遣廣陵相劉牢之帥精兵五千趣洛澗（晉軍距洛澗二十五里駐軍——引者），未至十里，梁成阻澗爲陳以待之。牢之直前渡水，擊成，大破之，斬成及弋陽太守王詠；又分兵斷其歸津，秦步騎崩潰，爭赴淮水，士卒死者萬五千人……於是謝石等諸軍，水陸繼進……
>
> 秦兵逼肥水而陳，晉兵不得渡……秦兵遂退，不可復止。謝玄、謝琰、桓伊等引兵渡水擊之……秦兵遂潰。玄等乘勝追擊，至于青岡（胡注：青岡去今壽春縣三十里）……復取壽陽，執其淮南太守郭褒。
>
> ……
>
> 謝安得驛書，知秦兵已敗……不覺屐齒之折。
>
> 丁亥，謝石等歸建康，得秦樂工，能習舊聲，於是宗廟始備金石之樂。

本年十一月丙戌朔，丁亥十一月二日。如果以《通鑑》爲是，則晉軍前鋒劉牢之行軍二十五里取洛澗，敗梁成；晉軍主力進發；晉秦再戰於淝水，晉軍得勝；追擊三十五里至青岡；收取壽陽，俘虜郭襃；謝安得驛書；謝石等班師返回建康，獻樂工諸事件都發生在不到兩天的時間裏。這顯然是不可能的。如以《晉書》爲是，則淝水之戰爆發於十月乙亥（二十日），到十一月丁亥（二日）還師建康，前後共十三天，更符合"當時情事"；至少校勘者列舉的《通鑑》的記載不足以説明《晉書》不合"當時情事"。

《通鑑》對於校勘前代古籍確有重要的意義，但是盲目信從《通鑑》不僅會被《通鑑》的疏漏所誤，甚至《通鑑》正確的記載也會被誤用。試以《舊唐書》爲例。《舊唐書·德宗紀》貞元七年（七九一）：

> 二月己巳，涇原帥劉昌復築平涼城。城去故原州一百五十里，本原之屬縣，地當禦戎之衝要。昌復浹辰而功畢，分兵戍之，邊患稍弭。

貞元七年二月壬辰朔，月内無己巳。羅士琳《舊唐書校勘記》卷六説："沈氏炳震云：'是月無己巳；《通鑑》作'戊戌'。張氏宗泰云：'今據《通鑑》作'戊戌'，定爲'己亥'，以兩日相次也。己亥二月八日。'按，張既據《通鑑》則不必改作己亥矣。《通鑑》考次日月甚詳，當作戊戌。"

三人都利用《通鑑》來校勘《舊唐書》。沈炳震比較慎重，只是具列了《通鑑》記載的不同日期，没有進一步得出結論。張宗泰採取了折衷的辦法，因爲"己巳"與"戊戌"字形相差太遠，找不到《通鑑》的"戊戌"與"己巳"之間的關係，所以他找到一個與"戊戌"相接，又與"己巳"字形相近的"己亥"，但既然是同一事件，爲什麽會"兩日相次"而不是相同呢？張宗泰未置一辭。羅士琳則十分果斷，他認爲既然《通鑑》是戊戌，那麽就應該是戊戌，而不必改作

"己亥"。其實三個人都没有仔細分析《通鑑》的記載，所以雖然説法各異，但都未中肯綮。《通鑑》卷二〇九貞元七年下載：

> （二月）戊戌，詔涇原節度使劉昌築平涼故城，以扼彈箏峽口；浹辰而畢，分兵戍之。

《通鑑》分明記載的是下詔動工築城的日期，而《舊唐書》則記載了竣工的日期，兩書自然不會相同。兩處都説劉昌"浹辰而功畢"，據"胡注"引《周禮》"鄭注"和史炤的釋文，所謂"浹辰"就是十二天。戊戌（二月七日）動工，後十二天爲"己酉"（十八日），《舊唐書》之"己巳"顯爲"己酉"之訛。羅士琳等未窮此理，强求《舊唐書》與《通鑑》一致，同誤。

《通鑑》在紀事時間方面的錯誤并不是没有規律可尋的，通過對這類錯誤的分析研究，不僅有益於《通鑑》的整理研究，而且有助於加深對古籍，尤其是對編年體史書中的同類錯誤的認識，减少整理古籍和利用史書資料的盲目性。以下我們試對《通鑑》紀事時間的錯誤總結、分類，探討發生錯誤的原因，并對前人校勘工作中的失誤進行一些粗略的分析。

正文錯誤分類

《通鑑》正文中，紀事時間方面的錯誤大體可以分爲六類。

（一）誤訛

《通鑑》卷十五，《漢紀》七，文帝後二年（前一六二）：

> 八月，戊戌，丞相張蒼免。

據《二十史朔閏表》，文帝後二年八月丁卯朔，月内無戊戌。《史記》卷二二《漢興以來將相名臣年表》文帝後二年下云："八月戊辰，（張）蒼免相"。戊辰爲八月初二日。當以《史記》爲是，《通鑑》"戊戌"應爲"戊辰"之誤。

又，《通鑑》卷一百二十，《宋紀》二，文帝元嘉二年（四二五）：

> 三月，丙寅，魏主尊保母竇氏爲保太后……
> 丁巳，魏以長孫嵩爲太尉，長孫翰爲司徒，奚斤爲司空。

按，本年即魏始光二年。三月丙辰朔，丙寅爲三月十一日，丁巳，三月初二日，丙寅不得在丁巳前。《魏書·世祖紀》始光二年云，"三月丙辰，尊保母竇氏曰保太后。丁巳，以北平王長孫嵩爲太尉，平陽王長孫翰爲司徒，宜城王奚斤爲司空"。丙辰初一日，與丁巳相接。當從《魏書》，《通鑑》"丙寅"應爲"丙辰"之誤，二書俱脱"朔"字。

（二）誤衍

《通鑑》卷七十七，《魏紀》九，高貴鄉公甘露二年（二五七）：

> 六月，孫綝使鎮南將軍朱異自虎林將兵襲壹。異至武昌，壹將部曲來奔。乙巳，詔拜壹車騎將軍、交州牧，封吴侯，開府辟召，儀同三司，袞冕赤舄，事從豐厚。

......

　　六月，甲子，車駕次項，司馬昭督諸軍二十六萬進屯丘頭……

　　按，甘露二年六月庚子朔，乙巳爲六月初六日，甲子二十五日，上文已有六月，"六月，甲子"之"六月"重出。《三國志·魏書·三少帝紀》甘露二年云："六月乙巳，詔'……其以壹爲侍中車騎將軍、假節、交州牧、吳侯，開府辟召儀同三司，依古侯伯八命之禮，袞冕赤舃，事從豐厚。'甲子，詔曰：'今車駕駐項，大將軍恭行天罰，前臨淮浦。……'"六月在乙巳前，"甲子"上無"六月"，《通鑑》之後"六月"誤衍。

　　又，《通鑑》卷一百六十八，《陳紀》二，文帝天嘉三年（五六二）：

　　（正月）辛亥，上祀南郊，以胡公配天；二月，辛酉，祀北郊。

　　按，天嘉三年正月壬寅朔，辛亥爲正月初十日，二月辛未朔，月内無辛酉。《陳書·世祖紀》天嘉"三年春正月庚戌，設帷宮於南郊，幣告胡公以配天。辛亥，輿駕親祠南郊。詔曰……辛酉，輿駕親祠北郊"。庚戌爲正月初九日，辛亥初十日，辛酉二十日。當從《陳書》，祀北郊在正月辛酉，《通鑑》"辛酉"上誤衍"二月"。

（三）誤奪

《通鑑》卷七十三，《魏紀》五，明帝景初元年（二三七）：

（九月）庚辰，賜后死，然猶加謚曰悼。癸丑，葬愍陵。遷其弟曾爲散騎常侍。

冬，十月，帝用高堂隆之議，營洛陽南委粟山爲圜丘……

按，景初元年九月乙丑朔，庚辰爲九月十六日，月内無癸丑。《三國志·魏書·明帝紀》景初元年九月"庚辰，皇后毛氏卒。冬十月丁未，月犯熒惑。癸丑，葬悼毛后于愍陵，乙卯，營洛陽南委粟山爲圜丘"。本年十月乙未朔，丁未爲十月十三日，癸丑十九日，乙卯二十一日。顯然應從《三國志》，《通鑑》"癸丑"上誤奪"冬十月"，下文之"冬十月"應移至"癸丑"之前。

又，《通鑑》卷七十九，《晉紀》一，武帝泰始七年（二七一）：

五月，立皇子憲爲城陽王。
辛丑，義陽成王望卒。

泰始七年五月己卯朔，有辛丑。《晉書·武帝紀》泰始七年"五月，立皇子憲爲城陽王。雍、涼、秦三州饑，赦其境內殊死以下。閏月，大雩，太官減膳。詔交趾三郡、南中諸郡，無出今年户調。六月，詔公卿以下舉將帥各一人。辛丑，大司馬義陽王望薨"。此繫義陽王之死於六月辛丑，與《通鑑》之"五月辛丑"異。今按，本年閏五月，五月、六月皆有辛丑，《通鑑》五月後逕書七月，不載閏月、六月事。當從《晉書》，《通鑑》之"辛丑"上誤奪"六月"，六月戊寅朔，辛丑二十四日。

（四）失次

《通鑑》卷一百二十五，《宋紀》七，文帝元嘉二十五年（四四八）：

六月，丙寅，荆州刺史南譙王義宣進位司空。

辛酉，魏主如廣德宮。

按，宋元嘉二十五年即魏太平真君九年。本年六月辛丑朔，丙寅爲六月二十六日，辛酉二十一日，丙寅不得在辛酉前。《宋書·文帝紀》云，元嘉二十五年六月"丙寅，車騎將軍、荆州刺史南譙王義宣進位司空"。《魏書·世祖紀》太平真君九年"六月辛酉，行幸廣德宮"。據二書可知，"丙寅"、"辛酉"日干不誤，《通鑑》日序前後失次。

又，《通鑑》卷一百六十五，《梁紀》二十一，元帝承聖三年（五五四）：

（夏四月）癸酉，以陳霸先爲司空。

丁未，齊主復自擊柔然，大破之。

庚戌，魏太師泰酖殺廢帝。

五月，魏直州人樂熾、洋州人黄國等作亂……

廣州刺史曲江侯勃，自以非上所授，内不自安；上亦疑之。勃啓求入朝；五月，乙巳，上以王琳爲廣州刺史，勃爲晉州刺史。

按，本年即北齊天保五年，西魏恭帝元年。四月丙辰朔，癸酉爲四月十八日，四月無丁未、庚戌。《北齊書·文宣紀》云，天保五年五月"丁未，北討茹茹，大破之"。《北史·齊本紀》亦繫討柔然（即茹茹）事於五月丁未。是年五月丙戌朔，丁未爲五月二十二日，庚戌二十五日。當從《北齊書》，《通鑑》日序失次，"丁未"、"庚戌"二條應移至"五月乙巳"(二十日)之後，而不應置於四月之下。又，上文"樂熾等作亂"條已有五月，"五月乙巳"之"五月"亦衍。

(五)竄亂

《通鑑》卷九十八，《晉紀》二十，穆帝永和六年(三五〇)：

> 春，正月……
> ……
> 閏月……
> 朝廷聞中原大亂，復謀進取。己丑，以揚州刺史殷浩爲中軍將軍、假節、都督揚、豫、徐、兖、青五州諸軍事……
> ……
> 二月，燕王儁使慕容霸將兵二萬自東道出徒河，慕輿于自西道出蠮螉塞，儁自中道出盧龍塞以伐趙。

據《二十史朔閏表》及《資治通鑑目錄》卷十，本年閏二月。"閏月"條下《考異》亦云："《帝紀》後云閏月；《三十國》、《晉春秋》皆云閏正月，按《長曆》，閏二月。《帝紀》閏月有丁丑、己丑，按是歲正月癸酉朔，若閏正月，即無丁丑、己丑。今以《長曆》爲據。"由《考異》可知，《通鑑》當應從《長曆》，作閏二月。但《通鑑》正文卻將"閏月"事繫於正月之後、二月之前，顯係竄亂。查《晉書·穆帝紀》，正月後逕接閏月，閏月後接三月，不出二月，閏月有丁丑、己丑。《晉書》之"閏月"當應作"閏二月"，《通鑑》從《晉書》而誤。本年閏二月壬申朔，丁丑爲閏二月六日，己丑十八日。

又,《通鑑》卷四十九,《漢紀》四十一,殤帝延平元年（一〇六）：

九月,六州大水。

丙寅,葬孝殤皇帝于康陵。以連遭大水,百姓苦役,方中秘藏及諸工作事,減約十分居一。

乙亥,隕石于陳留。

《後漢書·孝安帝紀》亦載,延平元年"九月庚子,謁高廟。辛丑,謁光武廟。六州大水。己未,遣謁者分行虛實,舉災害,賑乏絕。丙寅,葬孝殤皇帝于康陵。乙亥,隕石于陳留"。今按,據《二十史朔閏表》及《資治通鑑目錄》卷六載,本年九月乙亥朔,庚子二十六日,辛丑二十七日,月內無己未、丙寅,且庚子至乙亥凡三十六天,顯非同月之事。又,本月既朔乙亥,則乙亥事不當置於月末。《後漢書》志第十二《天文志》云："殤帝延平元年九月乙亥,隕石陳留四。"《後漢書》志第十五《五行志》亦云："殤帝延平元年九月乙亥,陳留雷,有石隕地四。"九月乙亥隕石事諸處皆同,當不誤。《後漢書·孝安帝紀》顯有竄亂,《通鑑》蓋因之而誤。

（六）違例

依《通鑑》體例,如閏月事緊接上月,則只書"閏月",不出月次；如閏月事與上文相距一個月以上,則應寫明月次,作"閏某月"。但是《通鑑》正文中多處在當書"閏某月"時,漏書月次,這樣就很容易造成誤解。如,《通鑑》卷四十四,《漢紀》三十六,光武帝建武三十年（五四）：

春，二月，車駕東巡……

　　甲子，上幸魯濟南；閏月，癸丑，還宮。

　《後漢書·光武帝紀》與《通鑑》同。今按，據《二十史朔閏表》及《資治通鑑目錄》卷五，建武三十年閏三月辛亥朔，癸丑爲閏月初三日。《通鑑》之"閏月"上接二月甲子（十二日），例應作"閏三月"，不應逕書"閏月"。

　又，《通鑑》卷九十三，《晉紀》十五，明帝太寧三年（三二五）：

　　秋，七月，辛未，以尚書令郗鑒爲車騎將軍、都督徐·兗·青三州諸軍事、兗州刺史，鎮廣陵。

　　閏月，以尚書左僕射荀崧爲光祿大夫、錄尚書事，尚書鄧攸爲左僕射。

　據《二十史朔閏表》及《資治通鑑目錄》卷九，本年閏八月，《通鑑》閏月上接秋七月，此"閏月"當作"閏八月"。《晉書·明帝紀》本條亦作"閏月"。但《晉書》閏月前有八月，作"閏月"是；《通鑑》不書八月事，則應作"閏八月"。

錯誤原因探討

　作爲古代編年體史書的代表作，《通鑑》在紀事時間方面的錯誤具有一定的普遍性，通過對《通鑑》錯誤原因的探討，將有助於閱讀和研究同類古籍，對於盡可能地減少或避免古籍校勘中的失誤，也具有一定的意義。《通鑑》在時間記載方面錯誤的原因，可分爲以下八類。

（一）因字形相近而誤

《通鑑》採用中國古代通用的干支記日，很容易因爲字形相近而產生訛誤。例如，《通鑑》卷二十七，《漢紀》十九，宣帝甘露三年（前五一）：

> 三月，己巳，建成安侯黃霸薨。五月，甲午，于定國爲丞相，封西平侯。

按，甘露三年三月甲申朔，月內無己巳。《漢書》卷十九下《百官公卿表》云，甘露三年"三月己丑，丞相霸薨。五月甲午，御史大夫于定國爲丞相"。《漢書·宣帝紀》亦載，黃霸薨於本年三月己丑。己丑爲三月六日。顯然應從《漢書》作"己丑"，《通鑑》因"丑"、"巳"字形相近而將"己丑"訛爲"己巳"。

又，《通鑑》卷三十一，《漢紀》二十三，成帝鴻嘉元年（前二〇）：

> 六月，乙巳，封音爲安陽侯。

鴻嘉元年六月癸丑朔，月內無乙巳。《漢書》卷十八《外戚恩澤侯表》"安陽敬侯王音"下云："六月己巳封，五年薨。"己巳爲六月十七日。《通鑑》之"乙巳"當爲"己巳"之誤，"乙"、"己"形近，故而致訛。

（二）因誤信舊史而誤

《通鑑》主要取材於前代舊史，在《通鑑》紀事時間記載方面的錯誤中，有些是因爲誤信舊史，延襲了舊史中的錯誤。例如，《通鑑》卷三十九，《漢紀》三十一，淮陽王更始元年（二三）：

> 春，正月，甲子朔，漢兵與下江兵共攻甄阜、梁丘賜，斬之，殺士辛二萬餘人。

按，《通鑑》下文云"二月辛巳朔"，甲子至辛巳僅有十八天，二月朔辛巳，則正月不得朔甲子。《二十史朔閏表》及《資治通鑑目録》卷五均作"正月壬子朔"。壬子距辛巳三十日，《通鑑》之"甲子朔"顯誤。《後漢書·光武帝紀》亦作"更始元年正月甲子朔"，標點本《後漢書》之"校勘記"云："張燧《讀史舉正》及黄山《後漢書校補》並謂據下文'二月辛巳'，則正月甲子非朔。今按：是年正月壬子朔，此或衍'朔'字，或'甲子'爲'壬子'之訛。"此説甚是。《通鑑》當係承《後漢書·光武帝紀》而誤。

又，《通鑑》卷四十，《漢紀》三十二，光武帝建武元年（二五）：

> 十一月，甲午，上幸懷。
> 梁王永稱帝於睢陽。
> 十二月，丙戌，上還洛陽。

按，建武元年十一月乙丑朔，甲午爲十一月三十日，十二月乙未朔，月內無丙戌。而且丙戌在甲午前九天，不可能甲午幸懷，丙戌還洛。此"丙戌"必誤。《後漢書·光武帝紀》亦載，建武元年"十一月甲午，幸懷。劉永自稱天子。十二月丙戌，至自懷"。《通鑑》之"十二月丙戌"，顯然係從《後漢書》而誤。

（三）因取捨不當而誤

對于同一事件發生的時間，舊史中有時存在兩種不同的記載，而《通鑑》則恰恰採取了其中錯誤的記載，而捨棄了正確的記載。例如，《通鑑》卷十五，《漢紀》七，文帝後四年（前一六〇）：

> 夏，四月，丙寅晦，日有食之。

本條下"胡注"云："月末爲晦。《天文書》，晦則日月相沓，月在日後，則光體伏矣。"但文帝後四年四月丁亥朔，丙寅在丁亥後四十天，既不在四月之末，四月亦無丙寅。對此《漢書》記載不一，《漢書·文帝紀》："（後）四年夏四月丙寅晦，日有蝕之。"《通鑑》之"丙寅"當來源於此。但是《漢書》卷二十七下之下《五行志》亦云，文帝"後四年四月丙辰晦，日有食之，在東井十三度"。丙辰爲四月三十日，五月丁巳朔，丙辰適在四月之末。當從《天文志》作"丙辰"，《文帝紀》之"丙寅"爲"丙辰"之訛。《通鑑》從《文帝紀》，誤。

又，《通鑑》卷三十五，《漢紀》二十七，哀帝元壽二年（前一）：

> 夏，四月，壬辰晦，日有食之。

《漢書·哀帝紀》亦云，元壽二年"夏四月壬辰晦，日有蝕之"。與《通鑑》同。但《漢書》卷二十七下之下《五行志》則云，哀帝元壽"二年三月壬辰晦，日有食之"。《資治通鑑目錄》卷四，"元壽二年欄"亦云："《本志》三（月）壬辰晦，食。"一作"四月"，一作"三月"。據《二十史朔閏表》及《資治通鑑目錄》卷四，本年四月癸巳朔，月內無壬辰；三月甲子朔，壬辰二十九日，在月末，與《五行志》合。當從《五行志》，《哀帝紀》之"夏四月"爲"三月"之誤，《通鑑》從《哀帝紀》，亦誤。

（四）因誤改舊史而誤

《通鑑》對於舊史記載中甲子不合者，間有改正，但有時因一時失檢，反而誤上加誤，造成更多的混亂。例如，《通鑑》卷四十九，《漢紀》四十一，安帝元初元年（一一四）：

二月，乙卯，日南地坼，長百餘里。
三月，癸亥，日有食之。

"日食"下《考異》云："《帝紀》，'二月己卯，日南地坼。三月癸酉，日食。'《本志》及袁《紀》皆云：'三月己卯，日南地坼。'按《長曆》，是年二月壬辰朔，無己卯；三月壬戌朔，癸酉十二日，不應日食。二月當是乙卯，三月當是癸亥。"是《通鑑》因《後漢書·安帝紀》甲子不合，改《後漢書》之"己卯"爲"乙卯"（二月二十四日），"癸酉"爲"癸亥"（三月初二日）。中華書局標點本《後漢書》，對此專有考證。《孝安帝紀》"日南地坼"下"校勘紀"云："按：《校補》引洪亮吉說，謂日南地坼《五行志》作'三月己卯'，逆推至此年正月甲子，則己卯定在三月，當以《五行志》爲是。惟己卯後同月不得有癸酉日，且一歲不容有兩日食。細校《五行志》，乃知此係永初元年三月事，范《史》複載耳。"今按，《後漢書》志第十八《五行志》載：

安帝永初元年三月二日癸酉，日有蝕之。在胃二度……
元初元年十月戊子朔，日有蝕之，在尾十度。

殆范曄誤以"三月己卯"爲"二月己卯"，同時又將永初元年三月癸酉之日食誤繫於元初元年之下，遂造成了干支的混亂。《通鑑》不明其中原委，改"己卯"爲"乙卯"，"癸酉"爲"癸亥"，使問題更加混亂。當以洪亮吉説爲是，《通鑑》之"二月乙卯"當作"三月己卯"，"三月癸亥日食"屬複文，當删。

又，《通鑑》卷一百四十，《齊紀》六，明帝建武二年（四九五）：

十一月，丁卯，詔罷世宗東田，毀興光樓。
己卯，納太子妃褚氏，大赦。

按，《南齊書・明帝紀》"罷東田"事在建武二年"冬十月丁卯"，"納太子妃"事在同月之"乙卯"。惟是年十月丙申朔，乙卯十月二十日，月内無丁卯。《南史・齊本紀》丁卯正作"癸卯"。癸卯十月八日，與下文十月乙卯日次亦合。《南齊書》之"丁卯"顯爲"癸卯"之訛。中華書局標點本《南齊書》之"校勘記"謂《通鑑》因十月無丁卯，故將"罷東田"繫於"十一月"，又因十一月無乙卯，再改"乙卯"爲"己卯"，甚是。實則"丁卯"應作"癸卯"，《通鑑》所改非是。

（五）因曆法不同而誤

對於中國歷史上分裂的朝代，《通鑑》採取了以一國年號紀諸國之事的方法，即使用同一時間尺度來記載同時期不同政權的歷史，很好地解決了分裂朝代各政權年號不一的問題。例如三國時代取魏年號，南北朝取宋、齊、梁、陳年號，五代十國取後梁、後唐、後晉、後漢、後周年號以紀同時諸政權的歷史。但是，在諸政權所用曆法不一、置閏不同的情況下，就必須以《通鑑》用以紀年的政權所採用的曆法爲準，否則就會形成時間上的混亂。《通鑑》在有些地方注意到了這個問題，例如齊明帝建武元年（四九四）"三月壬申，魏帝至平城"條下《考異》云："《魏·帝紀》作閏月。按魏閏二月，齊曆之三月也。"本年魏閏二月，齊閏四月，魏之閏月即相當於齊之三月，《通鑑》將《魏書》閏月事繫於三月，改從齊曆，顯然是注意到了各政權曆法異同的問題。但是從《通鑑》全書而言，卻在很大程度上忽略了這個問題，沒有將同時期不同政權的史事統一於一種曆法之下，作爲一條原則貫穿於《通鑑》全書之中，從而產生了年號與曆法不統一的錯誤。例如，《通鑑》卷一百二十五，《宋紀》七，文帝元嘉二十七年（四五〇）：

　　冬，十月，癸亥，魏主至枋頭，使關內侯代人陸真夜與數人犯圍，潛入滑臺……乙丑，魏主渡河，眾號百萬，鞞鼓之聲，震動天地；玄謨懼，退走。

元嘉二十七年十月戊子朔，月內無癸亥、乙丑諸日。按，本年即魏太武帝太平真君十一年，《魏書·世祖紀》："冬十月癸亥，車駕止枋頭。詔殿中尚書長孫真率騎五千自石濟渡，備玄謨遁走。乙丑，車駕濟河，玄謨大懼，棄軍而走。"所載時間與《通鑑》同，《通鑑》之十月癸亥、己丑，當源於《魏書》。但是，宋自元嘉二十二年（四四五）正月起改用元嘉曆，魏仍沿用景初曆。本年宋閏十月，魏閏七月，魏曆之十月，即宋曆之閏月，《通鑑》既以宋年號紀事，則不應仍從《魏書》，而應改從宋曆。《宋書·文帝紀》云，元嘉二十七年"冬閏月癸亥，玄謨攻滑臺，不克，爲虜所敗，退還碻磝"。正作"閏月癸亥"。閏十月丁巳朔，癸亥初七日，乙丑初九日。

又，《通鑑》卷一百六十八，《陳紀》二，文帝天嘉三年（五六二）：

> 春，正月，乙亥，齊主至鄴；辛巳，祀南郊；壬午，享太廟；丙戌，立妃胡氏爲皇后，子緯爲皇太子。后，魏兗州刺史安定胡延之之女也。戊子，齊大赦。己亥，以馮翊王潤爲尚書左僕射。

天嘉三年正月壬寅朔，月內無乙亥、辛巳、壬午、丙戌、戊子、己亥諸日；且《通鑑》下文有正月之壬寅（初一）、丁未（六日），與本條日次亦不合。本年即北齊河清元年，《北齊書·武成紀》、《北史·齊本紀》所載月、日與《通鑑》完全相同。按，齊曆上年閏十二月，陳曆本年閏二月。本年齊之正月即陳之二月。《資治通鑑目錄》卷十六正作"陳二月辛未朔，齊正月辛未朔"。《通鑑》仍從《北齊書》繫諸事於正月，誤。應從陳曆置於二月。二月辛未朔，乙亥爲二月五日，辛巳十一日，壬午十二日，丙戌十六日，戊子十八日，己亥二十九日。

（六）因史源不同而誤

《通鑑》對於不同歷史事件的記載，取材來源往往不同，將這些事件按照時間順序編次在一起時，有時前後倒置，使時序失次。例如，《通鑑》卷一百三十五，《齊紀》一，高帝建元三年（四八一）：

> 六月，壬子，大赦。
> 甲辰，魏中山宣王王叡卒。

按，本年即魏太和五年，六月己丑朔，壬子二十四日，甲辰十六日，壬子不得在甲辰前。《南齊書·高帝紀》云，建元三年"六月壬子，大赦。逋租宿債，除減有差"。《魏書·高祖紀》亦云，太和五年"六月甲辰，中山王（王）叡薨"。二書所載日干均與《通鑑》相同，《通鑑》之壬子、甲辰不誤，惟前後失次。

又，《通鑑》卷一百五十五，《梁紀》十一，武帝中大通三年（五三一）：

> 十一月，乙未，上幸同泰寺，講《般若經》，七日而罷。
> 庚辰，魏高歡引兵攻鄴，相州刺史劉誕嬰城固守。

本年即魏中興元年，十一月丁卯朔，乙未二十九日，庚辰十四日，乙未不得在前。《梁書·武帝紀》云，中大通三年"十一月乙未，行幸同泰寺，高祖升法座，爲四部衆説《摩訶般若波羅蜜經》義，訖于十二月辛丑"。辛丑爲十二月六日，乙未至辛丑適爲七日，與《通鑑》合。《魏書·後廢帝安定王紀》中興元年十一月"庚辰，齊獻武王率師攻鄴城"。日干亦與《通鑑》同,《通鑑》時序失次。

(七)因誤複上文而誤

《通鑑》卷一百五十八,《梁紀》十四,武帝大同九年(五四三):

> 二月,壬申,以虎牢叛,降魏,魏以仲密爲侍中、司徒。……
>
> 魏丞相泰帥諸軍以應仲密,以太子少傅李遠爲前驅,至洛陽,遣開府儀同三司于謹攻柏谷,拔之;三月,壬申,[嚴:"申"改"辰"。]圍河橋南城。

本年即魏武定元年。二月辛酉朔,壬申爲二月十二日;三月辛卯朔,月內無壬申。嚴衍因三月無壬申,改"壬申"爲"壬辰",壬辰,三月初二日。但《魏書‧孝靜紀》云,武定元年"二月壬申,北豫州刺史高仲密據虎牢西叛。三月,寶炬遣其子突與宇文黑獺率衆來援仲密。庚子,圍河橋南城"。繫圍城事於三月庚子(十日)。由《魏書》可知,《通鑑》蓋因上文接"二月壬申"而在三月下誤複"壬申"二字。當從《魏書》,事在三月庚子,《通鑑》後"壬申"爲複文,嚴衍改爲"壬辰",亦誤。

(八)因一時疏忽而誤

司馬光在編撰《通鑑》的過程中,"研精極慮"、"校計毫釐"的科學態度受到了後人的極度推崇,但是《通鑑》是一部大書,所以在紀事時間上也出現了一些純屬疏忽造成的失誤。如《通鑑》卷一百二十，《宋紀》二，文帝元嘉元年（四二四）：

> 春，正月，魏改元始光。

"春正月"下《考異》曰："《宋本紀》'正月癸巳朔，日有食之。'《宋紀》'二月己巳'，《宋略》'二月癸巳'，李延壽《南史》'二月己卯朔，皆誤也。按《長曆》，是年正月丁巳、二月丁亥朔，《後魏書·紀》、《志》，是年無日食，今從之。"今按，中華書局標點本《宋書·少帝紀》景平二年（是年八月改元元嘉）"二月癸巳朔，日有蝕之"。其下之"校勘記"云："'二月癸巳朔'，局本同，宋本、北監本、毛本、殿本、《通鑑考異》引《宋略》、《建康實錄》作'正月癸巳朔'，《南史·宋本紀》作'二月己卯朔'。按陳垣《朔閏表》，景平二年正月癸亥朔，二月壬辰朔。查正月無癸巳，癸巳爲二月初二日。然日蝕當在朔日，是年正月祗二十九日。作二月壬辰朔者，蓋後人定朔有誤。《宋書·五行志》作'二月癸巳朔'。今改從局本。"此說甚是。

但是，《考異》此云："按《長曆》，是年正月丁巳、二月丁亥朔"，並據此否定了諸書的記載。《考異》此說與《宋書》"校勘記"所引諸書、諸本相去甚遠，"校勘記"對此未置一辭。今查《二十史朔閏表》與《資治通鑑目錄》卷十三，元嘉二年正月丁巳朔，二月丁亥朔，顯然司馬光由於一時疏忽，誤以《長曆》元嘉二年正月、二月之朔日爲元嘉元年正月、二月朔日，並且據此以考訂舊史記載，與其日干無一相符。

又，《通鑑》卷一百七十九，《隋紀》三，文帝仁壽二年（六〇二）：

八月，甲子，皇后獨孤氏崩。

仁壽二年八月丙午朔，甲子爲八月十九日。但是《通鑑》下文引王劭説："臣謹按八月二十二日，仁壽宫内再雨金銀花；二十三日，大寶殿後夜有神光；二十四日卯時，永安宫北有自然種種音樂，震滿虚空；至夜五更，奄然如寐，遂即升遐，與經文所説，事皆符驗。"此云獨孤后死於八月二十四日己巳，與上文之"八月甲子"互相矛盾。《隋書·高祖紀》亦作"八月己巳"。查《隋書》卷三十六《后妃傳》："仁壽二年八月甲子，月暈四重，己巳，太白犯軒轅。其夜，后崩於永安宫，時年五十。"蓋由於《通鑑》一時失檢，因涉《后妃傳》上文八月甲子月暈事，誤將獨孤后之崩繫於甲子。

前人校勘失誤

對於《通鑑》紀事時間方面的錯誤，前人已經做了一些研究和校勘工作，但是由於没有對《通鑑》的錯誤進行系統的整理總結，所以在校勘中出現了一些失誤，這些錯誤大致可以歸納爲七類。

（一）誤改正文

《通鑑》卷七十九，《晉紀》一，武帝泰始元年（二六五）：

十二［張："十二"作"十一"。］月，壬戌，魏帝禪位于晉；甲子，出舍于金墉城。

泰始元年十二月庚戌朔，壬戌爲十二月十三日，甲子十五日。

本年即魏陳留王咸熙二年，十二月丙寅（十七日），晉武帝改元泰始。《三國志·魏書·三少帝紀》，咸熙二年"十二月壬戌，天祿永終，曆數在晉。詔群公卿士具儀設壇于南郊，使使者奉皇帝璽綬册，禪位于晉嗣王，如漢魏故事。甲子，使使者奉策。遂改次于金墉城"。所載月、日與《通鑑》完全相同，日次亦合。按，本年閏十一月，十一月辛亥朔，亦有壬戌、甲子諸日。張敦仁蓋以爲十一月既有壬戌、甲子，則不應在十二月，故改"十二月"爲"十一月"，但是他卻忽略了本年閏十一月。《通鑑》不誤，張敦仁所改非是。

又，《通鑑》卷二百四十三，《唐紀》五十九，敬宗寶曆二年（八二六）：

冬，十月，己亥，[嚴："己"改"乙"。]以李載義爲盧龍節度使。

按，寶曆二年十月乙未朔，己亥爲十月五日，月内無乙亥，嚴衍云"己亥"改"乙亥"，誤。《舊唐書·敬宗紀》亦云，寶曆二年"冬十月乙未朔。乙亥，以幽州衙前都知兵馬使李再義檢校户部尚書，充盧龍軍節度副大使，知節度事，仍賜名載義。壬戌，以中書舍人崔郾爲禮部侍郎"。亦作"乙亥"，與嚴衍所改相同。羅士琳《舊唐書校勘記》卷八"乙亥"下云："沈本作'己亥'，張氏宗泰云：'己亥在乙未前二十日，不得次于朔下，據下有壬戌，非己亥即乙巳之誤'。按《通鑑》亦作己亥。"此説甚是。《舊唐書·敬宗紀》之"乙亥"當爲"己亥"之訛，《通鑑》不誤。嚴衍所改非是。張敦仁説，嚴衍改《通鑑》者，"皆由考證而來"，則本條當係嚴衍誤信《舊唐書》而改者。

（二）誤改衍文

《通鑑》卷一百一十七，《晉紀》三十九，安帝義熙十二年（四一六）：

> 二月，熾磐遣襄武侯曇達救石泉，蒙遜亦引去。蒙遜遂與熾磐結和親。
> ……
> 二月，〔張："二月"作"三月"。〕加太尉裕中外大都督。

《通鑑》本年重出"二月"，且下文二月後逕接四月，不出三月，張敦仁蓋因此認爲後"二月"爲"三月"之訛，逕改爲"三月"。但是《晉書・安帝紀》亦云，義熙十二年"二月，加劉裕中外大都督"。與《通鑑》同。據此，《通鑑》之後"二月"當爲衍文，而非訛文，張敦仁所改非是。

又，《通鑑》卷一百九十八，《唐紀》十四，太宗貞觀二十年（六四六）：

> 上知瑀意終怏怏，冬，十月，手詔數其罪曰……
> 上自高麗還，蓋蘇文益驕恣……壬申，詔勿受其朝貢，更議討之。
> 丙戌，車駕還京師。
> 冬，十月，己丑，上以幸靈州往還，冒寒疲頓，欲於歲前專事保攝。十一月，己〔張："己"作"乙"。〕丑，詔祭祀、表疏、胡客、兵馬、宿衛，行魚契給驛、授五品以上官及除解、決死

罪皆以聞，餘並取皇太子處分。

《通鑑》本段出二"冬十月"，前"冬十月"下有壬申、丙戌，後"冬十月"下有己丑。按本年十月己未朔，壬申爲十月十四日，丙戌二十八日，十月無己丑，己丑爲十一月朔日，上文已有"冬十月"，後"冬十月己丑"應爲"十一月己丑"之誤。又"上以幸靈州往還"上已有十一月（《通鑑》訛爲"冬十月"）己丑，詔文上之"十一月己丑"當爲衍文。本年十一月己丑朔，月內無乙丑，張敦仁以《通鑑》二"己丑"重出，改後"己丑"爲"乙丑"，誤。《新唐書·太宗紀》，貞觀二十年"十一月己丑，詔：'祭祀、表疏、藩客、兵馬、宿衛行魚契給驛、授五品以上官及除解，決死罪，皆以聞，餘委皇太子'"。正作"十一月己丑"。

（三）誤改訛文

《通鑑》卷二百二十一，《唐紀》三十七，肅宗乾元二年（七五九）：

> 春，正月，己巳朔，史思明築壇於魏州城北，自稱大聖燕王……
> 戊寅，上祀九宮貴神，用王璵之言也。乙卯，耕藉田。

本年正月己巳朔，戊寅十日，正月無乙卯。"乙卯"之下"胡注"云："'乙卯'當作'乙酉'。"乙酉爲正月十七日，上距戊寅七日，間隔似亦太久。《舊唐書》卷二十四《禮儀志》："肅宗乾元二年春正月丁丑，將有事于九宮之神，兼行藉田禮……戊寅，禮畢，將耕藉，先至於先農之壇……翌日己卯，致祭神農氏，以后稷配享。肅宗冕而朱紘，躬秉耒耜而九推焉。"丁丑爲正月九日，戊寅十日，己卯十一日。當從《舊唐書》，《通鑑》之"乙卯"爲"己卯"之訛。胡三省謂"乙卯"當作"乙酉"，亦誤。

（四）誤改竄亂

《通鑑》卷一百三十四，《宋紀》十六，順帝昇明二年（四七八）：

> 宕昌王彌機初立。三月丙子，魏遣使拜彌機征南大將軍、梁·益二州牧、河南公、宕昌王。
>
> 黃回不樂在郢州，固求南兗，遂帥部曲輒還；辛［嚴："辛"改"己"。］卯，改都督南兗等五州諸軍事、南兗州刺史。

按，本年即魏太和二年，三月戊申朔，丙子爲三月二十九日，三月無辛卯。嚴衍改"辛卯"爲"己卯"，但是三月亦無己卯。《魏書·高祖紀》，太和二年"三月丙子，以河南公梁彌機爲宕昌王"。《宋書·順帝紀》昇明二年二月"辛卯，郢州刺史、新除鎮南將軍黃回爲鎮北將軍、南兗州刺史，南兗州刺史李安民爲郢州刺史"。繫黃回改任南兗州刺史事於"二月辛卯"，是年二月己卯朔，辛卯爲二月十三日。顯然應從《宋書》，《通鑑》因史料來源不同，在編次材料時，誤將"二月辛卯"事繫於"三月丙子"之後，導致了竄亂，嚴衍對此未加詳察，逕改《通鑑》"辛卯"爲"己卯"，非是。

又，《通鑑》卷二百八十七，《後漢紀》二，高祖天福十二年（九四七）：

> 五月，乙酉朔，永康王兀欲召延壽及張礪、和凝、李崧、馮道于所館飲酒。……
> 辛巳，［嚴："巳"改"卯"。］以絳州防禦使王晏爲建雄節度使。
> 帝集群臣庭議進取……辛卯，詔以十二日發北京，告諭諸道。

天福十二年五月乙酉朔，月内無辛巳，辛卯爲五月七日。如以嚴衍所改爲是，則前後二"辛卯"重出。《舊五代史·漢書·高祖紀》載，天福十二年夏四月"辛巳，陝州節度使趙暉加檢校太尉，華州節度使兼陝州馬步軍都指揮使侯章加檢校太傅，以陝府馬步軍副都指揮使、絳州防禦使王晏爲晉州節度使、檢校太傅"。五月"辛卯，詔取五月十二日車駕南幸"。本年四月丙辰朔，辛巳爲四月二十五日。應從《舊五代史》，王晏事在四月辛巳，《通鑑》誤繫於五月之下，嚴衍因其甲子不合，改"辛巳"爲"辛卯"，亦誤。

（五）誤改失次

《通鑑》卷一百七十四，《陳紀》八，宣帝太建十二年（五八〇）：

> 十二月，庚辰，河東康簡王叔獻卒。
> 癸亥，周詔諸改姓者，宜悉復舊。

《通鑑》下文本年十二月有甲子、辛未、壬申諸日。按，本年即周大象二年。十二月壬子朔，庚辰爲十二月二十九日，癸亥十二日，甲子十三日，辛未二十日，壬申二十一日。庚辰不得在癸亥、甲子、辛未、壬申諸日之前。"胡注"於"癸亥"下注云："上書十二月庚辰，此書癸亥，自庚辰至癸亥四十四日，'庚辰'必誤。按《長曆》，周、陳十二月皆壬子朔，恐是'丙辰'。"胡三省因其日次不合，認爲"庚辰"應是"丙辰"之誤，丙辰爲十二月五日。日次合。但是，《陳書·宣帝紀》載，太建十二年"十二月庚辰，宣毅將軍、南徐州刺史河東王叔獻薨"。《南史·陳本紀》亦作"十二月庚辰"，與《通鑑》同。《周書·静帝紀》大象二年十二月"癸亥，詔曰：'……諸改姓者，悉宜復舊。'"以下甲子、辛未、壬申諸事均與《通鑑》同。顯然，庚辰爲陳事，癸亥以下諸日爲周事，《通鑑》在編次二朝史事時，誤將庚辰置於癸亥、甲子之前，此係日序失次，"庚辰"本身不誤。胡三省以《通鑑》所載爲序，認爲庚辰至癸亥四十四日，故"庚辰必誤"，非是。實則庚辰應在諸日之後，癸亥與庚辰相隔十八天。

（六）誤改奪文

《通鑑》卷二百八十一，《後晉紀》二，高祖天福三年（九三八）：

（十一月）癸亥，敕聽公私自鑄銅錢，無得雜以鉛鐵，每十錢重一兩，以"天福元寶"爲文，仍令鹽鐵頒下模範。惟禁私作銅器。

立左金吾衛上將軍重貴爲鄭王，充開封尹。

癸亥，[章：十二行本作"庚辰"；乙十一行本同；孔本作"庚戌"；張校同孔本。]敕先許公私鑄錢，慮銅難得，聽輕重從便，但勿令缺漏。

辛丑，[張："丑"作"未"。]吳讓皇卒。唐主廢朝二十七日，追諡曰睿皇帝。

按，天福三年十一月甲辰朔，癸亥爲十一月二十日，月内無辛丑；且此處前後二"癸亥"重出。《舊五代史·晉書·高祖紀》載，天福三年十一月"癸亥，割濮州濮陽縣隸澶州。詔許天下私鑄錢，以'天福元寶'爲文……十二月甲戌朔……丙子，以前涇州彰義軍節度使李德玬爲晉州建雄軍節度使，加同平章事。以皇太子右金吾衛上將軍重貴爲檢校太傅、開封尹，封鄭王，加食邑三千户"。《新五代史·晉紀》亦繫重貴封鄭王事於"十二月丙子"。十二月甲戌朔，丙子爲十二月三日。《通鑑》本年末爲十一月，不出十二月，"立重貴爲鄭王"上當誤奪"十二月"。又，十二月無癸亥、庚戌，庚辰爲十二月七日。《通鑑》之後"癸亥"疑因上文"十一月癸亥，敕聽公私自鑄銅錢"之"癸亥"而誤複上文；孔本之"庚戌"疑爲"庚辰"之訛。應以十二行本之"庚辰"爲是。下文之"辛丑"爲十二月二十八日，《考異》所引《十國紀年》亦作"辛丑"，可證《通鑑》"辛丑"不誤。庚辰、辛丑日次相合。張敦仁蓋因不察《通鑑》上文誤奪"十二月"，以十一月無辛丑故，改"辛丑"爲"辛未"，非是。

（七）改正留誤

《通鑑》卷一百七十一，《陳紀》五，宣帝太建六年（五七四）：

（八月）癸丑，齊主如晉陽。甲辰［寅］，齊以高勱爲尚書右僕射。

按，本年即北齊武平五年，八月己丑朔，癸丑爲八月二十五日，甲辰十六日，甲辰不應在癸丑後，"校勘記"因此改"甲辰"爲"甲寅"（八月二十六日），以使日次相合。但是，據《北齊書·後主紀》，武平五年，"秋八月癸卯，行幸晉陽。甲辰，以高勱爲尚書右僕射"。《北史·齊本紀》亦繫二事於八月之癸卯、甲辰日。癸卯，八月十五日，甲辰十六日，日次相合。《通鑑》之"癸丑"爲"癸卯"之訛，"甲辰"不誤，"校勘記"改"甲辰"爲"甲寅"，誤。

又，《通鑑》卷一百七十七，《隋紀》一，文帝開皇九年（五八九）：

> 夏，四月，辛亥，帝幸驪山，親勞旋師。乙巳，（"巳"似應作"卯"。）諸軍凱入，獻俘於太廟。

按，開皇九年四月甲午朔，乙巳爲四月十二日，辛亥十八日，乙巳不得在後。"校勘記"殆因其日次不合，云"乙巳"應作"乙卯"（四月二十二日）。然而《隋書·高祖紀》載，開皇九年"夏四月己亥，幸驪山，親勞旋師。乙巳，三軍凱入，獻俘於太廟"。《北史·隋本紀》亦作己亥、乙巳。己亥爲四月六日，日次相合。當從《隋書》，《通鑑》"辛亥"爲"己亥"之訛，"乙巳"不誤。"校勘記"誤。

通過對《通鑑》紀事時間錯誤的分析討論，我們可以看出，編年體史書中的紀事時間錯誤存在各種不同的類型，造成錯誤的原因也多種多樣。日次相合者，其日干不一定正確；日次不合者，日干也未必錯誤。我們既不能輕易盲從，也不可隨意否定。衹有根據具體情況，參照其他有關記載進行細致的分析研究，纔能得出比較正確的結論。如果僅僅依靠推算日期，參校他本的異同，就很可能會出現錯誤。前人校勘《通鑑》做了大量的工作，但是卻遺漏了不少紀事時間方面的錯誤，而且在校勘工作中也出現了不少新的錯誤。究其原因，在很大程度上正是由於對編年體史書紀事時間錯誤的各種類型和錯誤原因缺乏比較透徹的瞭解而導致的。

目　録

序 / 1

叙例 / 1

前言 / 1

壹　漢紀 / 1

貳　魏紀 / 53

叁　晉紀 / 62

肆　宋紀 / 118

伍　齊紀 / 137

陸　梁紀 / 152

柒　陳紀 / 182

捌　隋紀 / 203

玖　唐紀 / 212

拾　後梁紀 / 320

拾壹　後唐紀 / 325

拾貳　後晉紀 / 330

拾叁　後漢紀 / 337

拾肆　後周紀 / 339

主要引用書目 / 345

一九九五年版後記 / 347

再版後記 / 348

壹
漢紀

高帝五年（前二〇二）
九月，虜臧荼。壬子，立太尉長安侯盧綰爲燕王。

卷十一，《漢紀》三，1/363

　　按，高帝五年九月己未朔，月內無壬子。《漢書·高帝紀》亦繫盧綰事於本年九月，不出日。《史記·高祖本紀》云："十月，燕王臧荼反，攻下代地。高祖自將擊之，得燕王臧荼。即立太尉盧綰爲燕王。"此作"十月"。《史記》本條在六月之後，秋之前，漢以十月爲歲首，六月之後不得有十月，且《漢書·高帝紀》與《通鑑》上文均繫燕王反於"七月"，《史記》前承六月，"十月"必爲"七月"之訛。又，《史記》卷十七《漢興以來諸侯王年表》高帝五年下云："[後]九月壬子，初王盧綰。"本年後九月戊子朔，壬子爲後九月二十五日。蓋七月燕王臧荼反，高祖發兵平之，九月虜臧荼，後九月壬子，立盧綰爲燕王。當從《諸侯王年表》，《通鑑》"壬子"上漏書"後九月"三字。

七年（前二〇〇）
匈奴攻代。代王喜棄國自歸，赦爲郃陽侯。辛卯，立皇子如意爲代王。

卷十一，《漢紀》三，1/379

上接十二月。高帝七年十二月辛亥朔，月内無辛卯。《漢書·高帝紀》七年"十二月，上還過趙，不禮趙王。是月，匈奴攻代，代王喜棄國，自歸雒陽，赦爲合陽侯。辛卯，立子如意爲代王"。今按，依編年體例，"是月"云云，照例應在月末，《漢書》"是月"之後不當再出"辛卯"。疑《漢書》"辛卯"上誤脱"春正月"三字，《通鑑》從《漢書》而誤。姑存疑。本年正月辛巳朔，辛卯爲正月十一日。

文帝後二年（前一六二）
八月，戊戌，丞相張蒼免。

卷十五，《漢紀》七，2/504

按，文帝後二年八月丁卯朔，月内無戊戌。《史記》卷二二《漢興以來將相名臣年表》文帝後二年下云："八月戊辰，蒼免相。"戊辰爲八月二日。當從《史記》，《通鑑》之"戊戌"當爲"戊辰"之訛文。"辰"、"戌"字形相近，故而致訛。

後四年（前一六〇）
夏，四月，丙寅晦，日有食之。

卷十五，《漢紀》七，2/505

文帝後四年四月丁亥朔，晦日非丙寅，四月亦無丙寅。《漢書·文帝紀》亦云本年四月丙寅晦，日食。今按，《漢書》卷二七下之下《五行志》云："（文帝）後四年四月丙辰晦，日有食之，在東井十三度。"丙辰爲四月三十日，適在月末，《文帝紀》之"丙寅"顯爲"丙辰"之訛。《資治通鑑目録》卷三亦云："《本志》四（月）丙辰晦，食。"應從《五行志》，《通鑑》正文之"丙寅"蓋從《漢書·文帝紀》而誤。

景帝前二年（前一五五）

八月，丁未，以御史大夫開封侯陶青爲丞相。丁巳，以內史鼂錯爲御史大夫。

卷十五，《漢紀》七，2/513

　　景帝前二年八月丙辰朔，丁巳爲八月二日，月内無丁未。《漢書》卷十九下《百官公卿表》亦繫陶青任丞相事於本年八月丁未。今按，或陶青任相在七月，舊史因牽叙鼂錯事而誤繫於八月，姑存疑。本年七月丁亥朔，丁未爲七月二十一日。《通鑑》之"八月丁未"蓋從《漢書》而誤。

前四年（前一五三）

冬，十月，戊戌晦，日有食之。

卷十六，《漢紀》八，2/530

　　《漢書·景帝紀》亦云本年十月戊戌晦，日食。《通鑑》本條下"胡注"云："李心傳曰：'漢景帝四年、中四年皆以冬十月日食，今《通鑑》書于夏、秋之後，蓋編輯者自志中摘出，不思漢初以十月爲歲首，故誤繫之歲末耳。'余按，此誤劉貢父已言之，《通鑑》蓋承用《漢書·本紀》也。"今按，《通鑑》承《景帝紀》，誤以冬十月置於歲末，胡三省説甚是。但本年十月己酉朔，月内無戊戌，月末爲晦，十月之晦日應爲戊寅（三十日）而非"戊戌"，李心傳、胡三省均未及此。《漢書·景帝紀》、《通鑑》之"戊戌"當作"戊寅"。《資治通鑑目録》卷三云："《本紀》十（月）戊戌晦，食。《本志》無。"據此，則《通鑑》之"戊戌"亦從《景帝紀》而誤。

前七年（前一五〇）
冬，十一月，己酉，廢太子榮爲臨江王。

卷十六，《漢紀》八，2/533

《漢書》卷十四《諸侯王表》"臨江愍王榮"下亦云："七年十一月己酉，以故皇太子立，三年，坐侵廟壖地爲宮，自殺。"按，十一月辛酉朔，無己酉。《通鑑》下文云，本月庚寅，晦（《資治通鑑目錄》卷三同）。但己酉距庚寅四十二天，此必誤。《史記》卷十七《漢興以來諸侯王年表》繫太子榮被廢及立爲臨江王事於七年十一月乙丑。乙丑爲十一月五日。當以《史記》爲是。《通鑑》蓋從《漢書·諸侯王表》而誤。

中三年（前一四七）
三月，丁巳，立皇子乘爲清河王。

卷十六，《漢紀》八，2/538

《史記》卷十七《漢興以來諸侯王年表》亦繫乘爲清河王事於三月丁巳。三月壬申朔，無丁巳。《漢書》卷十四《諸侯王表》"清河哀王乘"下云："中三年三月丁酉立，十二年薨，亡後。"丁酉爲三月二十六日。《史記》之"丁巳"應爲"丁酉"之訛，《通鑑》承《史記》而致誤。

中四年（前一四六）
夏，蝗。

冬，十月，戊午，日有食之。

卷十六，《漢紀》八，2/539

《漢書·景帝紀》亦將十月戊午日食，繫於夏、秋之後。按，漢初以十月爲歲首，冬十月不得在夏、秋之後。《通鑑》蓋從《漢書·景帝紀》而誤。參見景帝前四年，"胡注"引李心傳語。

後元年（前一四三）
秋，七月，丙午，丞相舍免。
乙巳晦，日有食之。

卷十六，《漢紀》八，2/543

按，七月丁丑朔，丙午三十日，乙巳二十九日，丙午不得在乙巳前。《漢書》卷二十七下之下《五行志》："後元年七月乙巳，先晦一日，日有食之，在翼十七度。"乙巳爲月末前一日，故云："先晦一日。"《通鑑》殆以月末爲晦，故誤將乙巳置於丙午之後。

八月，壬辰，以御史大夫衛綰爲丞相，衛尉南陽直不疑爲御史大夫。

卷十六，《漢紀》八，2/543

《史記》卷十一《孝景本紀》、《漢書》卷十九《百官公卿表》、《史記》卷二十二《漢興以來將相名臣年表》均作八月壬辰。按，後元年八月丁未朔，壬辰在丁未後四十六日，月內無壬辰，姑存疑。

武帝建元二年（前一三九）
三月，乙未，以太常柏至侯許昌爲丞相。

卷十七，《漢紀》九，2/559

《漢書》卷十九下《百官公卿表》建元二年云："十月，丞相嬰免。三月乙未，太常許昌爲丞相。"與《通鑑》同。按，三月丙辰朔，月內無乙未。《史記》卷二十二《漢興以來將相名臣年表》作二月乙未。二月丙戌朔，乙未爲二月十日。《漢書·百官公卿表》之"三月"，應爲"二月"之訛，《通鑑》蓋承《漢書》而誤。

武帝太初二年（前一〇三）
春，正月，戊申，牧丘恬侯石慶薨。

卷二十一，《漢紀》十三，2/701

《漢書·武帝紀》同。按，太初二年正月丁巳朔，月内無戊申。《漢書》卷十九下《百官公卿表》："（太初二年）正月戊寅，丞相慶薨。"《史記》卷二十二《漢興以來將相名臣年表》亦繫石慶薨於正月戊寅。戊寅，正月二十二日。《漢書·武帝紀》之"戊申"應爲"戊寅"之訛，"寅"、"申"形近，故而致誤。《通鑑》蓋從《武帝紀》而誤。

武帝征和二年（前九一）
夏，四月，大風，發屋折木。
閏月，諸邑公主、陽石公主及皇后弟子長平侯伉皆坐巫蠱誅。

卷二十二，《漢紀》十四，2/726

《漢書·武帝紀》亦將閏月置於四月之後。按，本年閏五月乙亥朔（《資治通鑑目録》卷三同），《通鑑》下文本月云："庚寅，太子兵敗，南奔覆盎城門。"庚寅爲閏五月十六日。上接四月，依《通鑑》體例，此"閏月"應作"閏五月"。

昭帝始元元年（前八六）
九月，丙子，秺敬侯金日磾薨……
閏月，遣故廷尉王平等五人持節行郡國，舉賢良，問民疾苦、冤、失職者。

卷二十三，《漢紀》十五，2/751-2

《漢書·昭帝紀》同。按，始元元年閏十月，《漢書》、《通鑑》不紀十月事，上接九月，此"閏月"應作"閏十月"。

昭帝元鳳元年（前八〇）
秋，七月，乙亥晦，日有食之，既。

卷二十三，《漢紀》十五，2/760

《漢書·昭帝紀》同。按元鳳元年七月庚午朔，八月庚子朔，七月晦日爲己亥（三十日），非乙亥（七日）。《漢書》卷二十七下之下《五行志》："元鳳元年七月己亥晦，日有食之，幾盡，在張十二度。劉向以爲己亥而既，其占重。後六年，宮車晏駕，卒以亡嗣。"正作己亥。《資治通鑑目錄》卷四同。《漢書·昭帝紀》以"己"、"乙"形近致訛，《通鑑》蓋因之而誤。

四年（前七七）
春，正月，丁亥，帝加元服。
甲戌，富民定侯田千秋薨。時政事壹決大將軍光；千秋居丞相位，謹厚自守而已。

卷二十三，《漢紀》十五，2/770–1

《漢書·昭帝紀》、《漢書》卷十九下《百官公卿表》俱作"甲戌"。按，元鳳四年正月丙戌朔，丁亥二日，甲戌在丁亥後四十八日。《漢書·百官公卿表》："正月甲戌，丞相千秋薨。二月乙丑，御史大夫王訢爲［丞］相。"王訢在二月乙丑（十一日）繼千秋爲相，千秋薨在正月，殆可無疑。或"甲戌"爲"甲午"（九日）之誤，姑存疑。

夏，五月，丁丑，孝文廟正殿火。

卷二十三，《漢紀》十五，2/771

《漢書·昭帝紀》、《漢書》卷二十七上《五行志》亦繫孝文廟火於"五月丁丑"。今按，元鳳四年五月甲申朔，月內無丁丑，丁丑在甲申後五十四日，必誤。姑存疑。

昭帝元平元年（前七四）
九月，大赦天下。
戊寅，蔡義爲丞相。
卷二十四，《漢紀》十六，2/792-3

按，元平元年九月乙未朔，月內無戊寅。戊寅在乙未後四十四日。據《漢書》卷十九下《百官公卿表》云，元平元年"八月己巳，丞相敞薨。九月戊戌，御史大夫蔡義爲丞相"。戊戌，九月四日。當從《百官公卿表》，《通鑑》"戊寅"爲"戊戌"之訛。

宣帝神爵三年（前五九）
春，三月，丙辰，高平憲侯魏相薨。
卷二十六，《漢紀》十八，2/861

神爵三年三月辛丑朔，丙辰爲十六日。《漢書·宣帝紀》："（神爵三年）三月丙午，丞相相薨。"《漢書》卷十九下《百官公卿表》亦載魏相薨於三月丙午，疑《通鑑》"丙辰"爲"丙午"之訛，應從《漢書》作"丙午"。丙午爲三月六日。

夏，四月，戊辰，丙吉爲丞相。
卷二十六，《漢紀》十八，2/861

按，神爵三年四月庚午朔，月內無戊辰。戊辰在庚午後五十五日。《漢書》卷十九下《百官公卿表》神爵三年云："四月戊戌，御史大夫丙吉爲丞相。"戊戌，四月二十九日。當從《漢書》，《通鑑》"戊辰"爲"戊戌"之訛。

宣帝五鳳三年（前五五）
二月，壬辰，黃霸爲丞相。

卷二十七，《漢紀》十九，2/873

按，五鳳三年二月戊申朔，月内無壬辰。《漢書》卷十九下《百官公卿表》五鳳三年下載："正月癸卯，丞相吉薨。二月壬申，御史大夫黃霸爲丞相。"壬申二十五日。當從《漢書》，《通鑑》之"壬辰"爲"壬申"之誤。

宣帝甘露三年（前五一）
三月，己巳，建成安侯黃霸薨。五月，甲午，于定國爲丞相，封西平侯。太僕沛郡陳萬年爲御史大夫。

卷二十七，《漢紀》十九，2/889

按，甘露三年三月甲申朔，月内無己巳。《漢書》卷十九下《百官公卿表》云："（甘露三年）[三]月己丑，丞相霸薨。五月甲午，御史大夫于定國爲丞相。"《漢書·宣帝紀》亦記載黃霸薨於三月己丑。《通鑑》之"己巳"，應爲"己丑"之訛。己丑，三月六日。

元帝初元二年（前四七）
秋，七月，己酉，地復震。

卷二十八，《漢紀》二十，3/900

《考異》曰："《劉向傳》曰：'冬，地復震。'《元紀》，此月詔曰：'一年中地再動。'《漢紀》在七月己酉。今從之。"按，初元二年七月己未朔，月內無己酉。《漢書·五行志》只有元帝永光三年、綏和二年兩次地震，初元二年地震失載。或"己酉"爲"乙酉"（七月二十七日）之誤，姑存疑。

元帝永光三年（前四一）
夏，四月，平昌考侯王接薨。秋，七月，壬戌，以平恩侯許嘉爲大司馬、車騎將軍。

卷二十九，《漢紀》二十一，3/922

《漢書》卷十九下《百官公卿表》同。按，永光三年七月甲申朔，月內無壬戌。大司馬王接薨於四月，遲至七月，方由許嘉繼任，揆諸常理，間隔似乎太長，疑"七月"有誤。姑存疑。

元帝竟寧元年（前三三）
三月，丙寅，詔曰："剛強堅固，確然亡欲，大鴻臚野王是也。心辨善辭，可使四方，少府五鹿充宗是也。廉潔節儉，太子少傅張譚是也。其以少傅爲御史大夫。"

卷二十九，《漢紀》二十一，3/945

《漢書》卷十九下《百官公卿表》："（竟寧元年）[三]月丙寅，太子少傅張譚爲御史大夫，三年坐選舉不實免。"亦繫於丙寅。按，竟寧元年三月庚午朔，無丙寅。《通鑑》下文有三月癸未復孝惠皇帝寢廟園，孝文太后、孝昭太后寢園事（《漢書·元帝紀》同），癸未十四日。張譚爲御史大夫事在癸未之前，或"丙寅"爲"戊寅"之誤。姑存疑。戊寅爲三月九日。

成帝建始元年（前三二）

春，正月，乙丑，悼考廟災。

……

壬子，封舅諸吏、光禄大夫、關内侯王崇爲安成侯；賜舅譚、商、立、根、逢時爵關内侯。

卷三十，《漢紀》二十二，3/954-5

按，建始元年正月乙丑朔，月内無壬子。《漢書》卷十八《外戚恩澤侯表》"安成共侯崇"下云："建始元年二月壬子，以皇太后母弟散騎光禄大夫關内侯侯，萬户，二年薨。"二月乙未朔，壬子爲十八日。王崇封安成侯，當依《漢書·外戚恩澤侯表》，在二月壬子。《通鑑》"壬子"上誤脱"二月"。

成帝陽朔二年（前二三）

八月，甲申，定陶共王康薨。

卷三十，《漢紀》二十二，3/988

《漢書·成帝紀》同。《漢書》卷十四《諸侯王表》"定陶共王康"下云："永光三年三月，立爲濟陽王，八年，徙山陽，八年，河平四年四月，徙定陶，凡十九年薨。"自永光三年至陽朔二年，適爲十九年，但《諸侯王表》不載月、日。按，陽朔二年八月己亥朔，月内無甲申。或《漢書·成帝紀》"甲申"爲"甲寅"之訛，《通鑑》從之而誤。姑存疑。甲寅，八月十六日。

三年（前二二）

春，三月，壬戌，隕石東郡八。

卷三十一，《漢紀》二十三，3/989

《漢書·成帝紀》同。按，陽朔三年三月丙寅朔，月內無壬戌。《漢書》卷二十七下之下《五行志》："（成帝）陽朔三年二月壬戌，隕石白馬，八。"師古注云，白馬，"東郡之縣名"。兩處所記，顯爲一事。二月丙申朔，壬戌爲二月二十七日。當從《五行志》。《漢書·成帝紀》之"三月"爲"二月"之訛，《通鑑》從之而誤。

四年（前二一）
秋，九月，壬申，東平思王宇薨。
……
閏月，壬戌，于永卒。

卷三十一，《漢紀》二十三，3/990

按，陽朔四年閏十二月丙辰朔，壬戌爲七日。上接九月，此閏月應作"閏十二月"。《漢書·成帝紀》於九月後逕記"閏月"，《通鑑》從之而誤。

成帝鴻嘉元年（前二〇）
王音既以從舅越親用事，小心親職。上以音自御史大夫入爲將軍，不獲宰相之封，六月，乙巳，封音爲安陽侯。

卷三十一，《漢紀》二十三，3/992

按，鴻嘉元年六月癸丑朔，月內無乙巳。《漢書》卷十八《外戚恩澤侯表》"安陽敬侯王音"下云："六月己巳封，五年薨。"己巳爲六月十七日。《通鑑》之"乙巳"應爲"己巳"之誤。"乙"、"己"形近，故而致訛。

成帝綏和二年（前七）
夏，四月，丙午，太子即皇帝位，謁高廟；尊皇太后曰太皇太后，皇后曰皇太后。大赦天下。
……
己卯，葬孝成皇帝于延陵。

卷三十三，《漢紀》二十五，3/1055

《漢書·成帝紀》同。《考異》曰："《成紀》：'三月，丙戌，帝崩於未央宮。四月，己卯，葬延陵。'臣瓚曰：'自崩及葬凡五十四日。'《漢紀》：'三月，丙午，帝崩。四月，己卯，葬延陵。'自崩及葬三十四日。按是年三月己巳朔，無丙午；四月己亥朔，無己卯。若依《成紀》，則當云'五月己卯葬'；依荀《紀》，當云'閏三月丙午崩'。二者各有差舛，未知孰是。按是年閏七月，不當頓差四月。今且從《成紀》之文。"今按，據《漢書·成帝紀》，成帝崩於三月丙戌，三月丙戌至五月己卯適爲五十四日，與臣瓚之言相合。疑《成帝紀》之"四月"爲"五月"之誤，《通鑑》"己卯"上似應補"五月"。

哀帝建平二年（前五）
春，正月，有星孛于牽牛。
……朱博與孔鄉侯傅晏連結，共謀成尊號事，數燕見，奏封事，毀短喜及孔光。丁丑，上遂策免喜，以侯就第。

卷三十四，《漢紀》二十六，3/1082

按，建平二年正月戊子朔，月內無丁丑。《漢書》卷十九下《百官公卿表》："（建平二年）二月丁丑，大司馬喜免。陽安侯丁明爲大司馬衛將軍。"當從《漢書》。《通鑑》"丁丑"上脫"二月"。二月戊午朔，丁丑爲二十日。

哀帝元壽元年（前二）

冬，十一月，壬午，以故定陶太傅、光祿大夫韋賞爲大司馬、車騎將軍。己丑，賞卒。

卷三十五，《漢紀》二十七，3/1120

元壽元年十一月丙申朔，月内無壬午、己丑日。《二十史朔閏表》本年閏十一月丙寅朔，壬午爲閏十一月十七日，己丑二十四日，或《通鑑》十一月上脱"閏"字；又，《資治通鑑目錄》卷四載《長曆》，本年閏十二月乙未朔，如從《長曆》，則《通鑑》"十一月"或爲"十二月"之誤。姑存疑。

《漢書》卷十九下《百官公卿表》元壽二年下云："九月己卯，大司馬明免。十一月壬午，諸吏光祿大夫韋賞爲大司馬、車騎將軍，己丑卒。"較《通鑑》後一年。《漢書》本卷"校勘記"云："景祐、殿本無'二'字。"今按，《漢書·哀帝紀》云，元壽元年"秋九月，大司馬、票騎將軍丁明免"。當以元年爲是（《百官公卿表》九月己卯，丁明免，此事《通鑑》繫於九月乙卯，本年九月丁酉朔，月内無己卯，乙卯爲九月十九日。《百官公卿表》之"己卯"當爲"乙卯"之訛。附誌於此）。《漢書》、《通鑑》均繫韋賞事於十一月，《通鑑》蓋從《漢書》而誤。

二年（前一）

夏，四月，壬辰晦，日有食之。

卷三十五，《漢紀》二十七，3/1123

《漢書·哀帝紀》亦載是年四月壬辰晦，日食。今按，元壽二年四月癸巳朔，壬辰非晦日，四月亦無壬辰。《漢書》卷二十七下之下《五行志》云："（元壽）二年三月壬辰晦，日有食之。"《資治通鑑目錄》卷四同。本年三月甲子朔，壬辰二十九日，四月癸巳朔，壬辰適爲三月晦日。當以《五行志》爲是。《哀帝紀》之"四月"爲"三月"之誤。《通鑑》從《哀帝紀》，亦誤。

平帝元始五年（五）

冬，十二月，莽因臘日上椒酒，置毒酒中；帝有疾。莽作策，請命於泰畤，願以身代，藏策金縢，置于前殿，敕諸公勿敢言。丙午，帝崩于未央宫。

卷三十六，《漢紀》二十八，3/1155-6

《漢書·平帝紀》亦云，五年"冬十二月丙午，帝崩于未央宫"。《漢書》卷九十九上《王莽傳》祇云"十二月平帝崩"，不書日。今按，元始五年十二月辛酉朔，月内無丙午，姑存疑。《通鑑》之"丙午"承《平帝紀》而誤。

淮陽王更始元年（二三）

春，正月，甲子朔，漢兵與下江兵共攻甄阜、梁丘賜，斬之，殺士卒二萬餘人。

卷三十九，《漢紀》三十一，3/1239

按，更始元年正月壬子朔，甲子十三日，非朔日。又，《通鑑》下文云本年"二月辛巳朔"，甲子至辛巳僅十八天，"甲子朔"必誤。《後漢書·光武帝紀》亦作正月甲子朔，"校勘記"云："張熷《讀史舉正》及黄山《後漢書校補》並謂據下文'二月辛巳'，則正月甲子非朔。今按：是年正月壬子朔，此或衍'朔'字，或'甲子'爲'壬子'之訛。"此說甚是，《通鑑》本條當係承《後漢書·光武帝紀》而誤。《資治通鑑目録》卷五正作"正月壬子朔"。

光武帝建武元年（二五）
己亥，帝幸懷，遣耿弇、陳俊軍五社津，備滎陽以東；使吳漢率建議大將軍朱祐等十一將軍圍朱鮪於洛陽。

卷四十，《漢紀》三十二，3/1283

　　上接七月壬午。《後漢書·光武帝紀》亦繫幸懷事於本年七月己亥。今按，建武元年七月丁卯朔，壬午十六日，月內無己亥。《通鑑》承《後漢書》而誤。本條上承壬午，或"己亥"為"己丑"之訛。姑存疑。己丑，七月二十三日。

十一月，甲午，上幸懷。
梁王永稱帝於睢陽。
十二月，丙戌，上還洛陽。

卷四十，《漢紀》三十二，3/1287-8

　　《後漢書·光武帝紀》亦云，本年"十一月甲午，幸懷。……十二月丙戌，至自懷"。今按，本年十一月乙丑朔，甲午三十日；十二月乙未朔，月內無丙戌。且丙戌在甲午前九日，自不可甲午幸懷，丙戌還洛。《光武帝紀》之"丙戌"必誤。《通鑑》蓋承《光武帝紀》而誤，姑存疑。

二年（二六）
二月，己酉，車駕幸修武。
……
辛卯，上還洛陽。

卷四十，《漢紀》三十二，3/1297-1300

　　《後漢書·光武帝紀》同。按本年二月甲午朔，己酉十六日。月内無辛卯。《通鑑》蓋承《後漢書》而誤（參見下條本年三月引《後漢書》"校勘記"）。

三月，乙未，大赦。

卷四十，《漢紀》三十二，3/1301

三月癸亥朔，無乙未。《後漢書·光武帝紀》亦繫於三月乙未。"校勘記"云："二月己酉幸修武，辛卯至自修武，三月乙未大赦天下。《校補》引洪亮吉說，謂己酉、辛卯不同月，下'三月'二字當在'辛卯'上，范《史》誤倒。黃山謂本年正月甲子朔，則二月己酉已屆望後矣，不惟二月無辛卯，即三月亦不當有乙未。袁《紀》書'三月乙酉，大赦天下'，不作'乙未'也。范《書》日月蹉駁之處不可枚舉，書闕有間，無從悉正。"今按，乙酉二十三日。《後漢書》、《通鑑》之"乙未"，或爲"乙酉"之誤。姑存疑。

三年（二七）

閏月，乙巳，鄧禹上大司徒、梁侯印綬；詔還梁侯印綬，以爲右將軍。

卷四十一，《漢紀》三十三，3/1309

上承正月壬午，後接二月。《後漢書·光武帝紀》同。今按，《二十史朔閏表》是年閏二月戊午朔，非閏正月。《資治通鑑目錄》卷五亦云本年閏二月，與《通鑑》異。姑存疑。

八年（三二）

夏，閏四月，帝自將征隗囂，光祿勳汝南郭憲諫曰："東方初定，車駕未可遠征。"乃當車拔佩刀以斷

車靷。

卷四十二,《漢紀》三十四,3/1356

《後漢書·光武帝紀》:"(八年)夏四月,司隸校尉傅抗下獄死。隗囂攻來歙,不能下。閏月,帝自征囂,河西[大將軍]竇融率五郡太守與車駕會高平。"按,是年閏六月丁亥朔,非閏四月。《資治通鑑目錄》卷五亦作"閏六月"。《後漢書·光武帝紀》閏月後逕接八月,疑《光武帝紀》"閏"下脫"六"字,《通鑑》因其閏月上接四月而改爲閏四月。此事又見於《後漢書》卷十三《隗囂傳》、卷八十二上《郭憲傳》,但二傳均不記月。姑存疑。

十二年(三六)
冬,十一月,臧宮軍咸陽門;戊寅,述自將數萬人攻漢,使延岑拒宮。大戰,岑三合三勝,自旦及日中,軍士不得食,並疲。漢因使護軍高午、唐邯將銳卒數萬擊之,述兵大亂;高午奔陳刺述,洞胸墮馬,左右輿入城。述以兵屬延岑,其夜,死;明旦,延岑以城降。辛巳,吳漢夷述妻子,盡滅公孫氏,并族延岑,遂放兵大掠,焚述宮室。

卷四十三,《漢紀》三十五,3/1375

按,建武十二年十一月辛酉朔,戊寅十八日,辛巳二十一日。《後漢書·光武帝紀》同。"校勘記"云:"《續天文志》云十一月丁丑,漢護軍將軍高午刺述洞其胸,其夜死。明日,漢入屠蜀城。而此云戊寅,述被創,夜死,辛巳,吳漢屠成都。按:戊寅至辛巳四日,丁丑次日即戊寅,志明云明日漢入屠蜀城,《公孫述傳》亦云其夜死,明旦岑降,《吳漢傳》亦云旦日城降,則'戊寅'當從《續志》作'丁丑','辛巳'又爲'戊寅'之訛。"《通鑑》蓋承《光武帝紀》而誤。

十三年（三七）

庚午，以紹嘉公孔安爲宋公，承休公姬常爲衛公。

卷四十三，《漢紀》三十五，3/1380

上接二月丁巳。是年二月庚寅朔，丁巳二十八日，月内無庚午，《後漢書·光武帝紀》同。《後漢書》"校勘記"云："建武十三年二月庚寅朔，無庚午，疑'庚午'爲'庚子'或'庚戌'之訛。又查是年三月庚申朔，有庚午，或下文'三月'二字當移於此。"今按，《後漢書·光武帝紀》庚午之前有二月丙辰（二十七日）、丁巳（二十八日）事，庚子（十一日）、庚戌（二十一日）均不得在丙辰之後，故"庚午"不應爲"庚子"或"庚戌"之訛。姑存疑。《通鑑》本條蓋承《光武帝紀》而誤。

十五年（三九）

夏，四月，丁巳，封皇子輔爲右翊公，英爲楚公，陽爲東海公，康爲濟南公，蒼爲東平公，延爲淮陽公，荊爲山陽公，衡爲臨淮公，焉爲左翊公，京爲琅邪公。癸丑，追諡兄縯爲齊武公，兄仲爲魯哀公。

卷四十三，《漢紀》三十五，3/1385-6

《後漢書·光武帝紀》同。按，建武十五年四月丁未朔，丁巳十一日，癸丑七日，丁巳不得在癸丑前。《光武帝紀》丁巳之前有四月戊申（二日）事，疑"癸丑"有誤。《通鑑》蓋承《後漢書》而誤。

十七年（四一）

夏，四月，乙卯，上行幸章陵；五月，乙卯，還宮。

卷四十三，《漢紀》三十五，3/1390

建武十七年四月丙寅朔，無乙卯。《後漢書·光武帝紀》："夏四月乙卯，南巡狩，皇太子及右翊公輔、楚公英、東海公陽、濟南公康、東平公蒼從，幸潁川，進幸葉、章陵。五月乙卯，車駕還宮。""校勘記"云："是年四月丙寅朔，無乙卯，此誤。下云'五月乙卯，車駕還宮'。是年五月乙未朔，有乙卯，不誤。"今按，疑四月"乙卯"爲"己卯"之訛。《通鑑》蓋承《後漢書·光武帝紀》而誤。四月己卯十四日，五月乙卯二十一日，前後凡三十七日。

十八年（四二）

甲寅，上行幸長安；三月，幸蒲坂，祠后土。

卷四十三，《漢紀》三十五，3/1392

上接二月。《後漢書·光武帝紀》同。按，建武十八年二月辛酉朔，無甲寅。疑"甲寅"爲"甲申"之形訛。《通鑑》蓋從《後漢書·光武帝紀》而誤。甲申爲二月二十四日。

夏，四月，甲戌，車駕還宮。

卷四十三，《漢紀》三十五，3/1392

按，是年四月庚申朔，甲戌十五日。《後漢書·光武帝紀》原亦作甲戌，標點本改爲癸酉。其文曰："夏四月（甲戌）[癸酉]，車駕還宮。（癸酉）[甲戌]，詔曰：'今邊郡盜穀五十斛，罪至於死，開殘吏妄殺之路，其蠲除此法，同之內郡。'""校勘記"云："按：萬松齡謂'癸酉'移前，'甲戌'移後，寫者誤倒耳。"今按，癸酉十四日，在甲戌前，當從"校勘記"，《通鑑》蓋承《後漢書》而誤。

戊申，上行幸河內；戊子，還宮。

卷四十三，《漢紀》三十五，3/1392

上接四月癸酉（《通鑑》誤作"甲戌"，見上條）。本年四月庚申朔，癸酉十四日，月內無戊申。《後漢書·光武帝紀》原作"戊申"，標點本改作"甲申"。"校勘記"云："是年夏四月庚申朔，下文云'戊子至自河內'，明此'戊申'乃'甲申'之誤。"今按，甲申四月二十五日，戊子二十九日。《通鑑》蓋從《後漢書》而誤。

二十二年（四六）

春，閏正月，丙戌，上幸長安；二月，己巳，還雒陽。

卷四十三，《漢紀》三十五，3/1401

《後漢書·光武帝紀》同。按，是年二月丁酉朔，月內無己巳。《後漢書》及《通鑑》下文均接五月，不書三、四月。或"己巳"為"乙巳"（九日）之誤；或"二月"為"三月"（己巳，三月三日）之誤，姑存疑。《通鑑》蓋承《後漢書》而誤。

二十三年（四七）

秋，八月，丙戌，大司空杜林薨。

卷四十四，《漢紀》三十六，4/1405

《後漢書·光武帝紀》同。按，建武二十三年八月己丑朔，月內無丙戌。《通鑑》之"丙戌"蓋承《光武帝紀》而誤。

二十八年（五二）

春，正月，己巳，徙魯王興爲北海王，以魯益東海。

卷四十四，《漢紀》三十六，4/1418

《後漢書·光武帝紀》同。按，是年正月癸巳朔，月內無己巳。疑"己巳"爲"乙巳"之訛。《通鑑》蓋從《後漢書·光武帝紀》而誤。乙巳，正月十三日。

三十年（五四）

春，二月，車駕東巡……
甲子，上幸魯濟南；閏月，癸丑，還宮。

卷四十四，《漢紀》三十六，4/1422

《後漢書·光武帝紀》同。按，建武三十年閏三月辛亥朔（《資治通鑑》卷五同），上接二月，此"閏月"例應作"閏三月"。癸丑，閏三月三日。

秋，七月，丁酉，上行幸魯；冬，十一月，丁酉，還宮。

卷四十四，《漢紀》三十六，4/1423

《後漢書·光武帝紀》："秋七月丁酉，幸魯國。復濟陽縣是年繇役。冬十一月丁酉，至自魯。""校勘記"云："冬十一月丁酉至自魯，汲本、《集解》本'丁酉'作'乙酉'。按：是年十一月丁未朔，無丁酉、乙酉，疑'己酉'之誤。"今按，不僅十一月無丁酉；是年七月己酉朔，亦無丁酉。《通鑑》承《光武帝紀》而誤。

明帝永平八年（六五）

三月，辛卯，以太尉虞延爲司徒，衛尉趙熹行太尉事。

　　　　　　　　　卷四十五,《漢紀》三十七,4/1446

《後漢書‧顯宗孝明帝紀》同。按,永平八年三月丁未朔,月內無辛卯。上接正月,此"三月"或爲"二月"之誤,姑存疑。二月丁丑朔,辛卯十五日。《通鑑》從《後漢書》誤。

九年（六六）
夏,四月,甲辰,詔司隸校尉、部刺史歲上墨綬長吏視事三歲已上、治狀尤異者各一人與計偕上,及尤不治者亦以聞。

　　　　　　　　　卷四十五,《漢紀》三十七,4/1449

《後漢書‧顯宗孝明帝紀》亦作"四月甲辰"。按,明帝永平九年四月辛未朔,月內無甲辰,《通鑑》之"甲辰"蓋承《後漢書》而誤。姑存疑。

十年（六七）
夏,四月,戊子,赦天下。
閏月,甲午,上幸南陽,詔校官弟子作雅樂,奏《鹿鳴》,帝自奏塤篪和之,以娛嘉賓。還,幸南頓。冬,十二月,甲午,還宮。

　　　　　　　　　卷四十五,《漢紀》三十七,4/1450-1

《後漢書‧顯宗孝明帝紀》同。按,永平十年閏十月壬辰朔(《資治通鑑目錄》卷五同),甲午,閏十月三日。《通鑑》上文接四月,下文接十二月,"閏月"例應作"閏十月"。

十二年（六九）
秋，七月，乙亥，司空伏恭罷；乙未，以大司農牟融爲司空。

卷四十五，《漢紀》三十七，4/1453

《後漢書·顯宗孝明帝紀》同。按，永平十二年七月壬子朔，乙亥二十四日，月内無乙未。疑《後漢書》"乙未"前脱"八月"，《通鑑》因之而誤。是年八月辛巳朔，乙未爲八月十五日。

十三年（七〇）
冬，十月，壬辰晦，日有食之。

卷四十五，《漢紀》三十七，4/1453

按，是年十月甲辰朔，月内無壬辰。《後漢書·顯宗孝明帝紀》亦作"十月壬辰"。《後漢書》卷十八《五行志》："十三年十月甲辰晦，日有蝕之，在尾十七度。""校勘記"云："《明帝紀》作'十月壬辰晦，注引《古今注》作'閏八月'。按：依時曆，是年閏七月，十月甲辰爲朔，非晦，亦無壬辰。今推是年八月合朔甲辰，即時曆閏七月晦，日蝕可見。紀、志與《古今注》皆訛。"（參見《明帝紀》本條之"校勘記"）《通鑑》此條承《孝明帝紀》而誤。

十七年（七四）
二月，乙巳，司徒王敏薨。

卷四十五，《漢紀》三十七，4/1464

《後漢書·顯宗孝明帝紀》同。按，永平十七年二月乙卯朔，無乙巳。下文云"三月，癸丑，以汝南太守鮑昱爲司徒"。三月乙酉朔，癸丑二十九日。或"乙巳"爲"己巳"（二月二十五日）之訛；或

"二月"爲"三月"之訛。乙巳，三月二十一日。姑存疑。

章帝建初三年（七八）
夏，四月，己巳，詔罷其役，更用驢輦，歲省費億萬計，全活徒士數千人……
閏月，西域假司馬班超率疏勒、康居、于寘、拘彌兵一萬人攻姑墨石城，破之，斬首七百級。

卷四十六，《漢紀》三十八，4/1484

《後漢書·肅宗孝章帝紀》同。《後漢書》卷四十七《班超傳》不紀月。今按，建初三年閏八月己丑朔（《資治通鑑目錄》卷五本年亦作閏八月），《通鑑》前承四月，此"閏月"例應作"閏八月"。

七年（八二）
九月，甲戌，帝幸偃師，東涉卷津，至河內……己酉，進幸鄴；辛卯，還宮。

卷四十六，《漢紀》三十八，4/1490-1

《後漢書·肅宗孝章帝紀》同。"校勘記"云："己酉不當在辛卯前，疑有誤。"今按，建初七年九月乙丑朔，甲戌十日，辛卯二十七日，月内無己酉。前有甲戌，後有辛卯，此"己酉"或爲"乙酉"之訛。姑存疑。乙酉爲九月二十一日。《通鑑》蓋承《後漢書》而誤。

冬，十月，癸丑，帝行幸長安，封蕭何末孫熊爲酇侯。進幸槐里、岐山；又幸長平，御池陽宮，東至高陵；十二月丁亥，還宮。

卷四十六，《漢紀》三十八，4/1491

《後漢書·肅宗孝章帝紀》同。按：建初七年十月乙未朔，癸丑十九日。十二月甲午朔，月內無丁亥。《孝章帝紀》云："十一月，詔勞賜河東守、令、掾以下。十二月丁亥，車駕還宮。"或還宮在十一月丁亥，"十二月"爲衍文，姑存疑。十一月甲子朔，丁亥二十四日。

章帝章和元年（八七）

夏，六月，戊辰，司徒桓虞免。癸卯，以司空袁安爲司徒，光禄勳任隗爲司空。隗，光之子也。

卷四十七，《漢紀》三十九，4/1509

《後漢書·肅宗孝章帝紀》同。按，《通鑑》及《後漢書》下文均有七月癸卯貶齊王晃爲蕪湖侯事，二癸卯必有一誤。本年六月丁卯朔，戊辰二日，月內無癸卯。《通鑑》之"六月癸卯"蓋承《孝章帝紀》而誤。

二年（八八）

春，正月，濟南王康、阜陵王延、中山王焉來朝……
……

壬辰，帝崩于章德前殿，年三十一。遺詔："無起寢廟，一如先帝法制"。

卷四十七，《漢紀》三十九，4/1511-3

按，章和二年正月甲午朔，月內無壬辰。《後漢書·肅宗孝章帝紀》原亦將"壬辰"繫於正月之下，標點本在"壬辰"上補"二月"。"校勘記"云：《集解》引惠棟說，謂袁《紀》作'二月壬辰'。今據補。按：是年正月甲午朔，無壬辰。二月癸亥朔，壬辰，二月三十日也。又按：凡新君即位，皆在先帝崩日，《和帝紀》'章和二年二月壬辰即皇帝位'，益足證此'壬辰'之上實脱'二月'二字也。"今按，當從此説，《通鑑》本條承《孝章帝紀》，"壬辰"上誤脱"二月"。

癸亥，陳王羡、彭城王恭、樂成王黨、下邳王衍、梁王暢始就國。

卷四十七，《漢紀》三十九，4/1514

上接三月庚戌。按，章和二年三月癸巳朔，庚戌，三月十八日，月内無癸亥。四月壬戌朔，癸亥爲四月二日。《後漢書·孝和孝殤帝紀》亦繋諸王就國於三月癸亥。《通鑑》蓋承《後漢書》而誤。

和帝永元五年（九三）

春，正月，乙亥，宗祀明堂，登靈臺，赦天下。
……
甲寅，太傅鄧彪薨。
戊午，隴西地震。

卷四十八，《漢紀》四十，4/1537

按，永元五年正月乙丑朔，乙亥十一日，月内無甲寅、戊午。《後漢書·孝和孝殤帝紀》："（二月）甲寅，太傅鄧彪薨。戊午，隴西地震。"《後漢書》卷十六《五行志》亦云："（永元）五年二月戊午，隴西地震。儒説民安土者也，將大動，行大震。"《通鑑》"甲寅"上當脱"二月"。二月甲午朔，甲寅二十一日，戊午二十五日。

冬，十月，辛未，太尉尹睦薨。

卷四十八，《漢紀》四十，4/1538

《後漢書·孝和孝殤帝紀》同。按,是年十月庚寅朔,月内無辛未。《通鑑》蓋承《後漢書》而誤。

六年（九四）

九月,癸丑,以光禄勳鄧鴻行車騎將軍事,與越騎校尉馮柱、行度遼將軍朱徽將左右羽林、北軍五校士及郡國迹射、緣邊兵,烏桓校尉任尚將烏桓、鮮卑,合四萬人討之。

卷四十八,《漢紀》四十,4/1542

《後漢書·孝和孝殤帝紀》同。按,永元六年九月乙卯朔,月内無癸丑。《通鑑》蓋承《後漢書》而誤。

十年（九八）

秋,七月己巳,司空韓稜薨。

卷四十八,《漢紀》四十,4/1549

《後漢書·孝和孝殤帝紀》同。按,是年七月癸巳朔,月内無己巳。《通鑑》蓋承《後漢書》而誤。疑"己巳"爲"乙巳"之誤。乙巳爲七月十三日。

十六年（一○四）

十一月,己丑,帝行幸緱氏,登百岯山。

卷四十八,《漢紀》四十,4/1560

《後漢書·孝和孝殤帝紀》亦作"十一月己丑"。按,永元十六年十一月丙辰朔,無己丑。《册府元龜》卷一百一十二《帝王部·巡幸》:"(永元)十六年十一月乙丑,行幸緱氏,登百岯山。賜百官從臣布各有差。"乙丑爲十一月十日。當從《册府元龜》作"乙丑","己丑"顯爲"乙丑"之訛。《通鑑》承《後漢書》而誤。

和帝元興元年（一〇五）
夏，四月，庚午，赦天下，改元。

卷四十八，《漢紀》四十，4/1561

《後漢書·孝和孝殤帝紀》同。按，元興元年四月甲申朔，月內無庚午。《通鑑》蓋承《後漢書》而誤。

殤帝延平元年（一〇六）
八月，辛卯，帝崩。癸丑，殯于崇德前殿。

卷四十九，《漢紀》四十一，4/1565

按，延平元年八月丙午朔，月內無辛卯。癸丑爲八月八日，辛卯尚在癸丑之後三十九日。《通鑑》顯誤。《後漢書·孝和孝殤帝紀》："八月辛亥，帝崩。癸丑，殯于崇德前殿，年二歲。"《後漢書》志第十一《天文志》亦云："孝殤帝延平元年正月丁酉，金、火在婁。金、火合爲爍，爲大人憂。是歲八月辛亥，孝殤帝崩。"《通鑑》之"辛卯"爲"辛亥"之誤。辛亥，八月六日。

九月，六州大水。
丙寅，葬孝殤皇帝于康陵。以連遭大水，百姓苦役，方中秘藏及諸工作事，減約十分居一。
乙亥，殞石于陳留。

卷四十九，《漢紀》四十一，4/1566

按，是年九月乙亥朔，月內無丙寅。《後漢書·孝安帝紀》記載:"九月庚子,謁高廟。辛丑,謁光武廟。六州大水。己未,遣謁者分行虛實,舉災害,賑乏絕。丙寅,葬孝殤皇帝于康陵。乙亥隕石于陳留。"《後漢書》此節疑點很多。其一,自庚子至乙亥,前後凡三十六天,顯非同月之事。其二,本年九月乙亥朔,有庚子(二十六日)、辛丑(二十七日)、乙亥(一日),無丙寅、己未諸日。其三,《後漢書》志第十二《天文志》云:"殤帝延平元年九月乙亥,隕石陳留四。"《後漢書》志第十五《五行志》亦云:"殤帝延平元年九月乙亥,陳留雷,有石隕地四。"可證隕石在九月乙亥不誤,但乙亥爲九月朔日,不應在庚子、辛丑之後。本節當有錯簡。或應將"己未"至"陳留"移置於前,九月移置"乙亥"之上,姑存疑。標點本《後漢書》失校。《通鑑》蓋承《後漢書》而誤。

清河孝王慶病篤,上書求葬樊濯宋貴人冢旁,十二月,甲子,王薨。
乙酉,罷魚龍曼延戲。

卷四十九,《漢紀》四十一,4/1567

《後漢書·孝安帝紀》同。按,是年十二月甲辰朔,甲子二十一日,無乙酉。前有甲子,或"乙酉"爲"乙丑"之訛。《通鑑》蓋從《後漢書》而誤。乙丑,十二月二十二日。

安帝永初二年(一○八)
閏月,廣川王常保薨,無子,國除。
癸未,蜀郡徼外羌舉土內屬。

卷四十九,《漢紀》四十一,4/1576

按，是年閏七月乙未朔，月内無癸未。《後漢書·孝安帝紀》同。《後漢書》下文逕接九月，不書八月，或"癸未"上脱"八月"。《通鑑》承之而誤。八月甲子朔，癸未爲八月二十日。

五年（一一一）
春，正月，庚辰朔，日有食之。
……
己丑，太尉張禹免。甲申，以光禄勳潁川李脩爲太尉。

卷四十九，《漢紀》四十一，4/1586-7

　　《後漢書·孝安帝紀》同。按，永初五年正月庚辰朔，己丑十日，甲申五日，此失次。且李脩上任不能在張禹被免之前，疑"甲申"爲"甲午"（十五）或"甲辰"（二十五）之誤。《通鑑》從《後漢書》誤。

六年（一一二）
夏，四月，乙丑，司空張敏罷。己卯，以太常李郃爲司空。

卷四十九，《漢紀》四十一，4/1589

　　《後漢書·孝安帝紀》同。按，永初六年四月癸酉朔，己卯七日，月内無乙丑。後接己卯，"乙丑"或爲"乙亥"（三日）之訛。姑存疑。《通鑑》蓋承《後漢書》而誤。

六月，壬辰，豫章員谿原山崩。
辛巳，赦天下。

卷四十九，《漢紀》四十一，4/1589

《後漢書·孝安帝紀》同。《後漢書》志第十六《五行志》亦云："六年六月壬辰，豫章員谿原山崩，各六十三所。"按，本年六月壬申朔，壬辰二十一日，辛巳十日。壬辰不得在辛巳前。或兩條誤倒，或辛巳有誤。姑存疑。《通鑑》蓋承《後漢書·孝安帝紀》而誤。

七年（一一三）
春，二月，丙午，郡國十八地震。

卷四十九，《漢紀》四十一，4/1589

《後漢書·孝安帝紀》同。按，永初七年二月戊辰朔，月內無丙午。《後漢書》志第十六《五行志》："（安帝永初）七年正月壬寅，二月丙午，郡國十八地震。""校勘記"云："錢大昭云：本紀但有二月丙午之事，此'正月壬寅'四字疑衍。按：《校補》謂當衍者乃'二月丙午'四字。是年四月丙申晦，日有食之，紀、志並同。四月晦為丙申，則二月不得有丙午。紀本有誤，而此志'二月丙午'四字，疑後人據紀妄增也。"今按，當從《校補》說，《孝安帝紀》之"二月丙午"誤。《通鑑》從《孝安帝紀》而誤。

安帝元初元年（一一四）
二月，乙卯，日南地坼，長百餘里。
三月，癸亥，日有食之。

卷四十九，《漢紀》四十一，4/1590

《後漢書·孝安帝紀》："（元初元年）二月己卯，日南地坼。三月癸酉，日有食之。"《後漢書》志第十六《五行志》則云："元初元年三月己卯，日南地坼，長百八十二里。"所記各異。《通鑑》"考異"曰："《帝紀》，'二月己卯，日南地坼。三月癸酉，日食'。《本志》及袁

《紀》皆云'三月己卯,日南地坼'。按《長曆》,是年二月壬辰朔,無己卯;三月壬戌朔,癸酉十二日,不應日食。二月當是乙卯,三月當是癸亥。"按,《後漢書》志第十八《五行志》不載元初元年三月癸酉(或癸亥)日食事。《五行志》、《孝安帝紀》、《通鑑》俱載本年十月戊子日食。一年內不得有二日食,此必有誤。《後漢書·孝安帝紀》之"校勘記"云:"按:《校補》引洪亮吉説,謂日南地坼《五行志》作'三月己卯',逆推至此年正月甲子,則己卯定在三月,當以《五行志》爲是。惟己卯後同月不得有癸酉日,且一歲不容有兩日食。細校《五行志》,乃知此係永初元年三月事,范《史》複載耳。"洪氏此説甚是。殆《孝安帝紀》誤以"三月己卯"爲"二月己卯",以永初元年三月癸酉日食事誤繫於元初元年之下,《通鑑》不明原委,因其甲子不合,又改"己卯"爲"乙卯","癸酉"爲"癸亥",《孝安帝紀》與《通鑑》皆誤。《通鑑》之"二月乙卯"應爲"三月己卯",三月癸亥日食事,屬誤記,當删。

安帝建光元年(一二一)
冬,十一月,己丑,郡國三十五地震。

卷五十,《漢紀》四十二,4/1618

《後漢書》志第十六《五行志》:"建光元年九月己丑,郡國三十五地震,或地坼裂,壞城郭室屋,壓殺人。"二書所載顯爲一事,但一作"九月己丑",一作"十一月己丑"。《後漢書·孝安帝紀》與《通鑑》同,爲"十一月己丑"。"校勘記"云:"沈家本謂《續志》書'九月己丑',此紀後文有'冬十二月',不得重言'冬'。上文書'九月',又書'戊子',戊子與己丑相接。然則'冬十一月'四字乃衍文也。"今按,《通鑑》上文亦接九月戊子。是年九月己卯朔,戊子十日，己丑十一日。《通鑑》蓋從《孝安帝紀》而誤衍"冬十一月"。

安帝延光元年（一二二）
九月，甲戌，郡國二十七地震。

卷五十，《漢紀》四十二，4/1621

延光元年九月壬寅朔，月內無甲戌。《後漢書》志第十六《五行志》："（延光元年）九月戊申，郡國二十七地震。"《後漢書·孝安帝紀》與《通鑑》同，亦作"九月甲戌"。"校勘記"云："沈家本謂'甲戌'志作'戊申'。今按，是年九月壬寅朔，無甲戌，當依《續志》作'戊申'。"《通鑑》從《孝安帝紀》而誤。戊申為九月七日。

四年（一二五）
春，二月，乙亥，下邳惠王衍薨。
甲辰，車駕南巡。

卷五十一，《漢紀》四十三，4/1634

《後漢書·孝安帝紀》同。按，延光四年二月戊子朔，月內無乙亥，甲辰十七日。後接甲辰，疑"乙亥"為"己亥"之訛。己亥為二月十二日。《通鑑》蓋承《孝安帝紀》而誤。

順帝永和元年（一三六）
冬，十月，丁亥，承福殿火。

卷五十二，《漢紀》四十四，4/1678

永和元年十月辛巳朔，丁亥為十月七日。《後漢書》志第十四《五行志》："（順帝）永和元年十月丁未，承福殿火。"此作"丁未"，與《通鑑》相異,丁未二十七日。《後漢書·順帝紀》與《通鑑》同,作"丁亥"。"校勘記"云:"《校補》引洪亮吉説,謂《續志》作'丁未',以下'十一月丙子'推之,志爲是。"姑存疑。

二年(一三七)
冬,十月,甲申,上行幸長安……
丁卯,京師地震。

卷五十二,《漢紀》四十四,4/1680-1

按,永和二年十月乙亥朔,甲申十日,月内無丁卯。《後漢書·順帝紀》:"十一月丙午,祠高廟。丁未,遂有事十一陵。丁卯,京師地震。"《後漢書》志第十六《五行志》:"(永和二年)十一月丁卯,京都地震。"《通鑑》"丁卯"上脱"十一月"。十一月乙巳朔,丁卯爲二十三日。

三年(一三八)
秋,八月,己未,司徒黄尚免。九月,己酉,以光禄勳長沙劉壽爲司徒。

卷五十二,《漢紀》四十四,4/1683

《後漢書·順帝紀》同。按,永和三年八月庚子朔,己未二十日,九月庚午朔,月内無己酉。《後漢書》及《通鑑》下文俱接九月丙戌,疑"己酉"爲"乙酉"之誤。乙酉爲九月十六日,丙戌十七日。《通鑑》蓋承《後漢書》而誤。

質帝本初元年(一四六)
九月,戊戌,追尊河間孝王爲孝穆皇,夫人趙氏曰孝穆后，廟曰清廟，陵曰樂成陵；蠡吾先侯曰孝崇皇，廟曰烈廟，陵曰博陵；皆置令、丞，使司徒持節奉策書璽綬，祠以太牢。

卷五十三，《漢紀》四十五，4/1709

《後漢書·孝桓帝紀》同。按，本初元年九月癸丑朔，無戊戌。《後漢書》、《通鑑》下文接冬十月甲午，戊戌尚在甲午之後五日，此必誤。《通鑑》從《孝桓帝紀》而誤。

桓帝和平元年（一五〇）

三月，車駕徙幸北宮。
甲午，葬順烈皇后。

卷五十三，《漢紀》四十五，4/1717

按，和平元年三月癸亥朔，月內無甲午。《後漢書·孝桓帝紀》亦作"三月甲午"。"校勘記"云："李慈銘謂按《通鑑目錄》，三月癸亥朔，不得有甲午，若是甲子，則距崩十一日，太促，疑'甲'當作'庚'。"今姑存疑。《通鑑》承《孝桓帝紀》而誤。

桓帝元嘉二年（一五二）

丙辰，京師地震。

卷五十三，《漢紀》四十五，4/1728

上接春正月。《後漢書·孝桓帝紀》、《後漢書》志第十六《五行志》俱作"正月丙辰"。按，元嘉二年正月壬午朔，月內無丙辰。《孝桓帝紀》、《通鑑》下文逕接四月，或"丙辰"上脫"二月"，姑存疑。二月壬子朔，丙辰爲四日。

夏，四月，甲辰，孝崇皇后匽氏崩；以帝弟平原王石爲喪主，斂送制度比恭懷皇后。五月，辛卯，葬于博陵。

卷五十三，《漢紀》四十五，4/1728

按，是年四月辛亥朔，月内無甲辰。五月庚辰朔，辛卯十二日，甲辰尚在辛卯後十四日，《通鑑》之"甲辰"顯誤。《後漢書·孝桓帝紀》："夏四月甲寅，孝崇皇后匽氏崩。庚午，常山王豹薨。五月辛卯，葬孝崇皇后于博陵。"甲寅爲四月四日。《通鑑》"甲辰"應爲"甲寅"之誤。

桓帝永壽三年（一五七）
春，正月，己未，赦天下。

卷五十四，《漢紀》四十六，4/1736

按，永壽三年正月癸未朔，月内無己未。《後漢書·孝桓帝紀》亦作"正月己未"。"校勘記"云："按'己未'當依袁宏《紀》作'癸未'。"《通鑑》蓋承《後漢書》而誤。

夏，四月，進攻九真，九真太守兒式戰死。詔九真都尉魏朗討破之。
閏月，庚辰晦，日有食之。

卷五十四，《漢紀》四十六，4/1736

《後漢書·孝桓帝紀》同。按永壽三年閏五月（《資治通鑑目録》卷六同），上文接四月，此"閏月"當爲"閏五月"。閏五月辛亥朔，六月辛巳朔，庚辰爲閏五月三十日，適爲晦日。

桓帝延熹五年（一六二）

夏，四月，長沙賊起，寇桂陽、蒼梧。
乙丑，恭陵東闕火。戊辰，虎賁掖門火。五月，康陵園寢火。

卷五十四，《漢紀》四十六，4/1761

《後漢書‧孝桓帝紀》、《後漢書》志第十四《五行志》同。按，延熹五年四月癸未朔，月內無乙丑、戊辰。或爲五月事誤繫於四月，姑存疑。五月癸丑朔，乙丑十三日，戊辰十六日。《通鑑》蓋承《後漢書》而誤。

乙亥，京師地震。
甲申，中藏府丞祿署火。秋，七月，己未，南宮承善闥火。

卷五十四，《漢紀》四十六，4/1762

上接五月。《後漢書‧孝桓帝紀》同。《後漢書》志第十四《五行志》亦云："（延熹五年）五月，康陵園寢火。甲申，中藏府丞祿署火。"按，是年五月癸丑朔，乙亥二十三日，月內無甲申。"甲申"後逕接七月，或"甲申"上脫"六月"二字。姑存疑。《通鑑》蓋從《後漢書》而誤。六月壬午朔，甲申初三日。

七年（一六四）

春，二月，丙戌，邟鄉忠侯黃瓊薨。將葬，四方遠近名士會者六七千人。

卷五十五，《漢紀》四十七，4/1768

按，延熹七年二月壬寅朔，月內無丙戌，丙戌在壬寅之後四十五日。姑存疑。

三月，癸亥，隕石于鄠。

卷五十五，《漢紀》四十七，4/1773

按，本年三月壬申朔，無癸亥。《後漢書·孝桓帝紀》同。《後漢書》志第十二《天文志》亦云："桓帝延熹七年三月癸亥，隕石右扶風一，鄠又隕石二，皆有聲如雷。""校勘記"云："延熹七年三月壬申朔，無癸亥，志文有訛。"當從此説。《通鑑》之"癸亥"蓋承《後漢書》而誤。

八年（一六五）
丙申晦，日有食之。詔公、卿、校尉舉賢良方正。
千秋萬歲殿火。
……癸亥，廢皇后鄧氏，送暴室，以憂死。

卷五十五，《漢紀》四十七，4/1778–80

上接春正月。按，延熹八年正月丁卯朔，月内無癸亥，且前文已有"丙申（三十日）晦"，則"千秋萬歲殿火"之上當脱"二月"。《後漢書》志第十四《五行志》："（延熹）八年二月己酉，南宮嘉德署、黃龍、千秋萬歲殿皆火。"正作"二月"。又，《後漢書·孝桓帝紀》原作（正月）己酉，亦脱"二月"，標點本補二月，"校勘記"云："《集解》引錢大昕説，謂按此上承正月丙申晦日食，則'己酉'上當脱'二月'二字，《五行志》亦云二月，今據補。"是年二月丁酉朔，己酉十三日，癸亥二十七日。

五月，丙戌，太尉楊秉薨……
閏月，甲午，南宮朔平署火。

卷五十五，《漢紀》四十七，4/1780–22

《後漢書》志第十四《五行志》:"(八年)四月甲寅,安陵園寢火。閏月,南宮長秋、和歡殿後鈎盾、掖庭、朔平署各火。"置閏月於四月後。《後漢書·孝桓帝紀》:"[六月]丙辰,緱氏地裂……閏月甲午,南宮長秋和歡殿後鈎楯、掖庭、朔平署火。六月,段熲擊當煎羌於湟中,大破之。"六月後置閏月,閏月之下又復接六月,顯有訛誤。按,是年閏七月甲午朔(《資治通鑑目錄》卷六亦作"閏七月"),火災事應在七月之後。《通鑑》下文接"秋七月",承《孝桓帝紀》誤。

九年(一六六)

司徒許栩免;五月,以太常胡廣爲司徒。
庚午,上親祠老子於濯龍宮,以文罽爲壇飾,淳金釦器,設華蓋之坐,用郊天樂。

卷五十五,《漢紀》四十七,4/1787

按,延熹九年五月己丑朔,月內無庚午。《後漢書·孝桓帝紀》:"秋七月,沈氐羌寇武威、張掖。詔舉武猛,三公各二人,卿、校尉各一人。太尉陳蕃免。庚午,祠黃、老於濯龍宮。"《冊府元龜》卷五十三《帝王部·尚黃老》亦云:"(桓帝延熹)九年七月,祠黃、老於濯龍宮。"是年七月戊子朔,亦無庚午。《孝桓帝紀》下文逕接九月,疑《孝桓帝紀》"庚午"上脫"八月",《冊府》承之而誤,《通鑑》又復誤繫於"五月"。八月戊午朔,庚午十三日。

靈帝建寧元年(一六八)

夏,四月,戊辰,太尉周景薨,司空宣酆免;以長樂衛尉王暢爲司空。

卷五十六,《漢紀》四十八,4/1805

按，建寧元年四月戊寅朔，月内無戊辰。《後漢書·孝靈帝紀》亦作"四月戊辰"，"校勘記"云："《校補》引錢大昭説，謂是月戊寅朔，不得有戊辰。《校補》又謂袁《紀》亦書'夏四月戊辰以王暢爲司空'，則誤不自范《書》始。"《通鑑》此條蓋承《孝靈帝紀》而誤。

二年（一六九）
春，正月，丁丑，赦天下。

卷五十六，《漢紀》四十八，4/1813

《後漢書·孝靈帝紀》同。按，建寧二年正月甲辰朔，月内無丁丑。《册府元龜》卷八十二《帝王部·赦宥》云："（靈帝建寧）二年正月丁未，大赦天下。"丁未爲正月初四日。當從《册府》作"丁未"。《後漢書》及《通鑑》之"丁丑"，應爲"丁未"之訛。

庚子晦，日有食之。

卷五十六，《漢紀》四十八，4/1823

上接冬十月。按，本年十月己巳朔，無庚子，十一月己亥朔，十月晦日應爲"戊戌"（三十日）。《後漢書》志第十八《五行志》："（建寧）二年十月戊戌晦，日有蝕之。右扶風以聞。"正作"戊戌"。《後漢書·孝靈帝紀》原作"庚戌"，標點本改爲"戊戌"。"校勘記"云："據《集解》引錢大昕説改，與《五行志》合。"今按，《資治通鑑目録》卷六云："《紀》十（月）庚子晦。《志》作戊戌晦。"則司馬光所見《孝靈帝紀》猶作"庚子"，《通鑑》正文承之而誤。

四年（一七一）
秋，七月，司空來豔免。

癸丑，立貴人宋氏爲皇后。

卷五十六，《漢紀》四十八，4/1826

按，建寧四年七月己未朔，月內無癸丑。《後漢書・孝靈帝紀》同。"校勘記"云："《集解》引何焯説，謂《禮儀志》載蔡質所記立后儀，下詔之日非癸丑，乃乙未。奉璽綬者乃閹人襲，非李咸，疑范氏誤。今按：此云七月癸丑，蔡質所記則云七月乙未。建寧四年七月己未朔，無癸丑，亦無乙未。疑此'癸丑'上脱'八月'二字，而蔡質所記之七月乙未，亦八月乙未之誤也。"八月己丑朔，乙未七日，癸丑二十五日。《通鑑》蓋承《孝靈帝紀》而誤脱"八月"二字。

靈帝熹平二年（一七三）
癸酉晦，日有食之。

卷五十七，《漢紀》四十九，4/1833

上接冬十二月。《後漢書・孝靈帝紀》及《後漢書》志第十八《五行志》俱同。"校勘記"云："熹平二年十二月乙巳朔，三年正月乙亥朔，則晦爲甲戌而非癸酉。今推熹平三年正月合朔甲戌，即時曆上年十二月晦，日蝕可見，紀、志俱訛。"今按，《資治通鑑目錄》卷六云："《志》十二月癸酉晦，食。"則《通鑑》當係承《五行志》而誤。

五年（一七六）
夏，四月，癸亥，赦天下。

卷五十七，《漢紀》四十九，4/1838

《後漢書・孝靈帝紀》亦繫於四月癸亥。按，熹平五年四月壬辰朔，月內無癸亥。五月辛酉朔，癸亥爲五月三日。姑存疑。《通鑑》

蓋從《孝靈帝紀》而誤。

冬，十月，司徒袁隗罷；十一月，丙戌，以光禄大夫楊賜爲司徒。

卷五十七，《漢紀》四十九，4/1839

《後漢書·孝靈帝紀》同。按，是年十一月戊子朔，月内無丙戌。《通鑑》蓋從《後漢書》而誤。

六年（一七七）

冬，十月，癸丑朔，日有食之。
太尉劉寬免。
辛丑，京師地震。

卷五十七，《漢紀》四十九，4/1843

《後漢書·孝靈帝紀》同。"校勘記"云："是年十月癸丑朔，不得有辛丑。《校補》謂袁《紀》於癸丑朔日食下接書地震，不另出日，似兩事同日，'辛丑'或即'癸丑'之誤。"今按，《後漢書》志第十六《五行志》亦云："六年十月辛丑，地震。"同誤。《通鑑》蓋承《後漢書》而誤。

靈帝光和元年（一七八）

秋，七月，壬子，青虹見玉堂後殿庭中。

卷五十七，《漢紀》四十九，4/1845

《後漢書·孝靈帝紀》同。《後漢書》志第十七《五行志》李賢注引《袁山松書》曰："是年七月，虹晝見御坐玉堂後殿前庭中，色青赤也。"不繫日。今按：光和元年七月己卯朔，月内無壬子，疑《孝靈帝紀》之"壬子"爲"壬午"之訛,《通鑑》從之而誤。壬午,七月四日。

三年（一八〇）
春,正月,癸酉,赦天下。

卷五十七,《漢紀》四十九,4/1856

　　《後漢書·孝靈帝紀》同。按,光和三年正月庚子朔,月內無癸酉。《通鑑》蓋從《孝靈帝紀》而誤。姑存疑。

四年（一八一）
夏,四月,庚子,赦天下。

卷五十八,《漢紀》五十,5/1859

　　《後漢書·孝靈帝紀》同。按,光和四年四月癸亥朔,月內無庚子。或《孝靈帝紀》之"庚子"爲"庚午"之形訛,姑存疑。庚午爲四月初八日。《通鑑》本條蓋承《孝靈帝紀》而誤。

靈帝中平元年（一八四）
庚子,南陽黃巾張曼成攻殺太守褚貢。

卷五十八,《漢紀》五十,5/1868

　　上接三月壬子。按,中平元年三月丙午朔,壬子七日,三月內無庚子,庚子在壬子之前十二日,必有誤。《後漢書·孝靈帝紀》亦繫此事於本年三月庚子。《通鑑》本條蓋從《後漢書》而誤。姑存疑。

二年（一八五）
九月,以特進楊賜爲司空。冬,十月,庚寅,臨晉文烈侯楊賜薨。以光禄大夫許相爲司空。

卷五十八，《漢紀》五十，5/1880

按，中平二年十月丙申朔，月内無庚寅。《後漢書·孝靈帝紀》亦作"十月庚寅"。"校勘記"云："《集解》引錢大昕說，謂以《四分術》推，是月丙申朔，無庚寅，庚寅乃九月二十四日也，月日必有一誤。今按：《楊賜傳》云二年九月復代張温爲司空，其月薨，則紀作'十月'，誤也。"當從"校勘記"說。《通鑑》蓋承《孝靈帝紀》，而誤將九月事繫於十月。

六年（一八九）

夏，四月，丙子朔，日有食之。

卷五十九，《漢紀》五十一，5/1893

按，下文本月内有丙辰、戊午事。丙辰在丙子之後四十一日，戊午在其後四十三日。顯有訛誤。《資治通鑑目録》卷六、《後漢書·孝靈帝紀》及《後漢書》志第十八《五行志》均載是年四月丙午朔，日食，與《二十史朔閏表》相合，《通鑑》之"丙子"當爲"丙午"之訛。

九月，癸酉，卓大會百僚，奮首而言曰："皇帝闇弱，不可以奉宗廟，爲天下主。今欲依伊尹、霍光故事，更立陳留王，何如？"公卿以下皆惶恐，莫敢對。

卷五十九，《漢紀》五十一，5/1904

按，中平六年九月甲戌朔，月内無癸酉。後文云，甲戌，董卓脅太后廢少帝，立陳留王。《後漢書》卷七十二《董卓傳》不書月日，祇云董卓大會百僚，集議廢立，爲盧植所沮。"明日復集群僚於崇德前殿，遂脅太后，策廢少帝。"癸酉之次日，適爲甲戌，可證癸酉不誤。惟據

《二十史朔閏表》，癸酉爲八月三十日，不在九月。《資治通鑑目錄》卷六亦云，是年八月甲辰朔，十月癸卯朔，與《朔閏表》合。姑存疑。

十二月，戊戌，以司徒黄琬爲太尉，司空楊彪爲司徒，光禄勳荀爽爲司空。

卷五十九，《漢紀》五十一，5/1906

《後漢書·孝獻帝紀》同。按，是年十二月癸卯朔，月内無戊戌。是年閏十二月壬申朔（《資治通鑑目錄》卷六同），戊戌二十七日。或十二月爲閏十二月之誤，姑存疑。《通鑑》蓋承《孝獻帝紀》而誤。

獻帝初平元年（一九○）

癸酉，董卓使郎中令李儒酖殺弘農王辯。

卷五十九，《漢紀》五十一，5/1909

上接正月辛亥。《後漢書·孝獻帝紀》亦在正月癸酉。按，初平元年正月壬寅朔，辛亥十日，月内無癸酉。癸酉在壬寅後三十二日。《通鑑》下文本月有"丁亥"，丁亥在壬寅後四十七日。疑"癸酉"上脱"二月"。二月辛未朔，癸酉爲二月三日，丁亥爲二月十七日。《通鑑》蓋承《孝獻帝紀》而誤。

五月，司空荀爽薨。六月，辛丑，以光禄大夫种拂爲司空。

卷五十九，《漢紀》五十一，5/1916

《後漢書·孝獻帝紀》同。按，本年六月己巳朔，月内無辛丑。《通鑑》蓋承《後漢書》而誤。

三年（一九二）
春，正月，丁丑，赦天下。

卷六十，《漢紀》五十二，5/1931

《後漢書·孝獻帝紀》同。《册府元龜》卷八十二《帝王部·赦宥》："（初平）三年正月丁亥，大赦天下。"按，初平三年正月庚寅朔，無丁丑，亦無丁亥。《通鑑》係承《孝獻帝紀》而誤。《册府》亦誤。姑存疑。

夏，四月，丁巳，帝有疾新愈，大會未央殿。卓朝服乘車而入……布應聲持矛刺卓，趣兵斬之。

卷六十，《漢紀》五十二，5/1933

按，是年四月己未朔，月內無丁巳。《後漢書·孝獻帝紀》："夏四月辛巳，誅董卓，夷三族。"辛巳爲四月二十三日。當從《孝獻帝紀》，《通鑑》之"丁巳"應爲"辛巳"之訛。

獻帝興平元年（一九四）
乙酉晦，日有食之。

卷六十一，《漢紀》五十三，5/1954

上接六月戊寅。按，興平元年六月丙子朔，乙酉爲六月十日，不在月末。《後漢書》志第十八《五行志》："興平元年六月乙巳晦，日有蝕之。"（《資治通鑑目錄》卷六同）《後漢書·孝獻帝紀》亦作"六月乙巳晦"。乙巳六月三十日。當從《後漢書》，《通鑑》正文之"乙酉"應爲"乙巳"之訛。

二年（一九五）
夏，四月，甲子，立貴人琅邪伏氏爲皇后；以后父侍中完爲執金吾。

卷六十一,《漢紀》五十三,5/1960

按,興平二年四月壬申朔,月內無甲子。《後漢書·孝獻帝紀》是年記載,"夏四月甲午,立貴人伏氏爲皇后"。甲午爲四月二十三日。當從《孝獻帝紀》,《通鑑》之"甲子",應爲"甲午"之訛。

丙申,汜將兵夜攻催門,矢及帝簾帷中,又貫催左耳……
閏月,己卯,帝使謁者僕射皇甫酈和催、汜。

卷六十一,《漢紀》五十三,5/1961-2

上接四月。按,本年閏五月辛未朔(《資治通鑑目錄》卷六同),前承四月丙申,此"閏月"例應作"閏五月"。己卯,閏五月九日。

秋,七月,甲子,車駕出宣平門,當渡橋,汜兵數百人遮橋曰:"此天子非也?"車不得前。

卷六十一,《漢紀》五十三,5/1965

《後漢書·孝獻帝紀》:"秋七月甲子,車駕東歸。"按,是年七月庚午朔,月內無甲子。或"甲子"爲"甲午"之訛,姑存疑。甲午爲七月二十五日。《通鑑》蓋承《孝獻帝紀》而誤。

丙寅,以張濟爲票騎將軍,開府如三公;郭汜爲車騎將軍,楊定爲後將軍,楊奉爲興義將軍:皆封列侯。

卷六十一,《漢紀》五十三,5/1965

上接七月。按,本年七月庚午朔,月內無丙寅。姑存疑。

八月，甲辰，車駕幸新豐。丙子，郭汜復謀脅帝還都郿，侍中种輯知之，密告楊定、董承、楊奉令會新豐。

卷六十一，《漢紀》五十三，5/1965

按，是年八月己亥朔，甲辰爲八月六日，月內無丙子，丙子在甲辰後三十三日，顯誤。前有甲辰，《通鑑》之"丙子"或爲"丙午"之訛。姑存疑。丙午爲八月八日。

十二月，帝幸弘農，張濟、李傕、郭汜共追乘輿，大戰於弘農東澗，承、奉軍敗，百官士卒死者，不可勝數……
壬申，帝露次曹陽。

卷六十一，《漢紀》五十三，5/1966-7

按，是年十二月丁酉朔，無壬申。《後漢書·孝獻帝紀》："十一月庚午，李傕、郭汜等追乘輿，戰於東澗，王師敗績……壬申，幸曹陽，露次田中。"繫露次曹陽事於"十一月壬申"，與《通鑑》相差一月。本年十一月戊辰朔，庚午爲十一月三日，壬申五日。當依《孝獻帝紀》，事在十一月，《通鑑》之"十二月"爲"十一月"之訛。

庚申，車駕發東，董承、李樂衛乘輿，胡才、楊奉、韓暹、匈奴右賢王於後爲拒。

卷六十一，《漢紀》五十三，5/1967

上接十二月。按，是年十二月丁酉朔，庚申爲十二月二十四日，後接己亥（《通鑑》訛爲"乙亥"，説見下條），乙卯、丙辰，己亥爲十二月三日，乙卯十九日，丙辰二十日，庚申不得在前，疑事在十一月,"庚申"有誤。《後漢書·孝獻帝紀》:"十二月庚辰,車駕乃進。"十二月無庚辰,庚辰爲十一月十三日,適與上文十一月壬申(五日)相接。《通鑑》之"庚申"應爲"庚辰"之訛,《孝獻帝紀》之"十二月"爲衍文,應正作"十一月,庚辰"。

乙亥,帝御牛車,幸安邑,河東太守王邑奉獻綿帛,悉賦公卿以下,封邑爲列侯,拜胡才爲征東將軍,張楊爲安國將軍,皆假節開府。

卷六十一,《漢紀》五十三,5/1969

上接十二月庚申(應作"十一月庚辰",參見上條)。《後漢書·孝獻帝紀》同。按,本年十二月丁酉朔,月內無乙亥。《通鑑》下文本月有乙卯、丙辰,"乙亥"應爲"己亥"之訛文。己亥,十二月三日,乙卯十九日,丙辰二十日,《通鑑》蓋承《孝獻帝紀》而誤。

獻帝建安五年(二〇〇)

春,正月,董承謀洩;壬子,曹操殺承及王服、种輯,皆夷三族。

卷六十三,《漢紀》五十五,5/2024

按,建安五年正月甲戌朔,月內無壬子。《後漢書·孝獻帝紀》云:"(五年,春正月)壬午,曹操殺董承等,夷三族。"壬午爲正月九日。當從《孝獻帝紀》,《通鑑》之"壬子"爲"壬午"之訛。

六年(二〇一)

春,三月,丁卯朔,日有食之。

卷六十四,《漢紀》五十六,5/2041

按，是年三月丁酉朔，非丁卯。《資治通鑑目錄》二月丁卯朔，《本志》二（月）朔，食。《後漢書·孝獻帝紀》原亦作"三月丁卯朔"，標點本改"三月"爲"二月"。"校勘記"云："《集解》引錢大昕説，謂《五行志》作'十月癸未'。按：推是年二月丁卯朔，日食可見，'三月'乃'二月'之誤，今改，與《通鑑目錄》引本志合。"《後漢書》志第十八《五行志》原文作"六年十月癸未朔，日有蝕之"。標點本改爲"二月丁卯"，"校勘記"云："《集解》引洪亮吉説，謂'十月癸未'應作'三月丁卯'，此因下文十三年而誤。今按：建安六年三月丁酉朔，無丁卯，十月甲子朔，非癸未，推是年二月合朔丁卯，八月合朔甲子，即時曆七月晦，均有日蝕可見。足證志月日俱誤，《獻帝紀》'三月'則爲'二月'之訛，今據以改正。"《通鑑》承《孝獻帝紀》而誤。

十五年（二一〇）

十二月，己亥，操下令曰："……且以分損謗議，少減孤之責也。"

卷六十六，《漢紀》五十八，5/2100–1

按，建安十五年十二月辛丑朔，月内無己亥。《三國志·魏書·武帝紀》"裴注"引《魏武故事》亦將曹操此令繫於十五年十二月己亥。《通鑑》或承舊史而誤。姑存疑。

十七年（二一二）

夏，五月，癸未，誅衛尉馬騰，夷三族。
六月，庚寅晦，日有食之。

卷六十六，《漢紀》五十八，5/2113

《後漢書·孝獻帝紀》同。按，建安十七年五月壬辰朔，月内無癸未。且下文云六月庚寅晦,但癸未在庚寅前七日,"癸未"必誤。《通鑑》當係承《孝獻帝紀》而誤。姑存疑。

二十一年(二一六)
夏,五月,進魏公操爵爲王。
……
五月,己亥朔,日有食之。
卷六十七,《漢紀》五十九,5/2144-6

按,一年内不得有兩個五月,必有一誤。《三國志·魏書·武帝紀》:"(二十一年)夏五月,天子進公爵爲魏王。"《通鑑》此條當出自《魏書·武帝紀》。《後漢書·孝獻帝紀》則云:"(建安)二十一年夏四月甲午,曹操自進號魏王。五月己亥朔,日有食之。"與《魏書》相差一月。建安二十一年四月庚午朔,甲午爲四月二十五日。《魏書·武帝紀》是年無四月事,疑《武帝紀》之"五月"應爲"四月"之誤,《後漢書》之"四月甲午"是。《通鑑》蓋承《武帝紀》而誤。

貳
魏紀

文帝黃初三年（二二二）
九月，甲午，詔曰："……天下共誅之。"
……
九月，命征東大將軍曹休、前將軍張遼、鎮東將軍臧霸出洞口……裨將軍朱桓以濡須督拒曹仁。

卷六十九，《魏紀》一，5/2206-8

一年内不得有兩個九月。黃初三年九月壬辰朔，甲午爲九月三日，後"九月"衍。

六年（二二五）
三月，帝行如召陵，通討虜渠；乙巳，還許昌。
……
辛未，帝以舟師復征吴，群臣大議。

卷七十，《魏紀》二，5/2222-3

《三國志·魏書·文帝紀》同。按，黃初六年三月戊寅朔，乙巳爲三月二十八日，月内無辛未。是年閏三月，《文帝紀》下文逕接五月事，疑"辛未"上脱"閏月"二字。閏三月戊申朔，辛未二十四日。《通鑑》蓋承《文帝紀》而誤。

七年（二二六）
癸未，追諡甄夫人曰文昭皇后。
壬辰，立皇弟蕤爲陽平王。

卷七十，《魏紀》二，5/2229

上接五月丁巳。《三國志·魏書·明帝紀》同。按，黃初七年五月辛丑朔，丁巳十七日，月內無癸未、壬辰。《明帝紀》下文逕接八月，不書六、七月，疑"癸未"上脫"六月"，《通鑑》從之而誤。六月庚午朔，癸未爲六月十四日，壬辰二十三日。

明帝太和元年（二二七）
冬，十二月，立貴嬪河內毛氏爲皇后。

卷七十，《魏紀》二，5/2236

《三國志·魏書·明帝紀》："（太和元年）十一月，立皇后毛氏。賜天下男子爵人二級，鰥寡孤獨不能自存者賜穀。十二月，封后父毛嘉爲列侯。"據此，十一月立后，十二月封后父毛嘉，與《通鑑》異。《通鑑》六月後逕書十二月事，疑《通鑑》之"十二月"爲"十一月"之訛。姑存疑。

二年（二二八）
秋，八月，吳王至皖……休與陸遜戰于石亭。遜自爲中部，令朱桓、全琮爲左右翼，三道並進，衝休伏兵，因驅走之，追亡逐北，徑至夾石，斬獲萬餘，牛馬騾驢車乘萬兩，軍資器械略盡。

卷七十一，《魏紀》三，5/2245-6

《三國志·魏書·明帝紀》："（太和二年）秋九月，曹休率諸軍至皖，與吳將陸議戰於石亭，敗績。"繫曹休石亭之敗於九月，與《通鑑》之"八月"異。《三國志》卷九《曹休傳》不繫月。《三國志》卷四十七《吳書·吳主傳》："（黃武七年）秋八月，權到皖口，使將軍陸遜督諸將大破休於石亭。"《通鑑》此條蓋源於《吳主傳》。"八月"、"九月"當有一誤，姑存疑。

九月，乙酉，立皇子穆爲繁陽王。
長平壯侯曹休上書謝罪，帝以宗室不問。休慚憤，疽發於背，庚子，卒。

卷七十一，《魏紀》三，5/2246

《三國志·魏書·明帝紀》同。是年九月丁巳朔，乙酉爲九月二十九日，月内無庚子。按，立皇子事已在月末，曹休卒在其後，疑"庚子"應在十月。十月丁亥朔，庚子爲十月十四日。《通鑑》蓋承《明帝紀》而誤。

明帝青龍三年（二三五）

丁巳，皇太后郭氏殂。帝數問甄后死狀於太后，由是太后以憂殂。

卷七十三，《魏紀》五，5/2303

上接正月戊子。按，青龍三年正月辛巳朔，戊子八日，月内無丁巳。《三國志·魏書·明帝紀》："三年春正月戊子，以大將軍司馬宣王爲太尉。己亥，復置朔方郡。京都大疫。丁巳，皇太后崩。乙亥，隕石于壽光縣。"戊子爲正月八日，己亥十九日，丁巳在辛巳後第四十七日，乙亥在後六十五日，《明帝紀》下文逕書三月事，"丁巳"上當脫"二月"，二月庚戌朔，丁巳爲二月八日，乙亥二十六日。《通鑑》承《明帝紀》而誤脫"二月"二字。

八月，庚午，立皇子芳爲齊王，詢爲秦王。帝無子，養二王爲子，宮省事秘，莫有知其所由來者。或云：芳，任城王楷之子也。
丁巳，帝還洛陽。

卷七十三，《魏紀》五，5/2311

《三國志·魏書·明帝紀》同。今按，本年八月丁未朔，庚午爲八月二十四日，丁巳十一日，"庚午"不得在"丁巳"之前。或干支有誤，或日次失序，姑存疑。《通鑑》當係從《明帝紀》而誤。

明帝景初元年（二三七）
春，正月，壬辰，山茌縣言黃龍見。

卷七十三，《魏紀》五，5/2318

《三國志·魏書·明帝紀》亦繫此事於本年"正月壬辰"。今按，景初元年正月己亥朔，月內無壬辰。《册府元龜》卷二十二《帝王部·符瑞》亦在正月，不繫日。"壬辰"當有誤，姑存疑。《通鑑》蓋承《明帝紀》而誤。

六月，戊申，京都地震。
己亥，以尚書令陳矯爲司徒，左僕射衛臻爲司空。

卷七十三，《魏紀》五，5/2318

《三國志·魏書·明帝紀》亦云："六月戊申，京都地震。己亥，以尚書令陳矯爲司徒，尚書（左）[右]僕射衛臻爲司空。丁未，分魏興之魏陽、錫郡之安富、上庸爲上庸郡。"按，本年三月，魏改元景初，始用景初曆，以青龍五年三月爲景初元年四月，以十二月爲正月。景初元年六月丁酉朔，戊申十二日，己亥三日，丁未十一日，戊申不得在己亥、丁未諸日之前。《明帝紀》本條當有誤，後接己亥，"戊申"或爲"戊戌"之訛，姑存疑。《通鑑》蓋承《明帝紀》而誤。戊戌，四月二日，與"己亥"（三日）相次。

庚辰，賜后死，然猶加謐曰悼。癸丑，葬愍陵。遷其弟曾爲散騎常侍。

卷七十三，《魏紀》五，5/2320

上接九月。按，本年九月乙丑朔，庚辰爲九月十六日，月內無癸丑。癸丑在乙丑後四十九日，非同月之事。《三國志·魏書·明帝紀》云："（景初元年九月）庚辰，皇后毛氏卒。冬十月丁未，月犯熒惑。癸丑，葬悼毛后于愍陵。"本年十月乙未朔，丁未十三日，癸丑十九日。當從《明帝紀》，《通鑑》"癸丑"上脫"冬十月"三字。

邵陵厲公正始六年（二四五）
春，正月，以票騎將軍趙儼爲司空。

卷七十四，《魏紀》六，5/2360

《三國志》卷二十三《趙儼傳》："正始四年，老疾求還，徵爲驃騎將軍，遷司空。"不詳記遷爲司空的年月。《三國志·魏書·三少帝紀》："六年春二月丁卯，南安郡地震。丙子，以驃騎將軍趙儼爲司空；夏六月，薨。"按，正始六年二月辛亥朔，丁卯十七日，丙子二十六日。此作"二月丙子"，與《通鑑》之"正月"異，姑存疑。

高貴鄉公正元二年（二五五）
春，正月，儉、欽矯太后詔，起兵於壽春，移檄州郡以討司馬師……戊午，師率中外諸軍以討儉、欽，以弟昭兼中領軍，留鎮洛陽，召三方兵會于陳、許。

卷七十六，《魏紀》八，6/2419-20

按，正元二年正月甲寅朔，戊午爲正月五日。《三國志‧魏書‧三少帝紀》："二年春正月乙丑，鎮東將軍毌丘儉、揚州刺史文欽反。（戊戌）[戊寅]，大將軍司馬景王征之。"按，乙丑爲正月十二日，戊寅二十五日。據此，儉、欽反在乙丑十二日，司馬師不得在戊午五日征之，疑《通鑑》之"戊午"應爲"戊寅"之訛。又，《晉書‧景帝紀》云："（二年）二月，儉、欽帥衆六萬，渡淮而西。帝會公卿謀征討計，朝議多謂可遣諸將擊之，王肅及尚書傅嘏、中書侍郎鍾會勸帝自行。戊午，帝統中軍步騎十餘萬以征之。"《校勘記》云："按：'戊午'爲二月初六，時欽、儉已敗。沈家本《三國志瑣言》謂'戊午'爲'戊寅'之誤。欽、儉以正月十二日起兵，司馬師以正月二十五日戊寅出征，其說當是。此繫於'二月'下非，日干亦誤。"附誌於此。

閏月，甲申，師次于㶏橋，儉將史招、李續相次來降……
癸未，征西將軍郭淮卒，以雍州刺史陳泰代之。

卷七十六，《魏紀》八，6/2421-2

按，是年閏正月甲申朔，月内無癸未。《三國志‧魏書‧三少帝紀》："（正月）癸未，車騎將軍郭淮薨。閏月己亥，破欽于樂嘉。"繫於正月。正月甲寅朔，癸未爲正月三十日。當從《三國志》。《通鑑》誤將正月事繫於閏月。

辛未，詔長水校尉鄧艾行安西將軍，與陳泰并力拒維，戊辰，復以太尉孚爲後繼。

卷七十六，《魏紀》八，6/2427

上接八月。《三國志·魏書·三少帝紀》亦云："八月辛亥，蜀大將軍姜維寇狄道，雍州刺史王經與戰洮西，經大敗，還保狄道城。辛未，以長水校尉鄧艾行安西將軍，與征西將軍陳泰并力拒維。戊辰，復遣太尉司馬孚爲後繼。"按，是年八月庚戌朔，辛亥爲八月二日，辛未二十二日，戊辰十九日。戊辰不得在辛未後。司馬孚爲鄧艾之後繼，則遣司馬孚必在後。或"戊辰"爲"戊寅"（二十九日）之訛；或"辛未"爲"辛酉"（十二日）之訛，姑存疑。

高貴鄉公甘露二年（二五七）

六月，孫綝使鎮南將軍朱異自虎林將兵襲壹。異至武昌，壹將部曲來奔。乙巳，詔拜壹車騎將軍、交州牧……

……

六月，甲子，車駕次項，司馬昭督諸軍二十六萬進屯丘頭。

卷七十七，《魏紀》九，6/2437

按，前已有"六月"，後"六月"誤衍。《三國志·魏書·三少帝紀》"甲子"上無"六月"。六月庚子朔，乙巳六日，甲子二十五日。

三年（二五八）

冬，十月，戊午，琅邪王行至曲阿，有老公遮王叩頭曰："事久變生，天下喁喁。"是日，進及布塞亭。

卷七十七，《魏紀》九，6/2447

按，甘露三年十月壬戌朔，月内無戊午。前文已有九月戊午，十月不得再有"戊午"。下文有"十月己丑"事，己丑爲十月二十八日。疑"戊午"爲"戊子"之誤。戊子二十七日。

戊戌，吳主詔曰："大將軍掌中外諸軍事，事統煩多，其加衛將軍、御史大夫恩侍中，與大將軍分省諸事。"

卷七十七，《魏紀》九，6/2449

上接十月己丑。按，是年十月壬戌朔，己丑二十八日，月内無戊戌。《三國志》卷四十八《吳書·三嗣主傳》繫下詔之日於十一月戊戌。十一月壬辰朔，戊戌爲十一月七日。《通鑑》十月後逕接十二月，不書十一月。當以《三國志》爲是，《通鑑》"戊戌"上脱"十一月"三字。

元帝景元二年（二六一）

秋，八月，甲寅，復命司馬昭進爵位如前，不受。

卷七十七，《魏紀》九，6/2458

《三國志·魏書·三少帝紀》、《晉書·文帝紀》均作"八月甲寅"。按，景元二年八月丙子朔，月内無甲寅。《三少帝紀》云："八月戊寅，趙王幹薨，甲寅，復命大將軍進爵晉公。"前有戊寅（三日），或"甲寅"爲"甲申"之形訛。姑存疑。甲申，八月九日。

四年（二六三）

冬，十月，漢人告急於吳。甲申，吳主使大將軍丁奉督諸軍向壽春；將軍留平就施績於南郡，議兵所向；將軍丁封、孫異如沔中以救漢。

卷七十八，《魏紀》十，6/2469

《三國志》卷四十八《吳書·三嗣主傳》同。按，景元四年十月癸巳朔，月內無甲申。《通鑑》此條下文接司馬昭受晉公、九錫事，據《三國志·魏書·三少帝紀》，事在十月"甲寅"，甲寅爲十月二十二日，或《通鑑》"甲申"爲"甲寅"之誤。但《通鑑》後文有十月癸卯立皇后卞氏事（《三國志》同），癸卯爲十月十一日，又不得在"甲寅"之後。姑存疑。

元帝咸熙元年（二六四）
春，正月，壬辰，詔以檻車徵鄧艾。
卷七十八，《魏紀》十，6/2478

按，咸熙元年正月壬戌朔，月內無壬辰。《三國志·魏書·三少帝紀》："咸熙元年春正月壬戌，檻車徵鄧艾。"《通鑑》之"壬辰"應爲"壬戌"之訛。

叁
晉紀

武帝泰始元年（二六五）

春，三月，吳主使光禄大夫紀陟、五官中郎將洪璆與徐紹、孫彧偕來報聘。

卷七十九，《晉紀》一，6/2491

《三國志》卷四十八《吳書·三嗣主傳》載此事於吳甘露元年三月（甘露元年即相當於晉之泰始元年），與《通鑑》同。《三國志·魏書·三少帝紀》繫於咸熙二年四月，是年十二月晉受魏禪，改元泰始，咸熙二年亦即泰始元年。此作"四月"，與《通鑑》、《吳書》相差一月，《晉書·文帝紀》亦云："（咸熙二年）夏四月，孫皓使紀陟來聘，且獻方物。"與《魏書》同。或三月聘使離吳，四月抵晉。《通鑑》此條蓋出於《吳書》。姑存疑。

九月，乙未，大赦。

卷七十九，《晉紀》一，6/2492

《三國志·魏書·三少帝紀》同。按，是年九月壬子朔，無乙未。後有九月戊午事（《通鑑》將"戊午"訛爲"戊子"，見下條），戊午七日，或"乙未"爲"乙卯"（四日）之訛，姑存疑。《通鑑》蓋承《三國志》而誤。

戊子，以魏司徒何曾爲晉丞相；癸亥，以票騎將軍司馬望爲司徒。

卷七十九，《晉紀》一，6/2492

上接九月乙未（九月無乙未，疑爲乙卯，見上條）。按，九月壬子朔，癸亥爲九月十二日，月内無戊子。《三國志·魏書·三少帝紀》："（九月）戊午，司徒何曾爲晉丞相。癸亥，以驃騎將軍司馬望爲司徒，征東大將軍石苞爲驃騎將軍，征南大將軍陳騫爲車騎將軍。"《晉書·武帝紀》亦作"九月戊午"，戊午爲九月七日。《通鑑》之"戊子"當爲"戊午"之訛。

十二［張："十二"作"十一"。］月，壬戌，魏帝禪位于晉；甲子，出舍于金墉城。

卷七十九，《晉紀》一，6/2492

按，《三國志·魏書·三少帝紀》："十二月壬戌，天禄永終，曆數在晉。詔群公卿士具儀設壇于南郊，使使者奉皇帝璽綬册，禪位于晉嗣王，如漢魏故事。甲子，使使者奉策。"亦作"十二月"，十二月庚戌朔，壬戌十三日，甲子十五日。十二月壬戌，魏帝禪位，丙寅（十七日），晉帝即位，改元（見《通鑑》下文及《晉書·武帝紀》），足證《通鑑》"十二月"不誤。張敦仁殆因《通鑑》上文接九月，不出十一月，故改"十二月"爲"十一月"，誤。

二年（二六六）
夏，五月，壬子，博陵元公王沈卒。

卷七十九，《晉紀》一，6/2497

按，泰始二年五月戊寅朔，無壬子。《晉書·武帝紀》亦云："夏五月戊辰，詔曰：'陳留王操尚謙沖，每事輒表，非所以優崇之也。主者喻意，非大事皆使王官表上之。'壬子，驃騎將軍博陵公王沈卒。""校勘記"云：《舉正》：五月無戊辰、壬子日。"姑存疑。《通鑑》蓋承《武帝紀》而誤。

六月，丙午晦，日有食之。

卷七十九，《晉紀》一，6/2497

按，是年六月戊申朔，月內無丙午。《晉書》卷十二《天文志》："武帝泰始二年七月丙午晦，日有蝕之。"《晉書·武帝紀》亦作："七月丙午。"七月丁丑朔，丙午三十日。當從《晉書》，《通鑑》之"六月"爲"七月"之訛。

三年（二六七）
春，正月，丁卯，立子衷爲皇太子。

卷七十九，《晉紀》一，6/2502

按，泰始三年正月甲戌朔，月內無丁卯。《晉書·武帝紀》亦云："三年春正月癸丑，白龍二見于弘農、澠池。丁卯，立皇子衷爲皇太子。""校勘記"云："正月甲戌朔，無癸丑、丁卯。"今按，《冊府元龜》卷二十二《帝王部·符瑞》亦繫白龍見事於正月，不繫日。姑存疑。《通鑑》蓋承《晉書》而誤。

五年（二六九）
帝有滅吳之志。壬寅，以尚書左僕射羊祜都督荊州諸軍事，鎮襄陽；征東大將軍衞瓘都督青州諸軍事，鎮臨菑；鎮東大將軍東莞王伷都督徐州諸軍事，鎮下邳。

卷七十九，《晉紀》一，6/2509

上接二月。《晉書·武帝紀》亦繫此事於"二月壬寅"。按，泰始五年二月壬戌朔，月內無壬寅。《武帝紀》本年二月後逕接四月，不書三月，或"壬寅"上誤脫"三月"二字。三月壬辰朔，壬寅爲三月十一日。《通鑑》蓋承《武帝紀》而誤。

己未，詔曰："諸葛亮在蜀，盡其心力，其子瞻臨難而死義，其孫京宜隨才署吏。"

卷七十九，《晉紀》一，6/2509–10

上接二月。《晉書·武帝紀》同。"校勘記"云："二月所見干支有辛巳、壬寅、丁亥、己未。按：二月壬戌朔，辛巳爲二十日，丁亥爲二十六日；三月壬辰朔，壬寅爲十一日，己未爲二十八日。此處不見'三月'，且日序錯亂。"《通鑑》本條當是承《武帝紀》而誤。疑"己未"應從上條在三月。

冬，十月，吳大赦，改元建衡。
封皇子景度爲城陽王。

卷七十九，《晉紀》一，6/2510

《晉書·武帝紀》："十一月，追封謚皇弟兆爲城陽哀王，以皇子景度嗣。"《武帝紀》繫於"十一月"，《通鑑》十月後逕接十二月，疑"封皇子"上誤脫"十一月"三字。又《通鑑》下文吳主遣虞汜等擊交趾事，《三國志》卷四十八《吳書·三嗣主傳》亦繫於建衡元年十一月（吳建衡元年即晉泰始五年），益可證《武帝紀》不誤，《通鑑》實脫"十一月"。

七年（二七一）
五月，立皇子憲爲城陽王。
辛丑，義陽成王望卒。

卷七十九，《晉紀》一，6/2516

按，泰始七年五月己卯朔，有辛丑。《晉書·武帝紀》："（泰始七年）五月，立皇子憲爲城陽王……閏月，大雩，太官減膳……六月，詔公卿以下舉將帥各一人。辛丑，大司馬義陽王望薨。"繫大司馬卒於六月辛丑，與《通鑑》相異。按，泰始七年閏五月，《通鑑》不記閏月、六月事，五月後逕接七月，"辛丑"上顯脱"六月"二字，六月戊寅朔，辛丑二十四日。

十年（二七四）
分幽州置平州。

卷八十，《晉紀》二，6/2533

上接閏月丁亥。按，泰始十年閏正月（《資治通鑑目錄》卷八同），《通鑑》本條後逕接三月，無二月。《晉書·武帝紀》："（十年）二月，分幽州五郡置平州"。疑應從《武帝紀》作"二月"，《通鑑》"分幽州"上脱"二月"。

武帝太康元年（二八〇）
庚辰，增賈充邑八千戶；以王濬爲輔國大將軍，封襄陽縣侯……
……
六月，復封丹水侯睦爲高陽王。

卷八十一，《晉紀》三，6/2572–4

上接五月庚寅。按，太康元年五月丁亥朔，庚寅四日。月內無庚辰。《晉書·武帝紀》亦云："（五月）丙寅，帝臨軒大會，引皓升殿……庚辰，以王浚爲輔國大將軍……六月丁丑，初置翊軍校尉官。封丹水侯睦爲高陽王。"" 校勘記" 云："丙寅及此下丁卯、庚午、庚辰、丁丑、甲申，皆在六月內，下文'丁丑'前'六月'二字應在'丙寅'上。又庚辰爲六月二十五日，丁丑爲二十二日，日序亦倒。"今按，"丙寅，帝臨軒大會"，《通鑑》作"（五月）庚寅，帝臨軒，大會文武有位及四方使者，國子學生皆預焉。引見歸命侯皓及吳降人"。庚寅爲五月四日。《武帝紀》之"丙寅"或爲"庚寅"之訛。"校勘記"說，未可作爲定論。《通鑑》之"五月庚辰"，則承《武帝紀》而誤。

四年（二八三）

春，正月，甲申，以尚書右僕射魏舒爲左僕射，下邳王晃爲右僕射。晃，孚之子也。

戊午，新沓康伯山濤薨。

卷八十一，《晉紀》三，6/2583

《晉書·武帝紀》同。"校勘記"云："正月辛丑朔，無甲申。二月辛未朔，甲申爲是月十四日。"今按，《武帝紀》及《通鑑》下文俱接"戊午"，戊午爲正月十八日，"甲申"或爲"甲寅"之訛。甲寅十四日。《通鑑》此條當承《武帝紀》而訛。"校勘記"云二月，疑非是。

三月，辛丑朔，日有食之。

卷八十一，《晉紀》三，6/2585

《晉書·武帝紀》同。"校勘記"云："三月庚子朔，辛丑爲初二日。'朔'字疑衍，或'辛丑'爲'庚子'之誤。"今按，《晉書》卷十二《天文志》亦云："太康四年三月辛丑朔，日有蝕之。"與《二十史朔閏表》相差一日。《資治通鑑目錄》亦作"三月庚子朔"。但又云："《本志》三（月）辛丑朔，食。"則《通鑑》此條當出自《天文志》。姑存疑。

歸命侯孫晧卒。

卷八十一，《晉紀》三，6/2586

上接冬十一月。按，《三國志》卷四十八《吳書·三嗣主傳》繫於太康五年，不出月。裴注引《吳錄》曰："晧以四年十二月死，時年四十二，葬河南縣界。"《通鑑》本年末不書十二月，疑本條出於《吳錄》，誤脫"十二月"三字。

十年（二八九）
十一月，丙辰，尚書令濟北成侯荀勖卒。

卷八十二，《晉紀》四，6/2594

《晉書·武帝紀》亦作"十一月丙辰"。按，太康十年十一月壬戌朔，月內無丙辰。《武帝紀》及《通鑑》下文有"十一月甲申"，甲申爲十一月二十三日，疑"丙辰"爲"丙寅"或"丙子"之訛文。姑存疑。《通鑑》本條蓋承《武帝紀》而誤。丙寅爲十一月初五日，丙子十五日。

惠帝永康元年（三〇〇）
廞自稱大都督、大將軍、益州牧，署置僚屬，改易守令，王官被召，無敢不往。

卷八十三，《晉紀》五，6/2649

上接十一月甲子。《晉書·惠帝紀》云："十二月，彗星見于東方。益州刺史趙廞與略陽流人李庠害成都內史耿勝、犍爲太守李密、汶山太守霍固、西夷校尉陳總，據成都反。"繫趙廞反事於十二月。按，《通鑑》本年不書十二月事，疑應從《惠帝紀》，《通鑑》誤脫"十二月"。

惠帝永興元年（三○四）

丙午，留臺大赦，改元復爲永安。辛丑，復皇后羊氏。

卷八十五，《晉紀》七，6/2705

上接十一月乙未。《晉書·惠帝紀》同。"校勘記"云："《舉正》：'丙午'書'辛丑'前，誤。按，十一月乙未朔，丙午爲十二日，辛丑爲初七。"《通鑑》蓋承《惠帝紀》而誤。

二年（三○五）

八月，辛丑，大赦。

卷八十六，《晉紀》八，6/2710

按，永興二年八月庚申朔，月內無辛丑。《晉書·惠帝紀》亦繫大赦事於本年"八月辛丑"。"校勘記"云："《舉正》：辛丑當在七月。"姑存疑。七月辛卯朔，辛丑爲七月十一日。《通鑑》蓋承《惠帝紀》而誤。

壬午，表穎爲鎮軍大將軍、都督河北諸軍事，給兵千人；以盧志爲魏郡太守，隨穎鎮鄴，欲以撫安之。又遣建武將軍呂朗屯洛陽。

卷八十六，《晉紀》八，6/2710–1

上接八月。本年八月庚申朔，壬午二十三日。《晉書·惠帝紀》："九月庚寅朔……庚子……壬子，以成都王穎爲鎮軍大將軍、都督河北諸軍事，鎮鄴。河間王顒遣將軍呂朗屯洛陽。"九月庚寅朔，庚子九月十一日，壬子二十三日。同一事件，《通鑑》在八月二十三日壬午，《惠帝紀》在九月二十三日壬子，相差一月。今按，《通鑑》本條上承八月，下文逕接十月，不書九月。疑《通鑑》原文本條上誤脫"九月"二字，後又因日干不合，將"壬子"改作"壬午"。應從《晉書》，事在九月壬子。

惠帝光熙元年（三〇六）

呂朗屯滎陽，劉琨以張方首示之，遂降。司［章：甲十一行本"司"上有"甲子"二字；乙十一行本同；孔本同；張校同。］空越遣祁弘、宋冑、司馬纂帥鮮卑西迎車駕，以周馥爲司隸校尉、假節，都督諸軍，屯澠池。

卷八十六，《晉紀》八，6/2718

上接正月戊子。光熙元年正月戊子朔，月內無甲子。《晉書‧惠帝紀》亦云："（正月）甲子，越遣其將祁弘、宋冑、司馬纂等迎帝。""校勘記"云："《舉正》：正月戊子朔，不得有甲子日。"今按，上承正月戊子，"甲子"或爲"甲午"之誤，姑存疑。《通鑑》本條承《晉書》而誤。甲午，正月初七日。

懷帝永嘉元年（三〇七）

時平東將軍周馥代劉準鎮壽春。三月，己未朔，馥傳敏首至京師。

卷八十六，《晉紀》八，6/2727

《晉書‧孝懷帝紀》亦云："三月己未朔，平東將軍周馥斬送陳敏首。""校勘記"云："三月辛亥朔，己未乃月之初九日，疑此'朔'字爲衍文。"今按,《資治通鑑目録》卷八,本年二月辛巳朔,五月庚戌朔;則三月當朔辛亥。《通鑑》本條蓋從《孝懷帝紀》而在"己未"下誤衍"朔"字。

三年（三〇九）
左積弩將軍朱誕奔漢,具陳洛陽孤弱,勸漢主淵攻之。

卷八十七,《晉紀》九,6/2742

上接三月丁卯。《晉書·孝懷帝紀》繫朱誕奔漢事於"夏四月",與《通鑑》不一。今按,《通鑑》本條上文承"三月丁卯",永嘉三年三月庚子朔,丁卯爲三月二十八日,已在月末,疑《通鑑》"左積弩將軍"上脱"夏四月",且本條與下文"江、漢、河、洛皆竭"條誤倒（説見下條）。

夏,大旱,江、漢、河、洛皆竭,可涉。

卷八十七,《晉紀》九,6/2743

本條接上文"朱誕奔漢"條。今按,《晉書·孝懷帝紀》云:"(三月)大旱,江、漢、河、洛皆竭,可涉。夏四月,左積弩將軍朱誕叛奔於劉元海。"除了次序前後顛倒之外,《通鑑》行文與《孝懷帝紀》幾乎完全相同。疑《通鑑》此條源於《孝懷帝紀》,但前後誤倒,"夏"字爲衍文。

又,《晉書》卷二十八《五行志》云:"懷帝永嘉三年五月,大旱,襄平縣梁水淡池竭,河、洛、江、漢皆可涉。"本條與《孝懷帝紀》、《通鑑》所載爲同一事件。或《五行志》之"五月"爲"三月"之訛,姑存疑。

乙丑，呼延翼爲其下所殺，其衆自大陽潰歸……戊寅，聰親祈嵩山，留平晉將軍安陽哀王厲、冠軍將軍呼延朗督攝留軍；太傅參軍孫詢説越乘虛出擊朗，斬之，厲赴水死。

卷八十七，《晉紀》九，6/2745

上接十月壬戌。按，本年十月丙申朔，月內無乙丑、戊寅日。本條上文有十月之丙辰（二十一日）、辛酉（二十六日）、壬戌（二十七日）諸日，疑"乙丑"上脫"十一月"三字，本年十一月乙丑朔，戊寅，十一月十四日。下文之"十一月"應前移至"乙丑"上。

四年（三一〇）
周玘糾合鄉里，與逸等共討瑋，斬之。

卷八十七，《晉紀》九，6/2748

上接二月。《晉書·孝懷帝紀》："三月，丞相倉曹屬周玘率鄉人討瑋，斬之。"按，二月戊午瑋反，三月周玘斬之。應從《晉書》，《通鑑》二月後逕接四月，本條上當脫"三月"二字。

庚午，漢主淵寢疾……丁丑，淵召太宰歡樂等入禁中，受遺詔輔政。己卯，淵卒；太子和即位。

卷八十七，《晉紀》九，6/2749–50

上接秋七月。《考異》曰："《十六國春秋》：'八月丁丑，淵召太宰歡樂等受遺詔，己卯卒，辛未葬。'按《長曆》，七月壬戌朔，十六日丁丑，十八日己卯，八月辛卯朔，無丁丑、己卯及辛未。辛未乃九月十一日。蓋淵以七月卒，九月葬。《十六國春秋》誤也。"

據此《通鑑》本條出自《十六國春秋》，又因其干支不合，改"八月"爲"七月"。今按《晉書·孝懷帝紀》云："六月，劉元海死，其子和嗣僞位，和弟聰弑和而自立。"繫於六月，與《通鑑》異。姑存疑。

愍帝建興元年（三一三）

二月，丁未，聰殺珉、雋等故臣十餘人，懷帝亦遇害。
……
乙亥，漢太后張氏卒，諡曰光獻。張后不勝哀，丁丑，亦卒，諡曰武孝。
己卯，漢定襄忠穆公王彰卒。

卷八十八，《晉紀》十，6/2791

按，建興元年二月丁未朔，乙亥爲二月二十九日，月內無丁丑、己卯。丁丑在丁未後三十一日，己卯在後三十三日。疑《通鑑》"丁丑"上脫"三月"二字。下文之"三月"應移置於"丁丑"之前。《二十史朔閏表》三月丁丑朔，己卯三月三日。《資治通鑑目錄》卷九本年三月丙子朔，丁丑爲三月初二日，己卯初四。二書置朔相差一天，姑存疑。

石勒使孔萇擊定陵，殺田徽；薄盛率所部降勒，山東郡縣，相繼爲勒所取。

卷八十八，《晉紀》十，6/2800

《通鑑》本條在五月末。《晉書·孝愍帝紀》云："六月，石勒害兗州刺史田徽。是時，山東郡邑相繼陷于勒。"與《通鑑》相差一月。

今按，《通鑑》本條附在五月末，《晉書·孝愍帝紀》上接五月壬辰（十八日），疑《通鑑》本條上漏書"六月"，姑存疑。

庚寅夜，入外城。帝奔射雁樓。染焚龍尾及諸營，殺掠千餘人；辛卯旦，退屯逍遙園。壬辰，將軍麴鑒自阿城帥衆五千救長安。癸巳，染引還，鑒追之，與曜遇於零武，鑒兵大敗。

卷八十八，《晉紀》十，6/2803

上接冬十月。按，本年十月癸卯朔，月內無庚寅、辛卯、壬辰、癸巳諸日。《通鑑》下文本月尚有楊虎陷梁州事。《晉書·孝愍帝紀》云："十一月，流人楊武（避唐諱，改"虎"爲"武"——引者）攻陷梁州。"據此《通鑑》本條上當誤脫"十一月"三字。本年十一月壬申朔，庚寅爲十一月十九日，辛卯二十日，壬辰二十一日，癸巳二十二日。

三年（三一五）

涼州軍士張冰得璽，文曰"皇帝行璽"，獻於張寔，僚屬皆賀。寔曰："是非人臣所得留。"遣使歸于長安。

卷八十九，《晉紀》十一，6/2826

上接冬十月。《晉書·孝愍帝紀》："十二月，涼州刺史張寔送皇帝行璽一紐。"按，《通鑑》本年不書十一、十二月事，疑《通鑑》誤脫"十二月"三字。

四年（三一六）

冬，十一月，帝泣謂允曰："今窮厄如此，外無救援，當忍恥出降，以活士民。"

卷八十九，《晉紀》十一，6/2834

《晉書·孝愍帝紀》："冬十月，京師饑甚……帝泣謂允曰：'今窘厄如此，外無救援，死于社稷，是朕事也……朕意決矣。'"此作"十月"，與《通鑑》異。按，《通鑑》本年不書十月事，或"十一月"爲"十月"之訛，姑存疑。

元帝建武元年（三一七）
丙辰，立世子紹爲王太子；封裒爲琅邪王，奉恭王後；仍以裒都督青、徐、兖三州諸軍事，鎮廣陵。

卷九十，《晉紀》十二，7/2843–4

上接三月辛卯。按，建武元年三月癸未朔，辛卯爲三月九日，月內無丙辰。《晉書·元帝紀》亦云，建武元年三月"丙辰，立世子紹爲晉王太子"。"校勘記"云："《建康實錄》五作'四月丙辰'。丙辰爲四月初四。此及下並四月間事，文未出'四月'，蓋貫即位事連書。"當從《建康實錄》，事在四月丙辰初四，《通鑑》從《元帝紀》，誤。又，《通鑑》下文接三月辛丑（十九日），日次亦失序。

戊寅，趙誘、朱軌及陵江將軍黃峻與曾戰於女觀湖，誘等皆敗死。

卷九十，《晉紀》十二，7/2849

上接八月。按，本年八月庚辰朔，月內無戊寅日。《晉書·元帝紀》載："九月戊寅，王敦使武昌太守趙誘、襄陽太守朱軌、陵江將軍黃峻討猗，爲其將杜曾所敗，誘等皆死之。"本年九月庚戌朔，戊寅爲九月二十九日。《通鑑》正文本年八月後逕接十月，不書九月。當以《元帝紀》爲是，《通鑑》"戊寅"上誤脱"九月"二字。

元帝太興二年（三一九）

辛卯，帝親祀南郊。以未有北郊，并地祇合祭之。

卷九十一，《晉紀》十三，7/2867

上接三月。按太興二年三月壬寅朔，月内無辛卯。辛卯在壬寅後五十一日。《晉書》卷十九《禮志》亦繫此事於"三月辛卯"。"校勘記"云："三月壬寅朔，無辛卯。《御覽》五二七引《晉起居注》：'元帝中興，以二月郊。'二月壬申朔，辛卯爲二十日。疑《志》文'三月'爲'二月'之誤。下文王納之曰'以三月郊'，疑亦當從《御覽》作'亦以二月郊'。"《通鑑》本條蓋承《晉書》而誤。

祖逖攻陳川于蓬關，石勒遣石虎將兵五萬救之，戰于浚儀，逖兵敗，退屯梁國。

卷九十一，《晉紀》十三，7/2869

上接夏四月。《晉書·元帝紀》云："五月癸丑，太陽陵毁，帝素服哭三日。徐楊及江西諸郡蝗。吴郡大饑。平北將軍祖逖及石勒將石季龍戰于浚儀，王師敗績。"今按，《通鑑》本年四月後逕接六月，不書五月。當以《元帝紀》爲是，《通鑑》本條前漏書"五月"二字。五月丙午朔，癸丑爲五月八日。又，《通鑑》本條後接周訪敗杜曾事，《晉書·元帝紀》繫於五月甲子，甲子，五月十九日。

戊寅，即趙王位，大赦；依春秋時列國稱元年。

卷九十一，《晉紀》十三，7/2871

上接十一月。按，本年十一月戊戌朔，月内無戊寅，戊寅在戊戌後之四十一日。《晉書·元帝紀》亦繫石勒即位事於本年十一月戊寅。"校勘記"云："十一月戊戌朔，無戊寅。《御覽》一二〇引《後趙録》亦云在十一月，蓋日干有誤字。《通鑑》九一亦同誤。"當從此説。《通鑑》之"戊寅"蓋承《元帝紀》而誤。

三年（三二〇）
八月，辛未，梁州刺史周訪卒。

卷九十一，《晉紀》十三，7/2883

太興三年八月癸巳朔，月内無辛未。《晉書·元帝紀》亦載周訪卒於本年八月辛未。"校勘記"云："八月癸巳朔，無辛未。"今按，《元帝紀》"辛未"前有八月之戊午、辛酉日，戊午爲八月二十六日，辛酉二十九日，已在月末；或《元帝紀》"辛未"上漏書"九月"二字，姑存疑。九月癸亥朔，辛未爲九月九日。《通鑑》蓋從《元帝紀》而誤。

後趙王勒遣中山公虎帥步騎四萬擊徐龕，龕送妻子爲質，乞降，勒許之。

卷九十一，《晉紀》十三，7/2883

上接八月。《晉書·元帝紀》："九月，徐龕又叛，降于石勒。"今按，《通鑑》本年八月後逕書十月，不出九月，疑本條與上條周訪事同在九月。應從《元帝紀》，《通鑑》漏書"九月"。

四年（三二一）
三月，癸亥，日中有黑子。

卷九十一，《晉紀》十三，7/2886

三月庚申朔，癸亥爲三月四日。《晉書》卷十二《天文志》："四年二月癸亥，日鬭。三月癸未，日中有黑子。""校勘記"云："《宋書·五行志》五及《通鑑》九一並作'三月癸亥日中有黑子'。疑是。二月無癸亥，三月無癸未，疑此誤。"今按，二月庚寅朔，無癸亥，誠是。三月庚申朔，癸未爲三月二十四日。"三月無癸未"説，顯誤。"癸亥"、"癸未"均在三月，必有一誤，姑存疑。

後趙中山公虎攻幽州刺史段匹磾於厭次，孔萇攻其統內諸城，悉拔之……久之，與文鴦、邵續皆爲後趙所殺。

卷九十一，《晉紀》十三，6/2887

上接三月癸亥。《晉書·元帝紀》："夏四月辛亥，帝親覽庶獄。石勒攻猒次，陷之。撫軍將軍、幽州刺史段匹磾没于勒。"繫此事於四月，與《通鑑》異。按，《通鑑》本年三月後逕書五月。當以《元帝紀》爲是，《通鑑》漏書"夏四月"三字。四月己丑朔，辛亥爲四月二十三日。

九月，壬寅，卒於雍丘。

卷九十一，《晉紀》十三，7/2889

《晉書·元帝紀》亦繫祖逖卒於是日。按，是年九月丁巳朔，月內無壬寅。疑《通鑑》、《元帝紀》俱誤，姑存疑。

冬，十月，壬午，以逖弟約爲平西將軍、豫州刺史，領逖之衆。

卷九十一，《晉紀》十三，7/2889

《晉書·元帝紀》同。按，是年十月丙戌朔，月内無壬午，疑《通鑑》、《元帝紀》俱誤。姑存疑。

元帝永昌元年（三二二）
王敦以西陽王羕爲太宰，加王導尚書令，王廙爲荆州刺史；改易百官及諸軍鎮，轉徙黜免者以百數；或朝行暮改，惟意所欲。

卷九十二，《晉紀》十四，7/2905

上接三月丙子。《晉書·元帝紀》："五月壬申，敦以太保、西陽王羕爲太宰，加司空王導尚書令。"與《通鑑》相差兩月。《元帝紀》下文有五月乙亥周顗殺甘卓事，《通鑑》亦繫於五月乙亥。永昌元年五月癸丑朔，壬申爲五月二十日，乙亥二十三日。或《通鑑》誤將五月事繫於三月。姑存疑。

王敦自領寧、益二州都督。

卷九十二，《晉紀》十四，7/2908

上接秋七月。《晉書·元帝紀》："八月，敦以其兄含爲衛將軍，自領寧、益二州都督。"按，《通鑑》本年七月後逕書十月，無八、九月事，疑本條前誤脱"八月"。

明帝太寧元年（三二三）
成李驤等進攻寧州，刺史褒中壯公王遜使將軍姚嶽等拒之，戰於堂螂，成兵大敗。

卷九十二，《晉紀》十四，7/2911

上接夏四月。《通鑑》下文本月有梁碩攻陷交州，殺王諒事。

按，《晉書·明帝紀》："五月，京師大水，李驤等寇寧州，刺史王遜遣將姚岳距戰于堂狼，大破之，梁碩攻陷交州，刺史王諒死之。"二事俱繫於五月，與《通鑑》相異。《通鑑》本年四月後逕書六月，無五月。疑應以《明帝紀》爲是，《通鑑》漏書"五月"二字。

二年（三二四）
秋，七月，壬申朔，王含等水陸五萬奄至江寧南岸，人情恟懼。

卷九十三，《晉紀》十五，7/2925

《晉書·明帝紀》同。據《考異》，《通鑑》此條源於《明帝紀》。按，《二十史朔閏表》太寧二年七月辛未朔，壬申爲七月二日，非朔日。《資治通鑑目錄》本年五月辛未朔，八月庚子朔。姑存疑。

三年（三二五）
閏月，以尚書左僕射荀崧爲光祿大夫、錄尚書事，尚書鄧攸爲左僕射。

卷九十三，《晉紀》十五，7/2937

太寧三年閏八月甲子朔（《資治通鑑目錄》卷九亦作"閏八月"），《通鑑》上文接"秋七月"，此"閏月"應作"閏八月"，下文之壬午、戊子、己丑，分別爲閏八月十九、二十五、二十六日。《晉書·明帝紀》前有八月，作"閏月"是。

秋，九月，癸卯，太后臨朝稱制……
……

辛丑，葬明帝于武平陵。

卷九十三，《晉紀》十五，7/2938-9

《晉書・成帝紀》同。"校勘記"云："《舉正》：'癸卯'誤書'辛丑'前。按：九月癸巳朔，癸卯爲十一日，辛丑爲初九。"《通鑑》蓋承《成帝紀》而誤。

成帝咸和三年（三二八）
三月，丙子，庾太后以憂崩。

卷九十四，《晉紀》十六，7/2953

《晉書・成帝紀》亦作"三月丙子"。按，咸和三年三月己卯朔，月內無丙子。姑存疑。《通鑑》蓋從《成帝紀》而誤。

丙辰，侃等舟師直指石頭，至于蔡洲；侃屯查浦，嶠屯沙門浦。

卷九十四，《晉紀》十六，7/2957-8

上接五月乙未。按，是年五月戊寅朔，乙未十八日，月內無丙辰。《晉書・成帝紀》："（五月）丙午，征西大將軍陶侃、平南將軍溫嶠、護軍將軍庾亮、平北將軍魏該舟軍四萬，次于蔡洲。"丙午爲五月二十九日。當以《成帝紀》爲是。《通鑑》"丙辰"爲"丙午"之訛。

八年（三三三）
秋，七月，勒疾篤……戊辰，勒卒……己卯，備儀衛，虛葬于高平陵，諡曰明帝，廟號高祖。

卷九十五，《晉紀》十七，7/2986-7

按，咸和八年七月戊申朔，戊辰爲七月二十一日，月內無己卯。《晉書·成帝紀》亦將石勒卒日繫於八年七月戊辰，不書葬期。《晉書》卷一百五《載記·石勒下》誤繫石勒死年於咸和七年（參見《校勘記》），亦無葬日。惟《載記》載，石勒疾甚，遺令云："三日而葬，內外百僚既葬除服。"果如是，則石勒之葬應在七月辛未（二十四日），姑存疑。

九年（三三四）

冬，十月，癸亥朔，越因班夜哭，弒之於殯宮，并殺班兄領軍將軍都；矯太后任氏令，罪狀班而廢之。

卷九十五，《晉紀》十七，7/2997

《晉書·成帝紀》不繫日。按，咸和九年十月辛丑朔，癸亥爲十月二十三日，非朔日。《資治通鑑目錄》卷十，本年九月辛未朔，十一月庚午朔，則亦同《二十史朔閏表》，十月朔辛丑。疑《通鑑》"朔"字爲衍文。

成帝咸康二年（三三六）

乙未，仁悉衆陳於城之西北。慕容軍帥所部降於皝，仁衆沮動；皝從而縱擊，大破之。

卷九十五，《晉紀》十七，7/3005

上接正月壬午。按，咸康二年正月甲子朔，壬午十九日，月內無乙未。本年二月癸巳朔，乙未爲二月初三日。姑存疑。

三年（三三七）

春，正月，庚辰，趙太保夔安等文武五百餘人入上尊號，庭燎油灌下盤，死者二十餘人；趙王虎惡之，腰斬成公段。辛巳，虎依殷、周之制，稱大趙天王。

卷九十五，《晉紀》十七，7/3010

按，《晉書·成帝紀》不載石虎即位事。《晉書》卷一百六《載記·石季龍上》只云"以咸康三年僭稱大趙天王，即位于南郊"，不記月日。據《考異》，知《通鑑》本條源於《三十國春秋》。咸康三年正月戊子朔，月內無庚辰、辛巳。《通鑑》下文接正月辛卯立太學事（《晉書·成帝紀》同），辛卯爲正月初四日。石虎事既在辛卯前，則或爲二年十二月事，諸書誤繫於三年。或事在三年二月，《通鑑》誤繫於正月辛卯之前，姑存疑。二月丁巳朔，庚辰二十四日，辛巳二十五日。

冬，十月，丁卯，皝即燕王位，大赦。十一月，甲寅，追尊武宣公爲武宣王，夫人段氏曰武宣后；立夫人段氏爲王后，世子儁爲王太子，如魏武、晉文輔政故事。

卷九十五，《晉紀》十七，7/3013

按，是年十月甲寅朔，丁卯爲十月十四日，十一月癸未朔，月內無甲寅。前有十月丁卯，或《通鑑》"甲寅"爲"甲申"之訛。姑存疑。"甲申"爲十一月二日。

四年（三三八）

趙王虎進屯金臺。支雄長驅入薊，段遼所署漁陽、上谷、代郡守相皆降，取四十餘城……棄令支，奔密雲山。

卷九十六，《晉紀》十八，7/3015

上接三月。《晉書·成帝紀》："四年春二月，石季龍帥衆七萬，擊段遼于遼西，遼奔于平崗。"《通鑑》"胡注"云："密雲山在漢平崗縣界。"二書所記顯爲一事。惟《成帝紀》作"二月"，與《通鑑》相異。《通鑑》本年不書二月，《成帝紀》不書三月，姑存疑。

五年（三三九）
三月，乙丑，廣州刺史鄧岳將兵擊漢寧州，漢建寧太守孟彦執其刺史霍彪以降。

卷九十六，《晉紀》十八，7/3027

《晉書·成帝紀》亦作"三月乙丑"，"校勘記"云："三月丙子朔，無乙丑。"今按，《成帝紀》、《通鑑》本年俱無二月事，正月之後逕書三月，或"三月"爲"二月"之訛，姑存疑。二月丙午朔，乙丑爲二月二十日。《通鑑》本條蓋承《成帝紀》而誤。

辛酉，鑒薨，即以謨爲征北將軍，都督徐·兖·青三州諸軍事、徐州刺史，假節。

卷九十六，《晉紀》十八，7/3032

上接八月壬午。按，咸康五年八月癸酉朔，壬午十日，月内無辛酉。《晉書·成帝紀》亦作"八月辛酉"，"校勘記"云："《舉正》：上七月已書'辛酉'，此'辛酉'日誤。按：八月癸酉朔，無辛酉。"説是。《通鑑》蓋承《成帝紀》而誤。

七年（三四一）
翔爲燕王皝求大將軍、燕王章璽……乙卯，以慕容皝爲使持節、大將軍、都督河北諸軍事、幽州牧、大單于、燕王，備物、典策，皆從殊禮。

卷九十六，《晉紀》十八，7/3042–4

上接二月甲子。按，咸康七年二月甲子朔，月內無乙卯。《晉書·成帝紀》："（二月）己卯，慕容皝遣使求燕王章璽，從之。"己卯爲二月十六日。當從《成帝紀》，《通鑑》"乙卯"爲"己卯"之訛。

八年（三四二）

夏，五月，乙卯，帝不豫；六月，庚寅，疾篤。

卷九十七，《晉紀》十九，7/3048

按，咸康八年五月丁巳朔，無乙卯，六月丙戌朔，庚寅爲六月五日。或"乙卯"爲"己卯"之訛，姑存疑。己卯爲五月二十三日，下距庚寅十二日。

康帝建元元年（三四三）

春，二月，高句麗王釗遣其弟稱臣入朝於燕，貢珍異以千數。

卷九十七，《晉紀》十九，7/3053

按，晉成帝以咸康八年六月癸巳崩，康帝即位，次年改元建元，《通鑑》本年不書改元，逕書"春二月"，顯與《通鑑》體例不合。《晉書·康帝紀》："建元元年春正月，改元，振恤鰥寡孤獨。"繫改元於正月。《通鑑》"春二月"前疑有脱文，或原著漏書正月改元。

先是車騎將軍、揚州刺史庾冰屢求出外，辛巳，以冰都督荆·江·寧·益·梁·交·廣七州、豫州之四郡諸軍事、領江州刺史、假節,鎮武昌,以爲翼繼援。

卷九十七,《晉紀》十九,7/3056

上接八月。按,建元元年八月庚辰朔,辛巳爲八月二日。《晉書·康帝紀》:"冬十月辛巳,以車騎將軍庾冰都督荊江司雍益梁六州諸軍事、江州刺史,以驃騎將軍何充爲中書監、都督揚豫二州諸軍事、揚州刺史、錄尚書事、輔政。"十月己卯朔,辛巳爲十月三日。一作"八月",一作"十月",必有一誤。《晉書》卷七十三《庾冰傳》未書月次。《通鑑》本年八月後逕接十一月,不書九月、十月事,疑本條"辛巳"之上漏書"冬十月"三字,遂將十月辛巳之事誤植於八月之下。姑誌之以存疑。

穆帝永和元年(三四五)

春,正月,甲戌朔,皇太后設白紗帷於太極殿,抱帝臨軒。

卷九十七,《晉紀》十九,7/3062

按,永和元年正月辛未朔,甲戌四日,非朔日。《晉書·穆帝紀》亦云本年正月甲戌朔。"校勘記"云:"《御覽》二九引《晉起居注》云:'正月辛未朔,雨,不會。甲戌,皇太后登太極前殿。'據此,甲戌乃初四日。"當從《晉起居注》,《通鑑》本條蓋承《穆帝紀》而誤衍"朔"字。

庚辰,以徐州刺史桓温爲安西將軍、持節、都督荊·司·雍·益·梁·寧六州諸軍事、領護南蠻校尉、荊州刺史,爰之果不敢爭。

卷九十七,《晉紀》十九,7/3067

上接八月。《晉書·穆帝紀》亦繫桓溫事於本年"八月庚辰"。"校勘記"云:"八月戊戌朔,無庚辰。庚辰爲九月十三日。"《通鑑》本條蓋承《穆帝紀》而誤。

二年（三四六）
夏,四月,己酉朔,日有食之。
卷九十七,《晉紀》十九,7/3070

《晉書·穆帝紀》亦作"四月己酉朔"。按,永和二年四月甲午朔,己酉爲四月十六日,非朔日。《晉書》卷十二《天文志》記四月己酉日食,無朔字。"校勘記"云:"《帝紀》'四月己酉'下有'朔'字。是月實是甲午朔。"姑誌之以存疑。

趙將軍王擢擊張重華,襲武街,執護軍曹權、胡宣,徙七千餘户于雍州。
卷九十七,《晉紀》十九,7/3071

上接五月。《晉書·穆帝紀》:"六月,石季龍將王擢襲武街,執張重華護軍胡宣。"與《通鑑》相差一月。按,《通鑑》本年五月後逕接"冬",無六、七、八、九諸月,疑《通鑑》本條上漏書"六月"二字。姑存疑。

五年（三四九）
春,正月,辛未朔,大赦。
卷九十八,《晉紀》二十,7/3085

按,永和五年正月戊寅朔（《資治通鑑目録》卷十同）,辛未非朔日,正月亦無辛未。《晉書·穆帝紀》:"五年春正月辛巳朔,大赦。""校勘記"云："正月戊寅朔，辛巳爲月之初四日，'朔'字疑衍。"今按，《册府元龜》卷八十三《帝王部·赦宥》亦作正月辛巳朔。《通鑑》"辛未"當爲"辛巳"之訛文，"朔"字從《穆帝紀》而誤衍。本年大赦應在正月初四日辛巳。

六年（三五○）

閏月，衛主鑒密遣宦者齎書召張沈等，使乘虛襲鄴。

卷九十八，《晉紀》二十，7/3101

《考異》曰："《帝紀》後云閏月；《三十國》、《晉春秋》皆云閏正月。按《長曆》，閏二月。《帝紀》，閏月有丁丑、己丑。按是歲正月癸酉朔，若閏正月，即無丁丑、己丑。今以《長曆》爲據。"據《考異》，司馬光亦以閏二月爲是。但今本《通鑑》正月後逕接閏月，違《通鑑》體例。或正月後誤脫"二月"，或"閏月"應作"閏二月"，姑存疑。

二月，燕王儁使慕容霸將兵二萬自東道出徒河，慕輿于自西道出蠮螉塞，儁自中道出盧龍塞以伐趙。

卷九十八，《晉紀》二十，7/3102-3

按，前文已有閏二月，二月不得在其後。疑本條次序誤倒。由《考異》觀之，《通鑑》從《長曆》作"閏二月"，但《通鑑》正文則以正月在前，閏月接正月，閏月下爲二月，仍作閏正月。顯係竄亂。

甲午，苻健入長安，以民心思晉，乃遣參軍杜山伯詣建康獻捷，并修好於桓溫。

卷九十八，《晉紀》二十，7/3109

上接十一月。按，是年十一月戊戌朔，月内無甲午。或"甲午"爲"甲子"之誤，姑存疑。甲子爲十一月二十七日。

八年（三五二）

謝尚不能撫尉張遇，遇怒，據許昌叛；使其將上官恩據洛陽，樂弘攻督護戴施於倉垣，浩軍不能進。

卷九十九，《晉紀》二十一，7/3123

上接正月辛卯。《晉書·穆帝紀》："（二月）鎮西將軍張遇反于許昌，使其黨上官恩據洛陽。樂弘攻督護戴施於倉垣。"與《通鑑》相差一月。按，《通鑑》本年正月後逕書三月，無二月。疑《通鑑》本條上誤脱"二月"二字。

甲申，儁遣慕容評及中尉侯龕帥精騎萬人攻鄴。癸巳，至鄴。魏蔣幹及太子智閉城拒守，城外皆降於燕，劉寧及弟崇帥胡騎三千奔晉陽。

卷九十九，《晉紀》二十一，7/3126

上接四月己卯。按，是年四月庚申朔，己卯二十日，甲申二十五日，月内無癸巳，疑"癸巳"上脱"五月"二字，下文之"五月"應移至"癸巳"之上。五月己丑朔，癸巳爲五月五日。

丙戌，中山蘇林起兵於無極，自稱天子；恪自魯口還討林。閏月，戊子，燕王儁遣廣威將軍慕輿根助恪攻林，斬之。

卷九十九，《晉紀》二十一，7/3131

上接十月丁卯。按，本年十月丁巳朔，丁卯十一日，十月無丙戌；閏十月丙戌朔，戊子三日。或"閏月"應移至"丙戌"之上，姑存疑。

九年（三五三）

十一月，己未，重華疾甚，手令徵艾爲衛將軍，監中外諸軍事，輔政；祚、長等匿而不宣。
丁卯，重華卒，世子曜靈立，稱大司馬、涼州刺史、西平公。

卷九十九，《晉紀》二十一，7/3135–6

按，永和九年十一月庚戌朔，己未爲十一月十日，丁卯十八日。《晉書·穆帝紀》："（十月）丁未，涼州牧張重華卒，子曜靈嗣。是月，張祚弑曜靈而自稱涼州牧。"十月辛巳朔，丁未爲二十七日。張重華卒日，一作十一月丁卯十八日，一作十月丁未二十七日。《晉書》卷八十六《張重華傳》不書日。二説應各有所本。《考異》未論《穆帝紀》"十月丁未"説，未知《通鑑》、《穆帝紀》二説孰是，今並列於此，俟考。

十年（三五四）

二月，乙丑，桓溫統步騎四萬發江陵；水軍自襄陽入均口，至南鄉；步兵自淅川趣武關；命司馬勳出子午道以伐秦。

卷九十九，《晉紀》二十一，7/3138–9

按，永和十年二月己卯朔，月內無乙丑。《晉書·穆帝紀》："二月己丑，太尉、征西將軍桓溫帥師伐關中。"己丑爲二月十一日。當從《穆帝紀》。《通鑑》"乙丑"爲"己丑"之訛。

戊申，燕主儁封撫軍將軍軍爲襄陽王……以尚書令陽
騖爲司空，仍守尚書令。

卷九十九，《晉紀》二十一，7/3140

上接四月壬寅。按，本年四月戊寅朔，壬寅二十五日，月內無
戊申。壬寅已近四月末，或此"戊申"上漏書"五月"；下文之"五
月"應移置于"戊申"之前，姑存疑。五月丁未朔，戊申爲五月初
二日。

溫與秦丞相雄等戰于白鹿原，溫兵不利，死者萬
餘人。

卷九十九，《晉紀》二十一，7/3141

上承五月，下接六月丁丑。《晉書·穆帝紀》："六月，苻健將苻雄
悉衆及桓溫戰于白鹿原，王師敗績。"繫桓溫白鹿原之敗於六月，與
《通鑑》"五月"異。姑存疑。

十一年（三五五）

姚襄所部多勸襄北還，襄從之。五月，襄攻冠軍將軍
高季於外黃，會季卒，襄進據許昌。

卷一百，《晉紀》二十二，7/3146

《晉書·穆帝紀》："（夏四月）姚襄帥衆寇外黃，冠軍將軍高季大破
之。"繫外黃之役於四月，與《通鑑》之"五月"相差一月，姑存疑。

驍騎將軍敦煌宋混兄脩，與祚有隙，懼禍。八月，混
與弟澄西走，合衆萬餘人以應瓘，還向姑臧。

卷一百，《晉紀》二十二，7/3148

按，此事在宋混殺張祚之前，《通鑑》繫殺張祚於閏月，本年閏六月辛丑朔（《通鑑》誤將閏月置於九月後，見下條），則宋混西走發兵應在閏六月之前，不得在八月。疑《通鑑》有竄亂。姑存疑。

閏月，混軍至姑臧，涼王祚收張瓘弟琚及子嵩，將殺之……祚素失衆心，莫肯爲之鬬者，遂爲兵人所殺……混、琚上玄靚爲大將軍、涼州牧、西平公，赦境內，復稱建興四十三年。

卷一百，《晉紀》二十二，7/3149–50

本條上承九月。按，永和十一年閏六月辛丑朔（《資治通鑑目錄》卷六同），閏月不當在九月後。《晉書·穆帝紀》："秋七月，宋混、張瓘弑張祚，而立耀靈弟玄靚爲大將軍、涼州牧，遣使來降。"蓋宋混等閏六月殺張祚，七月遣使請降，《通鑑》顯係竄亂。

十二年（三五六）

壬戌，生宴群臣於太極殿，以尚書令辛牢爲酒監，酒酣，生怒曰："何不强人酒而猶有坐者！"引弓射牢，殺之。

卷一百，《晉紀》二十二，7/3152

上接正月丙申。按，永和十二年正月丁卯朔，丙申爲正月三十日，月内無壬戌。丙申已在月末，或"壬戌"上誤脫"二月"，姑存疑。本年二月丁酉朔，壬戌，二月二十六日。

己丑，龕所署徐州刺史陽都公王騰舉衆降，恪命騰以故職還屯陽都。

卷一百，《晉紀》二十二，7/3153

上接二月。按，本年二月丁酉朔，月內無己丑。或"己丑"爲"乙丑"之訛。姑存疑。乙丑爲二月二十九日，與上文"壬戌"相次。

拜溫征討大都督，督司、冀二州諸軍事，以討姚襄。

卷一百，《晉紀》二十二，7/3155

上接二月。《晉書·穆帝紀》："三月，姚襄入于許昌，以太尉桓溫爲征討大都督以討之。"此作"三月"，與《通鑑》異。按，上文乙丑已在月末（見上條），疑應從《穆帝紀》。

己丑，謁諸陵，有毀壞者修復之，各置陵令。

卷一百，《晉紀》二十二，7/3157

上接八月己亥。按，本年八月甲午朔，己亥爲八月初六日，月內無己丑。己丑尚在己亥後五十一日。必誤。《通鑑》本年八月後逕接十月，不書九月，或"己丑"上漏書"九月"二字。姑存疑。九月甲子朔，己丑爲九月二十六日。

穆帝升平二年（三五八）

九月，庚辰，秦王堅還長安，以太尉侯守尚書令。

卷一百，《晉紀》二十二，7/3169

按，升平二年九月壬午朔，月內無庚辰。姑存疑。

四年（三六〇）
甲午，卒。戊子，太子暐即皇帝位。

卷一百一，《晉紀》二十三，7/3179

上接正月癸巳。"胡注"云："按《長曆》，是年正月，甲戌朔。今儁以甲午卒，則戊子在甲午前，即位恐是戊戌。"今按，甲午爲正月二十日，戊子爲十五日，"胡注"説是。但《晉書·穆帝紀》云："（正月）丙戌，慕容儁死，子暐嗣僞位。"丙戌爲正月十三日。慕容儁果如《穆帝紀》所載，死於正月丙戌十三日，則太子暐於戊子十五日即位自無不可。姑存疑。

五年（三六一）
乙亥，秦大赦。

卷一百一，《晉紀》二十三，7/3186

上接九月戊申。按，升平五年九月乙未朔，戊申十四日，無乙亥。乙亥十月十二日。姑存疑。

哀帝隆和元年（三六二）
燕吕護攻洛陽。三月，乙酉，河南太守戴施奔宛，陳祐告急。

卷一百一，《晉紀》二十三，7/3189

按，隆和元年三月壬辰朔，月内無乙酉。《晉書·哀帝紀》："（夏四月）吕護復寇洛陽。乙酉，輔國將軍、河南太守戴施奔于宛。"四月辛酉朔，乙酉爲四月二十五日，《通鑑》下文逕接五月，不書四月。當以《哀帝紀》"四月"爲是。《通鑑》作"三月"，誤。

哀帝興寧元年（三六三）

春，二月，己亥，大赦，改元。

卷一百一，《晉紀》二十三，7/3192

《晉書·哀帝紀》亦作"二月己亥"，"校勘記"云："二月丁巳朔，不得有己亥。"《通鑑》當係承《哀帝紀》而誤。

癸亥，大赦。

卷一百一，《晉紀》二十三，7/3193

上接閏月。按，本年閏八月癸未朔（《資治通鑑目錄》卷十一同），月內無癸亥。《晉書·哀帝紀》："（九月）癸亥，以皇子生，大赦。"九月癸丑朔，癸亥十一日。《通鑑》閏月後逕書十月，無九月。當從《哀帝紀》。《通鑑》"癸亥"上誤脫"九月"二字。

二年（三六四）

夏，四月，甲辰，燕李洪攻許昌、汝南，敗晉兵於懸瓠，潁川太守李福戰死，汝南太守朱斌奔壽春，陳郡太守朱輔退保彭城。

卷一百一，《晉紀》二十三，7/3194–5

《晉書·哀帝紀》："夏四月甲申，慕容暐遣其將李洪侵許昌，王師敗績於懸瓠，朱斌奔於淮南，朱輔退保彭城。"二書所記爲一事，但一作"甲辰"，一作"甲申"。興寧二年四月庚辰朔，甲辰爲四月二十五日，甲申五日。"甲辰"、"甲申"必有一誤，姑存疑。

三年（三六五）

甲申，立琅邪王昱子昌明爲會稽王；昱固讓，猶自稱會稽王。

卷一百一,《晉紀》二十三,7/3200

　　上接七月壬子。按,興寧三年七月癸卯朔,壬子七月十日,月內無甲申。《晉書·海西公紀》亦在七月,不繫日。本條上承壬子,"甲申"或爲"甲寅"之訛,姑存疑。甲寅七月十二日。

海西公太和二年（三六七）
五月,壬辰,恪疾篤,暐親視之,問以後事。

卷一百一,《晉紀》二十三,7/3205

　　按,太和二年五月壬戌朔,月內無壬辰。六月辛卯朔,壬辰爲六月初二日。《通鑑》本年不書"六月"。或"五月"爲"六月"之誤。姑存疑。

十二月,甲子,燕太尉建寧敬公陽騖卒。以司空皇甫真爲侍中、太尉,光祿大夫李洪爲司空。

卷一百一,《晉紀》二十三,7/3208

　　按,是年十二月戊子朔,月內無甲子。《通鑑》本年十月後逕接十二月,不書十一月。如"甲子"不誤,或"十二月"爲"十一月"之訛,姑存疑。十一月己未朔,甲子六日。

四年（三六九）
六月,辛丑,溫至金鄉,天旱,水道絶,溫使冠軍將軍毛虎生鑿鉅野三百里,引汶水會于清水。

卷一百二,《晉紀》二十四,7/3214

　　按,太和四年六月庚戌朔,月內無辛丑。《通鑑》本年四月後逕接六月，不書五月。或事在五月，姑存疑。五月庚辰朔，辛丑二十二日。

前鋒鄧遐、朱序敗燕將傅顔於林渚……
秋，七月，溫屯武陽，燕故袞州刺史孫元帥其族黨起兵應溫，溫至枋頭。

卷一百二，《晉紀》二十四，7/3215

前接六月。《晉書·海西公紀》："九月戊寅，桓溫裨將鄧遐、朱序遇瞱將傅末波於林渚，又大破之。戊子，溫至枋頭。"按，九月戊寅朔，戊子爲九月十一日。同一事件，《通鑑》繫於六、七月，《海西公紀》則在九月，《考異》對《海西公紀》之"九月"也未加考證，恐係疏漏。姑存疑。

十一月，辛亥朔，垂請畋于大陸，因微服出鄴，將趨龍城；至邯鄲，少子麟，素不爲垂所愛，逃還告狀，垂左右多亡叛。

卷一百二，《晉紀》二十四，7/3222

按，是年十一月丁丑朔，辛亥非朔日，十一月亦無辛亥，《通鑑》下文有本月辛丑桓溫與會稽王會於涂中事（《晉書·海西公紀》同），辛丑爲十一月二十五日。辛亥尚在辛丑後十一日，《通鑑》顯誤，姑存疑。

五年（三七〇）
五月，庚午，令殺牙門孟嫣。

卷一百二，《晉紀》二十四，7/3230

按，太和五年五月甲戌朔，月內無庚午。姑存疑。

簡文帝咸安元年（三七一）

乙卯，溫表"晞聚納輕剽，息綜矜忍……請免晞官，以王歸藩"。從之……
庚戌，尊褚太后曰崇德太后。

卷一百三，《晉紀》二十五，7/3250–1

上接十一月己酉，下文庚戌後尚有辛亥、癸丑、甲寅、乙卯諸日。今按，咸安元年十一月乙未朔，己酉爲十一月十五日，乙卯二十一日，庚戌十六日、辛亥十七日、癸丑十九日、甲寅二十日。此"乙卯"不得在庚戌、辛亥、癸丑、甲寅諸日之前，且與下文之"乙卯"重出。《晉書·簡文帝紀》亦繫廢武陵王事於"乙卯"，且置於庚戌、辛亥、癸丑諸日之前。"校勘記"云："乙卯當在癸丑下，此日次失序。"今按，如係日次失序，則《通鑑》之"乙卯"應次於"甲寅"之下，後文之"乙卯"可刪。姑存疑。

孝武帝寧康元年（三七三）

八月，壬子，太后復臨朝攝政。

卷一百三，《晉紀》二十五，7/3264

按，寧康元年八月丙辰朔，月內無壬子。《晉書·孝武帝紀》亦作"八月壬子"。"校勘記"云："《舉正》：本年正月己丑朔，下年正月癸未朔，此月無壬子，當是'壬午'之誤。"《通鑑》蓋承《孝武帝紀》而誤。

孝武帝太元元年（三七六）

甲午，秦兵至姑臧，天錫素車白馬，面縛輿櫬，降于軍門。苟萇釋縛焚櫬，送于長安，涼州郡縣悉降於秦。

卷一百四，《晉紀》二十六，7/3276

上接八月癸巳。太元元年八月戊辰朔，癸巳二十六日，甲午二十七日。《晉書‧孝武帝紀》："秋七月，苻堅將苟萇陷涼州，虜刺史張天錫，盡有其地。"一作"八月"，一作"七月"，姑存疑。

初，哀帝減田租，畝收二升。乙巳，除度田收租之制，王公以下，口稅米三斛，蠲在役之身。

卷一百四，《晉紀》二十六，7/3277

上接九月。本年九月戊戌朔，乙巳爲九月八日。《晉書‧孝武帝紀》："（秋七月）乙巳，除度田收租之制，公王以下口稅米三斛，蠲在役之身。"七月己亥朔，乙巳七月七日。一作"七月"，一作"九月"，當有一誤，姑存疑。

十一月，己巳朔，日有食之。

卷一百四，《晉紀》二十六，7/3278

《晉書‧孝武帝紀》亦作"己巳朔"，"校勘記"云："十一月應是丁酉朔。"今按，《資治通鑑目錄》卷十一，十月丁卯朔，十二月丙寅朔，則十一月當朔丁酉。己巳非朔日，十一月亦無己巳。《晉書》卷十二《天文志》不載太元元年曾有日蝕。姑存疑。

二年（三七七）
秋，七月，丁未，以尚書僕射謝安爲司徒，安讓不拜；復加侍中、都督揚‧豫‧徐‧兗‧青五州諸軍事。
丙辰，征西大將軍、荊州刺史桓豁卒。

卷一百四，《晉紀》二十六，7/3282

按，太元二年七月癸亥朔，月內無丁未、丙辰。《晉書‧孝武帝紀》:"(八月)丁未,以尚書僕射謝安爲司徒。丙辰,使持節、都督荆梁寧益交廣六州諸軍事、荆州刺史、征西大將軍桓豁卒。"八月壬辰朔,丁未爲八月十六日,丙辰二十五。《通鑑》本年七月後逕接十月,無八、九月。此"七月"當爲"八月"之訛。《孝武帝紀》是。

四年（三七九）
二月,襄陽督護李伯護密遣其子送款於秦,請爲内應;長樂公丕命諸軍進攻之。戊午,克襄陽,執朱序,送長安。

卷一百四,《晉紀》二十六,7/3288-9

《晉書·孝武帝紀》亦作"二月戊午"。按,太元四年二月甲申朔,月内無戊午。或"戊午"爲"戊子"之誤,姑存疑。《通鑑》蓋承《孝武帝紀》而誤,戊子爲二月五日。

癸未,使右將軍毛虎生帥衆三萬擊巴中,以救魏興。

卷一百四,《晉紀》二十六,7/3290

上接三月壬戌。按,是年三月癸丑朔,壬戌爲三月初十日,月内無癸未。《晉書·孝武帝紀》亦繫此事於"三月癸未",姑存疑。

六年（三八一）
十一月,己亥,以前會稽内史郗愔爲司空;愔固辭不起。

卷一百四,《晉紀》二十六,7/3298

《晉書·孝武帝紀》亦作"十一月己亥"。"校勘記"云:"十一月戊辰朔,無己亥。"説是。今按,"己亥"或爲"乙亥"之形訛,姑存疑。乙亥爲十一月八日。《通鑑》當係承《孝武帝紀》而誤。

八年(三八三)

十一月,謝玄遣廣陵相劉牢之帥精兵五千趣洛澗,未至十里,梁成阻澗爲陳以待之……獲秦王堅所乘雲母車。復取壽陽,執其淮南太守郭褒。

卷一百五,《晉紀》二十七,7/3311-2

《晉書·孝武帝紀》:"(冬十月)乙亥,諸將及苻堅戰于肥水,大破之,俘斬數萬計,獲堅輿輦及雲母車。"繫淝水之戰於十月乙亥。"校勘記"云:"《通鑑》一〇五記肥水之捷在十一月,較合當時情事。"今按,據《通鑑》下文,至十一月丁亥,"謝石等歸建康,得秦樂工,能習舊聲,於是宗廟始備金石之樂"。本年十一月丙戌朔,丁亥爲十一月二日。如以《通鑑》"十一月"爲是,則劉牢之趣洛澗,敗梁成,謝玄再戰於淝水,大勝;收取壽陽;勝利後返師建康諸事均發生在十一月丙戌至丁亥,前後不到兩天,似不可能。"校勘記"云,《通鑑》繫於十一月"較合當時情事",未知何據。疑應從《孝武帝紀》。本年十月丙辰朔,乙亥爲十月二十日。如依《孝武帝紀》,則自戰役發生之日至返師建康獻樂工,前後相距十三日。

十年(三八五)

慕容冲即皇帝位于阿房,改元更始。

卷一百六,《晉紀》二十八,7/3339

上接春正月。《晉書·孝武帝紀》太元九年十二月下云:"慕容冲僭即皇帝位于阿房。"繫慕容冲稱帝於上年末,與《通鑑》異。《考異》對《孝武帝紀》的記載亦未加考辨。姑存疑。

甲寅,秦王堅與西燕主冲戰于仇班渠,大破之。乙卯,戰于雀桑,又破之。甲子,戰于白渠,秦兵大敗……壬申,冲遣尚書令高蓋夜襲長安……乙亥,高蓋引兵攻渭北諸壘,太子宏與戰於成貳壁,大破之,斬首三萬。
卷一百六,《晉紀》二十八,7/3340

上接春正月。按,太元十年正月己卯朔,月内無甲寅、乙卯、甲子、壬申、乙亥諸日。或本條與上條慕容冲即位事同在太元九年十二月,《通鑑》誤繫於十年正月。姑存疑。太元九年十二月庚戌朔,甲寅五日,乙卯六日,甲子十五日,乙亥二十六日。

癸未,秦王堅與西燕主冲戰于城西,大破之,追奔至阿城。
卷一百六,《晉紀》二十八,7/3340

上接二月。《通鑑》下文本月有乙酉、己丑。按,是年二月己酉朔,月内無癸未、乙酉、己丑諸日。或事在正月。姑存疑。正月己卯朔,癸未爲正月五日,乙酉七日,己丑十一日。

十一年(三八六)

鮮于乞之殺翟真也,翟遼奔黎陽,黎陽太守滕恬之甚愛信之……恬之南攻鹿鳴城,遼於後閉門拒之,恬之東奔鄴城,遼追執之,遂據黎陽。
卷一百六,《晉紀》二十八,7/3358-9

上承正月戊申，下接二月。《晉書·孝武帝紀》亦載十一年正月"壬午，翟遼襲黎陽，執太守滕恬之"。"校勘記"云："正月癸卯朔，無壬午。"今按，《孝武帝紀》本年正月下有辛未、壬午、乙酉諸日；辛未在正月二十九日，月內無壬午、乙酉日。《孝武帝紀》正月後逕書三月，不出二月，"壬午"之上當脫"二月"。本年二月癸酉朔，壬午爲二月初十日，乙酉十三日，日次亦合。《通鑑》繫本條於正月，亦誤。下文之"二月"應移置於本條前。

十三年（三八八）
丁亥，燕主垂立夫人段氏爲皇后，以太子寶領大單于。

卷一百七，《晉紀》二十九，8/3383

上接四月戊午。按，太元十三年四月庚寅朔，戊午爲四月二十九日，月內無丁亥。戊午已在月末，如日干不誤，丁亥或應在五月。姑存疑。五月庚申朔，丁亥爲五月二十八日。

十四年（三八九）
甲寅，魏王珪襲高車，破之。

卷一百七，《晉紀》二十九，8/3387

上接正月庚申。按，太元十四年正月丙辰朔，庚申初五日，月內無甲寅。《魏書·太祖紀》、《北史·魏本紀》俱繫魏王擊高車於魏登國四年正月甲寅（魏登國四年即晉太元十四年），與《通鑑》所載月、日相同。諸史或同源而誤，姑存疑。

十五年（三九〇）
丙寅，魏王珪會燕趙王麟於意辛山，擊賀蘭、紇突鄰、紇奚三部，破之，紇突鄰、紇奚皆降於魏。

卷一百七，《晉紀》二十九，8/3396

　　上承夏四月。按，太元十五年四月己卯朔，月内無丙寅。晉太元十五年即魏登國五年。《魏書·太祖紀》亦繫此事於本年四月丙寅（《北史·魏本紀》同），《通鑑》當係承舊史而誤。諸書本年均不書五月，或"丙寅"上誤脱"五月"二字，姑存疑。本年五月戊申朔，丙寅爲五月十九日。

十六年（三九一）

二月，甲戌，燕主垂遣趙王麟將兵擊訥，鎮北將軍蘭汗帥龍城之兵擊染干。

卷一百七，《晉紀》二十九，8/3398

　　按，太元十六年二月甲辰朔，月内無甲戌日。本年三月癸酉朔，甲戌爲三月初二日。姑存疑。

冬，十月，壬辰，燕主垂還中山。

卷一百七，《晉紀》二十九，8/3400

　　按，本年十月庚子朔，月内無壬辰。十一月庚午朔，壬辰爲十一月之二十三日。《通鑑》下文本年十一月有壬辰事，本條或日干有誤，或"十月"爲"十一月"之誤，姑存疑。

戊戌，珪引兵擊之，柔然舉部遁走，珪追奔六百里。

卷一百七，《晉紀》二十九，8/3401

　　上接十月。《魏書·太祖紀》、《北史·魏本紀》俱作"十月戊戌"。今按，十月庚子朔，無戊戌。戊戌，十一月二十九日，或此

"戊戌"與上文"壬辰"俱在十一月，姑存疑。

十八年（三九三）
九月，丙戌，敗佛嵩於潼關。

卷一百八，《晉紀》三十，8/3410

按，太元十八年九月己丑，月内無丙戌。《晉書·孝武帝紀》亦誤作"九月丙戌"，姑存疑。

己亥，後秦主萇召太尉姚旻、僕射尹緯、姚晃、將軍姚大目、尚書狄伯支入禁中，受遺詔輔政……庚子，萇卒。

卷一百八，《晉紀》三十，8/3411

上接十二月。《晉書·孝武帝紀》："冬十月，姚萇死，子興嗣僞位。""校勘記"云："《御覽》一二三引《後秦錄》、《通鑑》一〇八謂姚萇死於十二月庚子，此文'十'下疑脱'二'字。"今按，本年十二月丁巳朔，月内無己亥、庚子。或《後秦錄》、《通鑑》之"十二月"爲"十一月"之訛；《孝武帝紀》"十"下脱"一"字，非"二"字。姑存疑。十一月戊子朔，己亥爲十一月十二日，庚子十三日。

十九年（三九四）
六月，壬子，追尊會稽王太妃鄭氏曰簡文宣太后。

卷一百八，《晉紀》三十，8/3414

《晉書·孝武帝紀》亦作"六月壬子"。"校勘記"云："六月甲寅朔，無壬子。《禮志》上記此事作'二月'，二月丙辰朔，亦無壬子。"《通鑑》當係承《孝武帝紀》而誤。姑存疑。

二十年（三九五）

五月，甲戌，燕主垂遣太子寶、遼西王農、趙王麟帥
衆八萬，自五原伐魏，范陽王德、陳留王紹別將步騎
萬八千爲後繼。

卷一百八，《晉紀》三十，8/3421

按，太元二十年五月己卯朔，月內無甲戌。姑存疑。

二十一年（三九六）

八月，己亥，魏王珪大舉伐燕……
……乙亥，立妃段氏爲皇后，策爲皇太子，會、盛皆
進爵爲王。

卷一百八，《晉紀》三十，8/3430

按，太元二十一年八月壬申朔，己亥爲八月二十八日，乙亥四
日。己亥不得在乙亥前。姑存疑。

己酉，珪自井陘趨中山。李先降魏，珪以爲征東左
長史。

卷一百八，《晉紀》三十，8/3434

上接十月甲申。按，本年十月辛未朔，甲申十四日，月內無己
酉。《魏書·太祖紀》：「（皇始元年）冬十月乙酉，車駕出井陘。」魏皇
始元年即太元二十一年。乙酉爲十月十五日。當從《太祖紀》。《通
鑑》「己酉」爲「乙酉」之訛。

安帝隆安二年（三九八）

丁亥，寶至素莫汗陘……引寶入龍城外邸，弑之。汗

諡寶曰靈帝；殺獻哀太子策及王公卿士百餘人；自稱大都督、大將軍、大單于、昌黎王，改元青龍。

卷一百一十，《晉紀》三十二，8/3469

上接四月壬戌。按，隆安二年四月壬戌朔，丁亥二十六日。《晉書·安帝紀》："夏五月，蘭汗弑慕容寶而自稱大將軍、昌黎王。"《通鑑》本年四月後逕書六月，無五月。疑應以《安帝紀》爲是，《通鑑》脫"五月"二字。《北史·魏本紀》亦置于"四月"，姑存疑。

冬，十月，癸酉，燕群臣復上尊號，丙子，長樂王盛始即皇帝位，大赦，尊皇后段氏曰皇太后，太妃丁氏曰獻莊皇后。

卷一百一十，《晉紀》三十二，8/3481

《晉書·安帝紀》："秋七月，慕容寶子盛斬蘭汗，僭稱長樂王，攝天子位……（八月）丙戌，慕容盛僭即皇帝位于黃龍。"一在"八月"，一在"十月"。是年八月辛酉朔，丙戌爲八月二十六日；十月庚申朔，丙子爲十月十七日。二説或各有所本。《考異》未辨《安帝紀》"八月"之異文，"八月"、"十月"未知孰是，姑存疑。

三年（三九九）
壬子，旱襲令支，克之，遣廣威將軍孟廣平追及朗於無終，斬之。

卷一百一十一，《晉紀》三十三，8/3496

上接九月辛未。按，隆安三年九月甲寅朔，辛未爲九月十八日，月内無壬子。本條上承辛未，"壬子"或爲"壬午"之訛，姑存疑。

壬午，九月二十九日。

甲寅，恩陷會稽，凝之出走，恩執而殺之，并其諸子。

卷一百一十一，《晉紀》三十三，8/3498

上接十月甲午。按，本年十月甲申朔，甲午十一日，月內無甲寅。《晉書·安帝紀》："十一月甲寅，妖賊孫恩陷會稽，內史王凝之死之。"十一月癸丑朔，甲寅爲十一月二日。《通鑑》本年十月後逕書十二月，無十一月。當從《安帝紀》作"十一月甲寅"。《通鑑》"甲寅"上漏書"十一月"三字。

四年（四〇〇）

辛卯，燕襄平令段登等謀反，誅。

卷一百一十一，《晉紀》三十三，8/3508

上接三月戊午。今按，隆安四年三月辛亥朔，戊午爲三月初八日，月內無辛卯日，姑存疑。

甲子，燕大赦。

卷一百一十一，《晉紀》三十三，8/3511

上接六月庚辰。按，是年六月庚辰朔，月內無甲子。或"甲子"爲"甲午"之形訛，姑存疑。甲午爲六月十五日。

是歲，南燕王德即皇帝位于廣固，大赦，改元建平。

卷一百一十一，《晉紀》三十三，8/3516

《通鑑》載慕容德稱帝於隆安四年之末，不書月。《晉書·安帝紀》隆安三年云："六月戊子，以琅邪王德文爲司徒。慕容德陷青州，害龍驤將軍辟閭渾，遂僭即皇帝位于廣固。"繫慕容德即位廣固於三年六月。姑存疑。

五年（四〇一）
乙卯，魏虎威將軍宿沓干伐燕，攻令支；乙丑，燕中領軍宇文拔救之；壬午，宿沓干拔令支而戍之。
卷一百一十二，《晉紀》三十四，8/3530

上接十二月辛亥。按，隆安五年十二月辛丑朔，辛亥爲十二月十一日，乙卯十五日，乙丑二十五日，月內無壬午。據《通鑑》下文，次年正月"丁丑，燕慕容拔攻魏令支戍，克之，宿沓干走"（《魏書·太祖紀》同）。是次年正月丁丑，宿沓干已失令支，但壬午尚在丁丑後六天，此必有誤。姑誌之存疑。

安帝元興元年（四〇二）
三月，乙巳朔，牢之遣敬宣詣玄請降。
卷一百一十二，《晉紀》三十四，8/3538

按，元興元年三月己巳朔，乙巳非朔日，三月亦無乙巳。《晉書·安帝紀》："三月己巳，劉牢之叛降于桓玄。"正作"己巳"，《通鑑》之"乙巳"當爲"己巳"之誤。《通鑑》殆涉"乙"、"己"形近而訛。

二年（四〇三）
丙子，册命玄爲相國，總百揆，封十郡，爲楚王，加九錫。

卷一百一十三,《晉紀》三十五,8/3552-3

上接九月。元興二年九月辛酉朔,丙子十六日。《晉書·安帝紀》:"秋八月,玄又自號相國、楚王。"與《通鑑》相差一月,姑存疑。

三年（四〇四）
戊寅,奉神主于太廟。

卷一百一十三,《晉紀》三十五,8/3572

上接五月甲申。按《通鑑》本月戊寅前有癸酉、己卯、庚辰、辛巳、壬午、甲申諸日。《晉書·安帝紀》日次與《通鑑》同。"校勘記"云:"戊寅後癸酉六日,而在上文己卯前,此日次失序。"姑從之。《通鑑》蓋承《安帝紀》而誤。

安帝義熙元年（四〇五）
戊午,備德引見羣臣于東陽殿,議立超爲太子……己未,超即皇帝位,大赦,改元太上。

卷一百一十四,《晉紀》三十六,8/3586

上接九月,下文有癸亥。按,義熙元年九月己卯朔,月內無戊午、己未、癸亥諸日。《通鑑》本年九月後逕接十二月,不書十月、十一月,或"戊午"上漏書"冬十月",姑存疑。《魏書·太祖紀》繫此事於魏天賜二年（即相當晉義熙元年）末,不書月、日。本年十月己酉朔,戊午爲十月初十日,己未十一日,癸亥十五日。

乞伏乾歸伐仇池,爲楊盛所敗。

卷一百一十四,《晉紀》三十六,8/3587

上接九月。據《晉書·安帝紀》載，本年"冬十一月，乞伏乾歸伐仇池，仇池公楊盛大破之"。繫此事於同年十一月，與《通鑑》不同。今按，《通鑑》本年不書十月、十一月（參見上條），本條上承南燕慕容超繼位事，據日干推算事在冬十月，則本條當以《安帝紀》"十一月"爲是。《通鑑》"乞伏乾歸"前漏書"十一月"三字。

二年（四〇六）

燕王熙至陘北，畏契丹之衆，欲還，苻后不聽；戊申，遂棄輜重，輕兵襲高句麗。

卷一百一十四，《晉紀》三十六，8/3588

上接正月甲申。按，義熙二年正月丁丑朔，甲申爲正月初八日，月内無戊申。本年二月丁未朔，戊申爲二月初二日。姑存疑。

乙亥，以左將軍孔安國爲尚書左僕射。

卷一百一十四，《晉紀》三十六，8/3594

上接十月庚申。按，本年十月癸卯朔，庚申爲十月十八日，月内無乙亥。《晉書·安帝紀》亦繫孔安國任尚書左僕射事於本年"十月乙亥"。《安帝紀》本年十月後逕接十二月，不書十一月，或《安帝紀》之"乙亥"上漏書"十一月"三字，姑存疑。本年十一月癸酉朔，乙亥爲十一月初三日。《通鑑》蓋從《安帝紀》而誤。

三年（四〇七）

春，正月，辛丑朔，燕大赦，改元建始。

卷一百一十四，《晉紀》三十六，8/3594

按，義熙三年正月壬申朔，辛丑非正月朔日，正月亦無辛丑。又，《通鑑》下文接"二月己酉"，但己酉在辛丑後九日，辛丑必非正月之朔日。據《二十史朔閏表》本年二月辛丑朔。《通鑑》之"正月"疑爲"二月"之誤，下文之"二月"誤衍。

又，《二十史朔閏表》本年二月辛丑朔，閏二月辛未朔，三月庚子朔；《資治通鑑目錄》閏正月辛丑朔，三月庚子朔，二書置閏不一。《通鑑》正文亦作"閏二月"，與《目錄》所引《長曆》異。姑存疑。

夏，四月，癸丑，苻氏卒，熙哭之慟絕，久而復蘇；喪之如父母，服斬衰，食粥。

卷一百一十四，《晉紀》三十六，8/3595

按，本年四月庚午朔，月內無癸丑日。《通鑑》下文接本月之丁酉（二十八日），癸丑在丁酉之後十六日，必誤。疑日干有誤，姑存疑。

四年（四〇八）
夏，四月，尚書左僕射孔安國卒；甲午，以吏部尚書孟昶代之。

卷一百一十四，《晉紀》三十六，8/3606

《晉書·安帝紀》亦繫孟昶代孔安國於四月"甲午"。按，義熙四年四月甲子朔，月內無甲午；甲午爲五月朔日。姑存疑。《通鑑》蓋從《安帝紀》而誤。

五年（四〇九）
閏十一月，丁亥，悅懷匕首入侍，將作亂。叔孫俊覺其舉止有異，引手掣之，索懷中，得匕首，遂殺之。

卷一百一十五，《晉紀》三十七，8/3625

按，義熙五年閏十月乙酉朔（《資治通鑑目錄》卷十二同），丁亥三日；非閏十一月。《通鑑》本條上承十月，"閏十一月"應作"閏月"，"十一"當爲衍文。《魏書·太宗紀》永興元年下云："閏十月丁亥，朱提王悅謀反，賜死。"《北史·魏本紀》亦繫於本年"閏十月丁亥"。魏永興元年即相當晉義熙五年。當從《魏書》、《北史》，《通鑑》誤。

八年（四一二）

六月，乞伏公府弒河南王乾歸，并殺其諸子十餘人，走保大夏。

卷一百一十六，《晉紀》三十八，8/3650

《晉書·安帝紀》："夏五月，乞伏公府弒乞伏乾歸。"繫此事於五月，與《通鑑》異。《北史·魏本紀》與《通鑑》同，作"六月"。姑存疑。

八月，乞伏熾磐自稱大將軍、河南王，大赦，改元永康；葬乾歸於枹罕，諡曰武元，廟號高祖。

卷一百一十六，《晉紀》三十八，8/3651

《晉書·安帝紀》："（夏五月）乾歸子熾盤（《校勘記》"盤"應作"磐"）誅公府，僭即偽位。"與《通鑑》所記，相差三月。姑存疑。

九年（四一三）

五月，乙亥，魏主嗣如雲中舊宮。丙子，大赦。西河胡張外等聚衆爲盜；乙卯，嗣遣會稽公長樂劉絜等屯西河招討之。六月，嗣如五原。

卷一百一十六，《晉紀》三十八，8/3660

按，義熙九年五月乙丑朔，乙亥爲五月十一日，丙子十二日，月內無乙卯。或"乙卯"爲"己卯"之訛。姑存疑。己卯爲五月十五日。《魏書·太祖紀》本條亦誤作"五月乙卯"。《通鑑》蓋從《太祖紀》而誤。

丁丑，魏主嗣如豺山宮；癸未，還。

卷一百一十六，《晉紀》三十八，8/3662

上接八月癸卯。按，是年八月癸巳朔，癸卯爲八月十一日，月內無丁丑、癸未日。《魏書·太祖紀》亦誤將丁丑、癸未繫於八月之下。《太祖紀》本年八月後逕接十月，不書九月，"丁丑"之上當誤脫"九月"二字。本年九月癸亥朔，丁丑爲九月十五日，癸未二十一日。《通鑑》蓋從《太祖紀》而誤。

十年（四一四）

戊申，魏主嗣如豺山宮；丁亥，還平城。

卷一百一十六，《晉紀》三十八，8/3669

上接六月。按，義熙十年六月己丑朔，戊申爲六月二十日，月內無丁亥。《魏書·太宗紀》亦將"丁亥"繫於六月之下。《太宗紀》本年（神瑞元年）六月後逕接八月，不書七月，或"丁亥"上漏書"七月"，姑存疑。本年七月戊午朔，丁亥爲七月三十日。《通鑑》本條蓋從《太宗紀》而誤。

十一年（四一五）

戊午，魏主嗣行如濡源，遂至上谷、涿鹿、廣甯；秋，七月，癸未，還平城。

卷一百一十七，《晉紀》三十九，8/3679

上接五月甲午。按，義熙十一年五月癸未朔，甲子爲五月十二日，月内無戊午。《魏書·太宗紀》神瑞二年(即相當晉義熙十一年)云："六月戊午，幸去畿陂，觀漁。辛酉，次于濡源……丁卯，幸赤城……壬申，幸涿鹿……秋七月，還宮。"《太平御覽》卷一○二引《後魏書》亦在"六月"；《北史·魏本紀》與《魏書》同。《通鑑》本年五月後逕接七月，不書六月，"戊午"上當漏書"六月"二字。六月壬子朔，戊午爲六月初七日，辛酉初十日，丁卯十六日，壬申二十一日。

丁未，謝裕卒，以劉穆之爲左僕射。

卷一百一十七，《晉紀》三十九，8/3680

上接八月甲子。按，是年八月壬子朔，甲子爲八月十三日，月内無丁未。《晉書·安帝紀》亦云，義熙十一年"八月丁未，尚書左僕射謝裕卒，以尚書右僕射劉穆之爲尚書左僕射"。"校勘記"云："八月壬子朔，無丁未。"説是。《通鑑》本條蓋承《安帝紀》而誤。姑存疑。

十二年（四一六）

二月，[張："二月"作"三月"。]加太尉裕中外大都督。

卷一百一十七，《晉紀》三十九，8/3686

本條上承"二月"，此"二月"重出；下文逕接"夏四月壬子"，本年不書三月。張敦仁蓋因爲"二月"重出，且無三月，故認爲後"二月"應作"三月"。今按，《晉書·安帝紀》義熙十二年"二月，加劉裕中外大都督"。亦繫於"二月"。據此，則《通鑑》本條"二月"爲衍文，而不是"三月"之訛文，張敦仁所改非是。

初，魏主嗣使公孫表討白亞栗斯……以建爲中領軍，督表等討虎。九月，戊午，大破之，斬首萬餘級，虎及司馬順宰皆死，俘其衆十萬餘口。

卷一百一十七，《晉紀》三十九，8/3690–1

本年九月乙亥朔，月內無戊午日。《魏書·太宗紀》亦云，泰常元年（即相當晉義熙十二年）"九月戊午，前并州刺史叔孫建等大破山胡。劉虎渡河東走，至陳留，爲從人所殺，司馬順貞等皆死"。亦誤作"九月戊午"。今按，《太宗紀》本年"秋七月"後逕接"九月戊午"，或日干有誤，或"九月"應作"八月"，姑存疑。

己丑，詔遣兼司空高密王恢之脩謁五陵，置守衛。

卷一百一十七，《晉紀》三十九，8/3695

上接十月丙寅。本年十月乙巳朔，丙寅爲十月二十二日，月內無己丑。《晉書·安帝紀》亦繫此事於本年十月之"己丑"日。今按，《安帝紀》本條在義熙十二年末，本年不出十一、十二月，或《安帝紀》"己丑"上漏書"十一月"三字，《通鑑》承其誤，亦將"己丑"繫於十月之下，姑存疑。十一月甲戌朔，己丑爲十一月十六日。

十三年（四一七）

九月，太尉裕至長安……裕收秦彝器、渾儀、土圭、記里鼓、指南車送詣建康。

卷一百一十八，《晉紀》四十，8/3709

《晉書‧安帝紀》:"秋七月,劉裕克長安,執姚泓,收其彝器,歸諸京師。"(《太平御覽》卷一百同)《北史‧魏本紀》泰常二年七月下亦云:"是月,晉劉裕滅姚泓。"《魏書‧太宗紀》則云,泰常二年"八月,劉裕滅姚泓"。諸書記載各有異同,《考異》對此未加考辨,姑存疑。

廣州刺史謝欣卒;東海人徐道期聚衆攻陷州城,進攻始興,始興相彭城劉謙之討誅之。

卷一百一十八,《晉紀》四十,8/3712

上承九月,下有癸酉(九月初四)。按,《晉書‧安帝紀》本年秋七月下云:"南海賊徐道期陷廣州,始興相劉謙之討平之。"一作"九月",一作"七月",未知孰是,姑存疑。

十四年(四一八)
辛巳,大赦。

卷一百一十八,《晉紀》四十,8/3716

上接正月丁酉朔。按,正月丁酉朔,辛巳在丁酉後四十五日,當誤。《晉書‧安帝紀》亦作"正月辛巳"。"校勘記"云:"正月丁酉朔,無辛巳。"説是。《通鑑》蓋承《安帝紀》誤。姑存疑。

恭帝元熙元年(四一九)
辛卯,宋王裕加殊禮,進王太妃爲太后,世子爲太子。

卷一百一十八,《晉紀》四十,8/3731

上接十二月癸亥。按,元熙元年十二月丁巳朔,癸亥七日,月內無辛卯。《晉書‧恭帝紀》亦作"十二月辛卯"。"校勘記"云:"十二月丁巳朔,無辛卯。"姑存疑。《通鑑》蓋承《晉書》而誤。

肆
宋紀

營陽王景平元年（四二三）
三月，壬子，葬孝懿皇后于興寧陵。
……
乙巳，魏主畋於韓陵山，遂如汲郡，至枋頭。

卷一百一十九，《宋紀》一，8/3754–5

按，景平元年三月戊戌朔，壬子爲三月十五日，乙巳八日。乙巳不得在壬子後。此日次失序。

文帝元嘉元年（四二四）
春，正月，魏改元始光。

卷一百二十，《宋紀》二，8/3764

《考異》曰："《宋本紀》：'正月癸巳朔，日有食之。'《宋紀》'二月己巳'，《宋略》'二月癸巳'，李延壽《南史》'二月己卯朔'，皆誤也。按《長曆》，是年正月丁巳、二月丁亥朔，《後魏書·紀》《志》，是年無日食，今從之。"

標點本《宋書·少帝紀》作"二月癸巳"。"校勘記"云："'二月癸巳朔'，局本同，宋本、北監本、毛本、殿本、《通鑑·考異》引《宋略》、《建康實錄》作'正月癸巳朔'，《南史·宋本紀》作'二月己卯朔'。按陳垣《朔閏表》，景平二年正月癸亥朔，二月壬辰朔，查正月無癸巳，癸巳爲二月初二日。然日蝕當在朔日，是年正月祇二十九日，作二月壬辰朔者，蓋後人定朔有誤。《宋書・五行志》作'二月癸巳朔'。今改從局本。"説甚是。《資治通鑑目録》卷十三亦云:"《宋志》二月癸巳朔，食。"

但《考異》云"《長曆》是年正月丁巳、二月丁亥朔"，與諸書、諸本相去甚遠，《校勘記》對此没有提及。查《二十史朔閏表》元嘉二年正月丁巳朔（《資治通鑑》卷十三同）、二月丁亥朔。顯然《考異》誤以元嘉二年正月、二月之朔日爲元年正月、二月朔日，宜其日干不符。此爲《考異》一時疏漏。附誌於此。

二年（四二五）
三月，丙寅，魏主尊保母竇氏爲保太后。
卷一百二十，《宋紀》二，8/3775

按，本年即魏始光二年。三月丙辰朔，後文有丁巳，丁巳初二日，丙寅十一日。丙寅不得在丁巳前。《魏書・世祖紀》:"三月丙辰，尊保母竇氏曰保太后。"（《北史・魏本紀》同）《通鑑》"丙寅"當爲"丙辰"之訛。

十一月，以武都世子玄爲北秦州刺史、武都王。
卷一百二十，《宋紀》二，8/3777

《考異》曰:"《宋本紀》，癸酉;《南史》，庚午。按十一月壬午朔，無癸酉及庚午。今不書日。"按，《二十史朔閏表》十一月壬子朔，非壬午。庚午十九日，癸酉二十二日。《資治通鑑目録》卷十三亦作"十一月壬子朔"，《通鑑》當因"子"、"午"形近，而誤以"壬子"爲"壬午"。又，標點本《南史・宋本紀》改"庚午"爲"癸酉"。"校勘記"云:"'癸酉'，各本作'庚午'。據《宋書》改。"今按，司馬光所見《南史》已作"庚午"，李延壽父子當別有所本。今無其他根據，似不應遽爲"改正"。姑存疑。

八年（四三一）
庚戌，魏安頡等還平城。

卷一百二十二，《宋紀》四，8/3831

上接二月丁丑。按，元嘉八年二月壬子朔，丁丑二十六日，月内無庚戌。本年即魏神䴥四年，《魏書·世祖紀》繫安頡還平城獻俘事於本年"三月庚戌"（《北史·魏本紀》同）。《通鑑》二月後逕接五月，不書三、四月。當從《魏書》，《通鑑》"庚戌"上脱"三月"二字。三月辛巳朔，庚戌爲三月三十日。

十一年（四三四）
河西王牧犍遣使上表，告嗣位。戊寅，詔以牧犍爲都督涼·秦等四州諸軍事、征西大將軍、涼州刺史、河西王。

卷一百二十二，《宋紀》四，8/3853

上接四月壬戌。按，元嘉十一年四月癸巳朔，壬戌三十日，月内無戊寅。《宋書·文帝紀》："（五月）戊寅，以大沮渠茂虔爲征西大將軍、涼州刺史。"大沮渠茂虔即牧犍。《南史·宋本紀》亦作"五月戊寅"。五月癸亥朔，戊寅爲五月十六日。《通鑑》本年四月後逕接六月，不書五月。當從《宋書》及《南史》，《通鑑》"戊寅"上脱"五月"二字。

十二年（四三五）
夏，四月，己巳，帝加景仁中書令、中護軍，即家爲府；湛加太子詹事。

卷一百二十二，《宋紀》四，8/3856

按，元嘉十二年四月丁亥朔，月内無己巳。《宋書·文帝紀》："夏四月乙酉，尚書僕射殷景仁加中護軍。""校勘記"云："按是月丁亥朔，無乙酉。二十三日己酉，'乙酉'或是'己酉'之訛。"姑從之。《通鑑》"己巳"或爲"己酉"之訛。

十三年（四三六）

冬，十一月，己酉，魏主如稒陽，驅野馬於雲中，置野馬苑；閏月，壬子，還宮。

卷一百二十三，《宋紀》五，8/3864

《魏書·世祖紀》、《北史·魏本紀》同。按，元嘉十三年閏十二月戊申朔（《資治通鑑目録》卷十三亦作閏十二月），壬子五日。上接十一月，"閏月"應作"閏十二月"。

十七年（四四〇）

冬，十月，戊申，收劉湛付廷尉，下詔暴其罪惡，就獄誅之……徙尚書庫部郎何默子等五人於廣州，因大赦。

卷一百二十三，《宋紀》五，8/3886

按，元嘉十七年十月丙辰朔，月内無戊申。《宋書·文帝紀》："冬十月戊午，前丹陽尹劉湛有罪，及同黨伏誅。"《南史·宋本紀》同。戊午爲十月三日。《通鑑》之"戊申"當爲"戊午"之訛。

二十年（四四三）

丙午，魏主如恒山之陽；三月，庚申，還宮。

卷一百二十四，《宋紀》六，9/3899

上接二月。按，元嘉二十年二月壬申朔，月內無丙午。本年即魏太平真君四年。《魏書·世祖紀》："二月丙子，車駕至于恒山之陽，詔有司刊石勒銘。"《北史·魏本紀》同。丙子爲二月五日。當從《魏書》。《通鑑》"丙午"爲"丙子"之訛。

九月，辛巳，魏主如漠南。

卷一百二十四，《宋紀》六，9/3900

按，是年九月己亥朔，月內無辛巳。《魏書·世祖紀》："秋九月辛丑，行幸漠南。"《北史·魏本紀》同。辛丑爲九月三日。當從《魏書》。《通鑑》"辛巳"爲"辛丑"之訛。

二十二年（四四五）

二月，魏主如上黨，西至吐京，討徙叛胡，出配郡縣。

卷一百二十四，《宋紀》六，9/3911

《魏書·世祖紀》、《北史·魏本紀》同。按，從本年正月起，宋始行元嘉新曆，魏仍用景初曆。《通鑑》亦從元嘉曆紀事。元嘉二十二年即魏太平真君六年。魏閏正月辛酉朔；宋閏五月己未朔。《魏紀》之"二月"，即《通鑑》之"三月"，《通鑑》從《魏紀》，誤。應從宋曆作"三月"。

三月，庚申，魏主還宮。

卷一百二十四，《宋紀》六，9/3912

三月庚寅朔，月內無庚申。《魏書·世祖紀》、《北史·魏本紀》俱作"三月庚申"。按，本年魏曆閏正月，宋曆閏五月，魏之"三月"應即《通鑑》之"四月"，《通鑑》仍作"三月"，誤。四月庚申朔。

夏，四月，庚戌，魏主遣征西大將軍高涼王那等擊吐谷渾王慕利延於白蘭，秦州刺史代人封敕文、安遠將軍乙烏頭擊慕利延兄子什歸於枹罕。

卷一百二十四，《宋紀》六，9/3912

《魏書·世祖紀》、《北史·魏本紀》同。四月庚申朔，月內無庚戌。應改"四月"爲"五月"，原因同上條。五月己丑朔。庚戌爲五月二十二日。

二十三年（四四六）

詔曰："……有司宣告征鎮諸軍、刺史，諸有浮圖形像及胡經，皆擊破焚燒，沙門無少長悉阬之。"

卷一百二十四，《宋紀》六，9/3923

上接二月丙申。本年即魏太平真君七年。《魏書·世祖紀》："三月，詔諸州阬沙門，毀諸佛像。"《北史·魏本紀》亦繫於三月。按，《通鑑》本年二月後逕接四月，不書三月。當從《魏書》，《通鑑》本條上誤脫"三月"。據《魏書》及《北史》，後文"徙長安工巧于平城"亦在三月。

二十四年（四四七）

十二月，魏晉王伏羅卒。

卷一百二十五，《宋紀》七，9/3932

本年即魏太平真君八年。《魏書·世祖紀》亦繫於十二月。按，是年魏曆閏十月；宋曆本年無閏月，二十五年閏二月。《魏紀》之"十二月"，應在《通鑑》元嘉二十五年正月。此仍從《魏書》繫於二十四年十二月，誤。

二十五年（四四八）
春，正月，魏仇池鎮將皮豹子帥諸軍擊之。

卷一百二十五，《宋紀》七，9/3932

是年爲魏太平真君九年。《魏書·世祖紀》亦繫於正月。魏之正月即宋之二月，《通鑑》誤。參見上條。

二月，癸卯，魏主如定州，罷塞圍役者，遂如上黨，誅潞縣叛民二千餘家，徙河西離石民五千餘家于平城。

卷一百二十五，《宋紀》七，9/3932

按，是年二月癸酉朔，月內無癸卯。《魏書·世祖紀》、《北史·魏本紀》亦云"二月癸卯，行幸定州"。魏曆上年閏十月，宋曆本年閏二月，魏之二月，即宋之閏月，《通鑑》誤。閏二月癸卯朔。

六月，丙寅，荊州刺史南譙王義宣進位司空。
辛酉，魏主如廣德宮。

卷一百二十五，《宋紀》七，9/3934

按，本年即魏太平真君九年。是年六月辛丑朔，丙寅二十六日，辛酉二十一日，丙寅不得在前。查《宋書·文帝紀》及《魏書·世祖紀》，日干不誤。此因史源不同而致日次失序。

二十六年（四四九）
三月，丁巳，大赦。

卷一百二十五,《宋紀》七, 9/3935

《宋書·文帝紀》及《南史·宋本紀》同。《宋書》之"校勘記"云："三月丁巳，下有乙丑。各本同。按是月丁卯朔，無丁巳，亦無乙丑。四月丙申朔，二十二日丁巳，三十日乙丑。"《南史》"校勘記"亦云"疑'三月'爲'四月'之訛"。姑從之。《通鑑》蓋係承《宋書》而誤。

二十七年（四五〇）
三月，以軍興，減內外百官俸三分之一。

卷一百二十五,《宋紀》七, 9/3938

按，《宋書·文帝紀》云，元嘉二十七年二月"以軍興減百官俸三分之一"。與《通鑑》之"三月"異。姑存疑。

魏主遣永昌王仁將步騎萬餘，驅所掠六郡生口北屯汝陽……丁酉，泰之等潛進，擊之，殺三千餘人，燒其輜重……魏人偵知泰之等兵無繼，復引兵擊之……泰之爲魏人所殺，肇之溺死，天祚爲魏所擒。

卷一百二十五,《宋紀》七, 9/3938-9

上承三月。按，本年即魏太平真君十一年，三月辛酉朔，月內無丁酉。《魏書·世祖紀》云，太平真君十一年二月"永昌王仁大破劉義隆將劉坦之、程天祚於汝東，斬坦之，擒天祚"。劉坦之即劉泰之（參見本條《考異》）。本年二月壬辰朔，丁酉爲二月初六日。以本條推論，上條"三月"似應作"二月"；但《通鑑》之"三月"前有二月甲午（初三）、辛亥（二十）諸日，則本條不能證明上條"三月"必誤。此或編次失序，姑存疑。

九月，辛卯，魏主引兵南救滑臺，命太子晃屯漠南以備柔然，吳王余守平城。庚子，魏發州郡兵五萬分給諸軍。

卷一百二十五，《宋紀》七，9/3948

按，本年九月戊午朔，月內無辛卯、庚子日。《魏書·世祖紀》亦繫魏主南下及發州郡兵於九月之辛卯、庚子日（《北史·魏本紀》同）。本年魏曆閏七月，宋曆閏十月，《世祖紀》之九月應即《宋紀》之十月。《通鑑》因《魏書》作"九月"，顯誤。宋曆十月戊子朔，辛卯爲十月初四日，庚子十三日。

冬，十月，癸亥，魏主至枋頭……乙丑，魏主渡河，衆號百萬，鞞鼓之聲，震動天地；玄謨懼，退走。

卷一百二十五，《宋紀》七，9/3949

按，是年十月戊子朔，月內無癸亥、乙丑。《魏書·世祖紀》同。魏之十月即宋之閏十月（見上條），《通鑑》一仍《魏書》，誤。《宋書·文帝紀》："冬閏月癸亥，玄謨攻滑臺，不克，爲虜所敗，退還礄磝。"正作"閏月"。閏十月丁巳朔，癸亥七日，乙丑九日。

壬子，魏主至彭城，立氈屋於戲馬臺以望城中。
……
丁未，大赦。

卷一百二十五，《宋紀》七，9/3955–7

上接十一月癸卯。按，是年十一月丁亥朔，癸卯爲十一月十七日，壬子二十六日，丁未二十一日；壬子不得次於丁未之前。《宋書·文帝紀》元嘉二十七年十一月"丁未，大赦天下"。《魏書·世祖紀》太平真君十一年十一月"壬子，次于彭城，遂趨盱眙"。可證"壬子"、"丁未"日干不誤，《通鑑》因二事史源不同而編次失序。

二十八年（四五一）

二月，丙辰朔，魏主燒攻具退走。

卷一百二十六，《宋紀》八，9/3965

按，《二十史朔閏表》元嘉二十八年二月乙卯朔，丙辰爲二月初二日，非朔日。《宋書·文帝紀》云，元嘉二十八年"二月丙辰，索虜自盱眙奔走"。亦無"朔"字。又，《資治通鑑目錄》卷十三正作"二月乙卯朔"。《通鑑》正文"朔"字爲衍文，當刪。

己巳，以江夏王義恭領南兗州刺史，徙鎮盱眙，增督十二州諸軍事。

卷一百二十六，《宋紀》八，9/3970

上接五月壬寅。本年五月甲申朔，壬寅爲五月十九日，月内無己巳。《宋書·文帝紀》亦繫此事於本年"五月己巳"。今按《文帝紀》本條上承戊戌（五月十五日），下接戊申（二十五日），"己巳"當爲"乙巳"之訛文。《通鑑》蓋承《文帝紀》而誤。乙巳爲五月二十二日。

青、冀二州刺史蕭斌遣振武將軍劉武之等擊司馬順則、司馬百年，皆斬之。癸亥，梁鄒平。

卷一百二十六，《宋紀》八，9/3972

上接七月丁亥。按，是年七月癸未朔，丁亥爲七月初五日，月內無癸亥。《宋書·文帝紀》云，本年"八月癸亥，梁鄒平，斬司馬順則"。《南史·宋本紀》亦繫此事於"八月癸亥"。《通鑑》本年七月後逕接九月，不書"八月"，"癸亥"之前當漏書"八月"二字。本年八月癸丑朔，癸亥爲八月十一日。

二十九年（四五二）
庚午，立皇子休仁爲建安王。

卷一百二十六，《宋紀》八，9/3974

上接二月甲寅。按，元嘉二十九年二月庚戌朔，甲寅爲二月初五日，庚午二十一日。但《南史·宋本紀》繫皇子休仁爲建安王事於本年"二月戊午"，戊午爲二月初九日，與《通鑑》異。

又，《宋書·文帝紀》亦云，二十九年二月"庚午，立第十二皇子休仁爲建安王"。與《通鑑》同。標點本《宋書》改"庚午"爲"戊午"。"校勘記"説："戊午，各本並作'庚午'，據《南史》改。按是月庚戌朔，無庚午。初九日戊午。"今按，庚午爲二月二十一日（見上文），此云"無庚午"，顯係疏誤，不當遽作改動。唯"庚午"、"戊午"當有一誤，姑存疑。《通鑑》本條當出自《宋書》。

三十年（四五三）
丁巳，上臨軒，瀎入受拜。

卷一百三十七，《宋紀》九，9/3986

上承正月戊子，下文正月內有己未、癸亥、甲子、乙丑諸日。按，元嘉三十年正月乙亥朔，戊子爲正月十四日，月內無丁巳、己未、癸亥、甲子、乙丑諸日。《通鑑》下文云，甲子，張超之弑文帝。《宋書·文帝紀》載，元嘉三十年二月"甲子，上崩于含章殿"。《南史·宋本紀》亦繫於"二月甲子"。《通鑑》本年正月後逕接三月，不書二月。"丁巳"上當誤奪"二月"二字。二月甲辰朔，丁巳爲二月十四日，己未十六日，癸亥二十日，甲子二十一日，乙丑二十二日。

> 庚子，以南譙王義宣爲中書監、丞相、録尚書六條事、揚州刺史……沈慶之爲領軍將軍，蕭思話爲尚書左僕射。
> 　　　　　　　　　　　　卷一百二十七，《宋紀》九，9/4002

上接四月己巳。按，是年四月癸卯朔，己巳爲四月二十七日，月内無庚子。《宋書·孝武帝紀》元嘉三十年四月"庚午，以荆州刺史南譙王義宣爲中書監、丞相、録尚書六條事、揚州刺史……蕭思話爲尚書左僕射"（《南史·宋本紀》同）。庚午爲四月二十八日。《通鑑》上承己巳，下接壬申（四月三十日）。當從《孝武帝紀》，《通鑑》之"庚子"爲"庚午"之訛文。

孝武帝孝建三年（四五六）

> 閏月，戊午，以尚書左僕射劉遵考爲丹楊尹。
> 　　　　　　　　　　　　卷一百二十八，《宋紀》十，9/4026

上接二月。按孝建三年宋曆閏三月，魏曆閏二月，《通鑑》上承二月，此"閏月"當依例作"閏三月"。《宋書·孝武帝紀》"閏月"在"三月"後，作"閏月"是；《南史·宋本紀》正作"閏三月"。本年閏三月丙辰朔，戊午爲本月初三日。

孝武帝大明元年（四五七）

> 三月，庚申，魏主畋于松山；己巳，還平城。

魏主立其弟新成爲陽平王。

卷一百二十八，《宋紀》十，9/4030

孝武帝大明元年即相當魏高宗太安三年。《魏書・高宗紀》云，太安三年"夏五月庚申，畋于松山，己巳，還宮。封皇弟新成爲陽平王"。《北史・魏本紀》亦繫此事於本年之"五月"，與《通鑑》"三月"異。今按，《通鑑》本條上承二月，下文逕接六月，不書四、五月，"三月"當爲"五月"之誤。蓋因"三"、"五"字形相近而訛。本年五月己酉朔，庚申爲五月十二日，己巳二十一日。

三年（四五九）
己酉，魏河南公伊馛卒。

卷一百二十九，《宋紀》十一，9/4042

上接正月己丑。按，大明三年即相當魏高宗太安五年。是年正月己巳朔，己丑爲正月二十一日，月內無己酉。《魏書・高宗紀》太安五年"二月己酉，侍中、司空、河南公伊馛薨"。《北史・魏本紀》亦繫於"二月己酉"。本年二月己亥朔，己酉爲二月十一日。當從《魏書》及《北史》，《通鑑》本條"己酉"上誤奪"二月"二字。

三月，乙卯，以揚州六郡爲王畿；更以東揚州爲揚州，徙治會稽，猶以星變故也。

卷一百二十九，《宋紀》十一，9/4042

下文接"三月，庚寅"，本年二"三月"重出。按，大明三年三月戊辰朔，月內無乙卯日，下文庚寅爲三月二十三日。《宋書・孝武帝紀》云，大明三年"二月乙卯，以揚州所統六郡爲王畿。以東揚州爲揚州"。繫此事於"二月乙卯"。本年二月己亥朔，乙卯爲二月十七日。《通鑑》下文有"三月"，此"三月"當爲"二月"之訛文。又，本條上文"己酉"已在二月（參見上條），此"二月"應移置於"己酉"之前。

沈慶之帥衆攻城，身先士卒，親犯矢石，乙巳，克其外城；乘勝而進，又克小城……擊傷誕，墜水，引出，斬之。

卷一百二十九，《宋紀》十一，9/4048

上接秋七月。按，是年七月丁卯朔，月内無乙巳。《宋書・孝武帝紀》大明三年"秋七月己巳，克廣陵城，斬誕"。己巳爲七月初三日。當以《孝武帝紀》爲是，《通鑑》"乙巳"應爲"己巳"之誤，"乙"、"己"形近，故而致訛。

四年（四六〇）
五月，癸丑，魏葬昭太后於鳴雞山。

卷一百二十九，《宋紀》十一，9/4051

按，大明四年五月壬戌朔，月内無癸丑。本年即相當魏和平元年。《魏書・高宗紀》和平元年"五月癸酉，葬昭太后於廣寧鳴雞山"。《北史・魏本紀》亦繫於"五月癸酉"。癸酉爲五月十二日。當從《魏書》，《通鑑》之"癸丑"應爲"癸酉"之訛文。

五年（四六一）
壬午，魏主巡山北；八月，丁丑，還平城。

卷一百二十九，《宋紀》十一，9/4056

上接七月戊寅。按，大明五年七月乙卯朔，戊寅爲七月二十四日，壬午二十八日；八月乙酉朔，月内無丁丑。本年即魏和平二年。《魏書·高宗紀》亦繫於"八月丁丑"。是年魏曆閏七月，宋曆閏九月，《魏紀》之八月，即《宋紀》之九月。九月甲寅朔，丁丑爲九月二十四日。《通鑑》從《魏書》不改，誤。又，魏主還平城應置於下文八月戊子，九月甲寅、甲戌之後，此日次亦失序。

六年（四六二）

秋，七月，壬寅，魏主如河西。
乙未，立皇子子雲爲晉陵王；是日卒，謚曰孝。

卷一百二十九，《宋紀》十一，9/4061

按，大明六年七月己卯朔，壬寅二十四日，乙未十七日。壬寅不得在乙未前。查《魏書·高宗紀》、《宋書·孝武帝紀》"壬寅"、"乙未"不誤。《通鑑》蓋因史源不同而致日次失序。

辛巳，加尚書令柳元景司空。

卷一百二十九，《宋紀》十一，9/4062

上接十月壬申，後有壬寅。按，是年十月戊申朔，壬申二十五日，月内無辛巳、壬寅。《宋書·孝武帝紀》："（十一月）辛巳，以尚書令柳元景爲司空，尚書令如故。"十一月丁丑朔，辛巳爲十一月五日。《通鑑》本年不書十一月、十二月。當以《宋書》爲是，《通鑑》"辛巳"上脱"十一月"三字。下文之"壬寅"爲十一月二十六日。

肆　宋紀　133

明帝泰始三年（四六七）
十二月，庚戌，以幽州刺史劉休賓爲兗州刺史。

卷一百三十二，《宋紀》十四，9/4141

按，泰始三年十二月戊寅朔，月內無庚戌。《宋書·明帝紀》："十二月庚辰，以寧朔將軍劉休賓爲兗州刺史。"庚辰爲十二月三日。當從《宋書》。《通鑑》"庚戌"爲"庚辰"之訛。

五年（四六九）
魏頓丘王李峻卒。

卷一百三十二，《宋紀》十四，9/4149

上接冬十月丁卯。按，宋泰始五年即相當魏皇興三年。《魏書·顯祖紀》、《北史·魏本紀》俱繫於十月。按本年魏閏九月，宋閏十一月，魏之十月，即宋之十一月，《通鑑》從《魏書》不改，誤。

六年（四七〇）
魏陽平王新成卒。

卷一百三十二，《宋紀》十四，9/4155

上接十月辛卯。本年即魏皇興四年。《魏書·顯祖紀》："十有二月甲辰，幸鹿野苑、石窟寺。陽平王新成卒。"繫於十二月。按，《通鑑》本年不書十一、十二月，疑應從《魏書》。《通鑑》本條上脫"十二月"三字。

明帝泰豫元年（四七二）
己未，遣使齎藥賜景文死……乃作墨啓答敕致謝，飲藥而卒。

卷一百三十三，《宋紀》十五，9/4169–70

上接二月，本月下文有庚午。按，泰豫元年二月甲申朔，月內無己未、庚午。《宋書·明帝紀》："（三月）己未，中書監、揚州刺史王景文卒。"《通鑑》本年二月後逕接四月。當從《宋書》，《通鑑》"己未"上脫"三月"二字。三月癸丑朔，己未初七日，庚午十八日。

蒼梧王元徽元年（四七三）
癸丑，魏詔守令勸課農事，同部之内，貧富相通，家有兼牛，通借無者；若不從詔，一門終身不仕。

卷一百三十三，《宋紀》十五，9/4173

上接正月戊戌，下文有戊午、甲戌諸日。按，元徽元年正月戊寅朔，戊戌二十一日，月内無癸丑、戊午、甲戌諸日。本年即魏延興三年。《魏書·高祖紀》："（二月）癸丑，詔牧守令長，勤率百姓，無令失時。同部之内，貧富相通。家有兼牛，通借無者，若不從詔，一門之内終身不仕。"二月戊申朔，癸丑爲二月六日、戊午十一日、甲戌二十七日。《通鑑》"癸丑"前當脫"二月"。下文"二月乙亥"之"二月"，應置於癸丑之前。乙亥爲二月二十八日。

三年（四七五）
八月，庚子，加護軍將軍褚淵中書監。

卷一百三十三，《宋紀》十五，9/4186

按，元徽三年八月癸亥朔，月内無庚子。《宋書·後廢帝紀》亦繫此事於本年"八月庚子"。"校勘記"云："按是月癸亥朔，無庚子，初三日庚午，庚子或是庚午之誤。"今按，八月癸亥朔，庚午爲八月初八日,"校勘記"云"初三日庚午",誤。《通鑑》本條蓋承《宋書》而誤。

四年(四七六)
戊寅,魏以征西大將軍、安樂王長樂爲太尉,尚書左僕射、宜都王目辰爲司徒,南部尚書李訢爲司空……
……
乙亥,加蕭道成尚書左僕射,劉秉中書令。

卷一百三十四,《宋紀》十六,9/4188–9

上接六月壬申。宋元徽四年即相當魏承明元年,本年六月己未朔,壬申爲六月十四日,戊寅二十日,乙亥十七日;戊寅不得在乙亥之前。查《魏書·高祖紀》承明元年六月戊寅,安樂王長樂爲太尉,目辰爲司徒,李訢爲司空。《宋書·後廢帝紀》承明四年六月乙亥,加齊王蕭道成尚書左僕射。二書月、日與《通鑑》同,"戊寅"、"乙亥"日干不誤,《通鑑》編次失序。

順帝昇明二年(四七八)
黃回不樂在郢州,固求南兗,遂帥部曲輒還;辛[嚴:"辛"改"己"。]卯,改都督南兗等五州諸軍事、南兗州刺史。

卷一百三十四,《宋紀》十六,9/4216

上接三月丙子。按,昇明二年三月戊申朔,丙子爲三月二十九日,月内無辛卯;嚴衍云"辛卯"應改作"己卯",但三月亦無己卯。嚴衍蓋因丙子後三日爲己卯,故改"辛"爲"己",但己卯爲四月初二日,不在三月,嚴衍所改亦誤。今按,《宋書·順帝紀》云,昇明二年二月"辛卯，郢州刺史、新除鎮南將軍黃回爲鎮北將軍、南兗州刺史，南兗州刺史李安民爲郢州刺史"。本年二月己卯朔，辛卯爲二月十三日。"辛卯"不誤，惟《通鑑》編次失序，誤將二月事繫於三月之下。《通鑑》上文二月出庚辰（初二）、癸未（初五）、丁亥（初九）、癸卯（二十五）諸日，此"辛卯"應次於丁亥之後，癸卯之前。

伍
齊紀

高帝建元二年（四八〇）
角城戍主舉城降魏；秋，八月，丁酉，魏遣徐州刺史梁郡王嘉迎之……
甲辰，魏主如方山；戊申，遊武州山石窟寺。庚戌，還平城。

卷一百三十五，《齊紀》一，9/4239

　　本年即魏太和四年。八月乙丑朔，月內無丁酉、甲辰、戊申、庚戌諸日。《魏書·高祖紀》與《通鑑》同。按，是年魏閏七月，齊閏九月，魏八月即齊九月（《資治通鑑目錄》卷十四，齊閏九月，魏閏八月）。《通鑑》從《魏書》不改，誤。九月甲午朔，丁酉四日、甲辰十一日、戊申十五日、庚戌十七日。

三年（四八一）
六月，壬子，大赦。
甲辰，魏中山宣王王叡卒。

卷一百三十五，《齊紀》一，9/4245

　　按，本年六月己丑朔，壬子二十四日，甲辰十六日，壬子不得在甲辰前。查《南齊書·高帝紀》、《魏書·高祖紀》"壬子"、"甲辰"日干不誤。此係日次失序。

上使後軍參軍車僧朗使於魏。甲子，僧朗至平城……辛酉，柔然別帥他稽帥衆降魏。

卷一百三十五，《齊紀》一，9/4245-6

上接七月己未。按是年七月己未朔，甲子六日，辛酉三日，甲子不得在前，此日次失序。《魏書・高祖紀》與《通鑑》同。《魏書》"辛酉"後接"甲戌"（十六日），或"辛酉"爲"癸酉"之訛。姑存疑。癸酉十五日。《通鑑》蓋承《魏書》而誤。

四年（四八二）

夏，四月，庚寅，上大行謚曰高皇帝，廟號太祖。丙午，葬泰安陵。
辛卯，追尊穆妃爲皇后。

卷一百三十五，《齊紀》一，9/4248-9

按，建元四年四月乙酉朔，庚寅六日，丙午二十二日，辛卯七日，辛卯不得在丙午後。《南齊書・武帝紀》亦將"辛卯"誤置於"丙午"之後。或日干有誤，或日次失序，姑存疑。《通鑑》本條蓋承《武帝紀》而誤。

庚寅，賜謐死。
癸卯，南康文簡公褚淵卒。

卷一百三十五，《齊紀》一，9/4249

上接秋七月。按，本年七月癸丑朔，月內無庚寅、癸卯。《南齊書・武帝紀》建元四年"八月癸卯，司徒褚淵薨"。八月癸未朔，庚寅初八日，癸卯二十二日。《通鑑》本年七月後逕接九月，不書八月，"庚寅"上誤奪"八月"二字。又，上文建元二年正月"以褚淵爲司徒"條下《考異》云:"四年六月癸卯,以司徒褚淵爲司空。八月癸卯,司徒褚淵薨。"正作"八月癸卯"。

九月,丁巳,以國哀罷國子學。
……九月,辛酉,魏以後起爲武都王,文弘子集始爲白水太守。

卷一百三十五,《齊紀》一,9/4250

按,九月壬子朔,丁巳六日,辛酉十日。後"九月"誤衍。

武帝永明元年（四八三）
閏月,癸丑,魏主後宮平涼林氏生子恂,大赦。

卷一百三十五,《齊紀》一,9/4254

《魏書·高祖紀》同。本年閏五月戊寅朔,月內無癸丑。按永明元年即魏太和七年,齊閏五月,魏閏四月（《資治通鑑目錄》卷十四同）,魏之閏月,即齊之五月,《通鑑》從《魏書》作"閏月",誤。五月己酉朔,癸丑爲五月五日。

五月,戊寅朔,魏主如武州山石窟佛寺。

卷一百三十五,《齊紀》一,9/4254

《魏書·高祖紀》同。按,是年魏、齊置閏不一,魏之五月爲齊之"閏五月"（參見上條）。此"五月"應作"閏月"。齊閏五月戊寅朔,五月己酉朔。

丁酉,殺敬兒,并其四子。

卷一百三十五,《齊紀》一,9/4255

上接五月。《南齊書·武帝紀》、《南史·齊本紀》亦作"五月丁酉"。《南史》"校勘記"云："按永明元年五月己酉朔，是月無丁酉。"《通鑑》蓋承《武帝紀》而誤。姑存疑。

三年（四八五）

春，正月，丙辰，以大司農劉楷爲交州刺史，發南康、廬陵、始興兵以討叔獻。

卷一百三十六，《齊紀》二，9/4265

《南齊書·武帝紀》同。按，永明三年正月己巳朔，月内無丙辰。《通鑑》蓋承《南齊書》而誤。《南齊書》下文接正月甲申，或"丙辰"爲"丙子"之誤。姑存疑。丙子爲正月初八日，甲申十六日。

四年（四八六）

二月，己未，立皇弟鏴爲晉熙王，鉉爲河東王。

卷一百三十六，《齊紀》二，9/4271

《南齊書·武帝紀》、《南史·齊本紀》同。《南史》"校勘記"云："按永明四年二月壬戌朔，是月無己未。"《通鑑》蓋承《武帝紀》而誤。姑存疑。

六年（四八八）

閏月，辛酉，以尚書僕射王奐爲領軍將軍。

卷一百三十六，《齊紀》二，9/4281

按，永明六年閏十月丁丑朔，月内無辛酉。《南齊書·武帝紀》："（閏月）辛卯，以尚書僕射王奐爲領軍將軍。"辛卯爲閏月十五日。

當從《南齊書》。《通鑑》"辛酉"爲"辛卯"之訛。

辛未，魏主如靈泉池，癸酉，還宫。

卷一百三十六，《齊紀》二，9/4281

上接閏月辛卯（《通鑑》正文誤作"辛酉"，參見上條）。按，齊永明六年即魏太和十二年。齊曆閏十月丁丑朔，月内無辛未、癸酉。《魏書·高祖紀》太和十二年"閏月甲子，帝觀築圓丘於南郊。乙丑，高麗國遣使朝貢。辛未，幸靈泉池。癸酉，還宫"。與《通鑑》同。本年魏、齊置閏不一，魏閏九月丁未朔，十月丁丑朔；齊十月丁未朔，閏十月丁丑朔（《資治通鑑目録》卷十四同）。魏之閏月即齊之"冬十月"，《通鑑》仍從《魏書》繫於"閏月"下，誤。辛未爲十月二十五日，癸酉二十七日。

九年（四九一）

丁卯，魏主始聽政於皇信東室。

卷一百三十七，《齊紀》三，9/4305

上接正月辛丑。齊永明九年即相當魏太和十五年。《魏書·高祖紀》亦云本年正月丁卯，始聽政於皇信東室。按，本年正月甲午朔，辛丑爲正月初八日，月内無丁卯。《北史·魏本紀》云，太和"十五年春正月丁巳，帝始聽政於皇信東室"。丁巳爲正月二十四日。當從《北史》。《魏書》之"丁卯"爲"丁巳"之訛文，《通鑑》蓋承《魏書》而誤。

丁未，魏濟陰王鬱以貪殘賜死。

卷一百三十七，《齊紀》三，9/4309

上接六月甲戌。按，是年六月壬戌朔，甲戌爲六月十三日，月內無丁未。《魏書・高祖紀》亦繫濟陰王賜死事於本年"六月丁未"。本年魏、齊置閏不同，魏閏五月壬戌朔，六月辛卯朔；齊六月壬戌朔，七月辛卯朔，閏七月辛酉朔。魏之六月，即齊之七月。《通鑑》不當從《魏書》，應改繫七月之後，丁未爲七月十七日。又，《資治通鑑目錄》卷十四本年魏閏六月辛卯朔，如是，則魏本年六月無"丁未"。姑誌之以存疑。

十一年（四九三）
壬午，稱遺詔，以武陵王曄爲衛將軍，與征南大將軍陳顯達並開府儀同三司；尚書左僕射、西昌侯鸞爲尚書令；太孫詹事沈文季爲護軍。

卷一百三十八，《齊紀》四，9/4334

上承七月戊寅，下文本月有癸未、丁亥、己丑、壬寅、戊申諸日。按，本年七月己酉朔，戊寅爲七月三十日，七月無壬午及癸未以下諸日。《南齊書・鬱林王紀》云，十一年"八月壬午，詔稱先帝遺詔，以護軍將軍武陵王曄爲衛將軍⋯⋯太孫詹事沈文季爲護軍將軍"。《南史・齊本紀》亦繫於"八月壬午"。《通鑑》本年七月後逕接九月，不書八月。當從《南齊書》，《通鑑》"壬午"上誤奪"八月"二字。八月己卯朔，壬午爲八月初四日，癸未初五日，丁亥初九日，己丑十一日，壬寅二十四日，戊申三十日。

辛亥，封皇弟昭文爲新安王，昭秀爲臨海王，昭粲爲永嘉王。

卷一百三十八，《齊紀》四，9/4342

上接十月乙巳。按，本年十月戊寅朔，乙巳爲十月二十八日，月内無辛亥。《南齊書·鬱林王紀》云，本年"十一月辛亥，立臨汝公昭文爲新安王……皇弟昭粲爲永嘉王"。《南史·齊本紀》亦繫於"十一月辛亥"。十一月戊申朔，辛亥爲十一月初七日。當從《南齊書》。《通鑑》下文之"十一月"應移置於本條"辛亥"之前。

明帝建武元年（四九四）
二月，乙丑，魏主如河陰，規方澤。

卷一百三十九，《齊紀》五，10/4351

齊明帝建武元年即相當魏高祖太和十八年。《魏書·高祖紀》亦云本年"二月乙丑，行幸河陰"。按，是年二月丙子朔，月内無乙丑。《北史·魏本紀》："二月己丑，行幸河陰，規建方澤之所。"己丑爲二月十四日。當從《北史》。《魏書》之"乙丑"爲"己丑"之訛文。《通鑑》蓋從《魏書》而誤。

壬戌，魏主北巡。

卷一百三十九，《齊紀》五，10/4354

上接七月壬午。按，本年七月癸酉朔，壬午爲七月初十日，月内無壬戌。《魏書·高祖紀》太和十八年，秋七月"壬辰，車駕北巡"。《北史·魏本紀》亦作"七月壬辰"。壬辰爲七月二十日。當從《魏書》，《通鑑》之"壬戌"爲"壬辰"之訛文。

壬午，魏主臨朝堂，黜陟百官……或解任，或黜官，或奪禄，皆面數其過而行之。
……
鬱林王之廢也，鄱陽王鏘初不知謀……癸酉，鸞遣兵二千人圍鏘第，殺鏘，遂殺子隆及謝粲等。

卷一百三十九，《齊紀》五，10/4358-61

上接九月壬申。按，是年九月壬申朔，壬午爲九月十一日，癸酉初二日，癸酉不得在壬午後。《南齊書‧海陵王紀》延興元年（本年十月明帝改元建武）"九月癸酉，詔曰……辛巳，以前九眞太守宋慈明爲交州刺史。癸未，誅新除司徒鄱陽王鏘、中軍大將軍隨郡王子隆……乙未，驃騎大將軍鸞假黃鉞，內外纂嚴。又誅湘州刺史南平王銳、郢州刺史晉熙王銶、南豫州刺史宜都王鏗。丁亥……"癸酉初二，辛巳初十，癸未十二日，乙未二十四日，丁亥十六日。"乙未"不得在"丁亥"前。《南史‧齊本紀》正將誅南平王銳等人事繫於九月"乙酉"。乙酉爲九月十四日，與下文丁亥相次。《通鑑》下文《考異》云，據《南齊書‧海陵王紀》"乙未"下有"乙酉"、"丁亥"，故改"癸未"爲"癸酉"（參見下條）。今按，據以上引文，《南齊書》本月有乙未，無乙酉，"乙未"實爲"乙酉"之誤。《通鑑》謂《南齊書》"乙未"下有"乙酉"，或司馬光所見《南齊書》與今本不同，亦未可知。但據《南史》及前後日次，"乙未"當爲"乙酉"之訛，癸未不誤。如以《通鑑》所改之"癸酉"爲是，則不僅與本月上文之"癸酉"重出，且與辛巳日次不合。《通鑑》顯誤，應仍從《南齊書》作"癸未"。

乙亥，假鸞黃鉞，內外纂嚴，遣中護軍王玄邈討子懋，又遣軍主裴叔業與于瑤之先襲尋陽，聲云爲郢府司馬。

卷一百三十九，《齊紀》五，10/4361

上接九月癸未（《通鑑》誤改作"癸酉"，參見上條）。本條下《考異》云："《齊帝紀》作'乙未'。按是月壬申朔，而上有癸未，下有乙酉、丁亥，蓋癸未當作'癸酉'，'乙未'當作'乙亥'耳。"今按，據上條考證，《南齊書》"乙未"當爲"乙酉"之訛文，《通鑑》云當作"乙亥"，誤。《南齊書》之"校勘記"云："按《長曆》，是年九月壬申朔，叙乙未事不當在丁亥前。《通鑑》作'乙亥'亦非，乙亥不當在癸未後也。癸未、丁亥間有乙酉，疑'乙未'當作'乙酉'。"上條引《南史》正作"乙酉"，"校勘記"所疑甚是。但《通鑑》已將"癸未"改作"癸酉"，此以"乙亥不當在癸未後"爲由駁斥《通鑑》，亦未得要領。

又，《通鑑》下文接本月乙酉殺南平王銳事，據《南齊書》及《南史》殺南平王銳與本條在同一日，本條當作"乙酉"，後乙酉重出，當刪。

冬，十月，丁酉，解嚴。
……
戊戌，殺桂陽王鑠、衡陽王鈞、江夏王鋒、建安王子真、巴陵王子倫。

卷一百三十九，《齊紀》五，10/4363–4

是年十月壬寅朔，月內無丁酉、戊戌。《南齊書·海陵王紀》、《南史·齊本紀》均繫丁酉、戊戌日於"冬十月"之下。《南史》"校勘記"云："按，隆昌元年（本年七月改元建興，十月改元建武——引者）十月壬寅朔，是月無丁酉，亦無戊戌。"今按，《南齊書》冬十月下有癸巳、丁酉、戊戌、癸卯、辛亥諸日，日序相次，唯"冬十月"應在"癸卯"上，不當置於"癸巳"之前。上接九月丁亥（十六日），癸巳爲九月二十二日、丁酉二十六日、戊戌二十七日；癸卯爲十月初二日，辛亥初十日。《通鑑》蓋承《南齊書》而誤。

二年（四九五）
十一月，丁卯，詔罷世宗東田，毀興光樓。

卷一百四十，《齊紀》六，10/4391

建武二年十一月丙寅朔，丁卯二日。《南史·齊本紀》："冬十月癸卯，詔罷東田，毀興光樓。"《南齊書·明帝紀》原作"十月丁卯"，標點本據《南史》改爲"癸卯"，"校勘記"云："'丁卯'《南史·齊紀》作'癸卯'。按《長曆》，是年十月丙申朔，有癸卯，無丁卯，今據改。又按是年十一月丙寅朔，有丁卯，故《通鑑》繫此事於十一月，云'十一月丁卯，詔罷世宗東田，毀興光樓'。"説是。殆《南齊書》誤"癸卯"爲"丁卯"，《通鑑》以十月無丁卯，故改十月爲十一月。當從《南史》作"十月癸卯"。

己卯，納太子妃褚氏，大赦。妃，澄之女也。
庚午，魏主如委粟山，定圜丘。己卯，帝引諸儒議圜丘禮。

卷一百四十，《齊紀》六，10/4391

上接十一月。按，本月丙寅朔，己卯十四日，庚午五日，己卯不得在庚午前，且前後二"己卯"重出。《南齊書·明帝紀》："（冬，十月）乙卯，納皇太子妃褚氏，大赦。""校勘記"云："按《通鑑》繫此事於十一月，'乙卯'作'己卯'，以是年十一月丙寅朔，無乙卯故也。"今按，《南史》亦作"十月乙卯"，乙卯爲十月二十日。當從《南齊書》及《南史》，《通鑑》之"十一月己卯"應作"十月乙卯"。

三年（四九六）
閏月，丙寅，廢恂爲庶人，置於河陽無鼻城，以兵守之，服食所供，粗免饑寒而已。

卷一百四十，《齊紀》六，10/4401

《考異》曰："《齊書·魏虜傳》云：'大馮有寵，日夜饞恟。'《魏書》無之。又《魏帝紀》在十二月丙寅。按《長曆》，魏閏十一月，齊閏十二月。今從齊曆。"今按，本條上接"冬十月"，依例"閏月"應作"閏十二月"。閏十二月己未朔，丙寅八日。

四年（四九七）

戊辰，魏以穆亮爲征北大將軍、開府儀同三司、冀州刺史。

卷一百四十一，《齊紀》七，10/4411

上接七月。《魏書·高祖紀》亦作"七月戊辰"。按，建武四年七月丙戌朔，月內無戊辰。《魏書》上有甲午、下有甲寅，甲午爲七月九日，甲寅二十九日，疑"戊辰"爲"戊戌"（十三日）或"戊申"（二十三日）之訛。姑存疑。

丙辰，以楊靈珍爲北秦州刺史、仇池公、武都王。

卷一百四十一，《齊紀》七，10/4416

上接十一月丁酉。是年十一月甲申朔，丁酉十四日，無丙辰。《南齊書·明帝紀》、《南史·宋本紀》均與《通鑑》同。《南史》"校勘記"云："按，是月甲申朔，無丙辰。"今按，《南齊書》"丙辰"後接"丁亥"。丁亥爲十一月四日，疑"丙辰"爲"丙戌"之訛。《通鑑》蓋承《南齊書》而誤。丙戌，十一月三日。《通鑑》置於丁酉之後，日次亦失序。

明帝永泰元年（四九八）

八月，辛亥，魏太子自洛陽朝于懸瓠。

……

八月，葬明皇帝於興安陵，廟號高宗。

　　　　　　　　　　　　卷一百四十一，《齊紀》七，10/4430-1

　　按，前已有八月，後"八月"衍。《南齊書·明帝紀》、《南史·齊本紀》均繫葬明帝事於七月之末，不記日。姑存疑。

東昏侯永元元年（四九九）

五月，癸亥，加撫軍大將軍始安王遙光開府儀同三司。

　　　　　　　　　　　　卷一百四十二，《齊紀》八，10/4442

　　《南齊書·東昏侯紀》、《南史·齊本紀》俱作"五月癸亥"。《南史》"校勘記"云："按永元元年五月丙子朔，是月無癸亥。"《通鑑》蓋承《東昏侯紀》而誤。

丙戌，魏主謁長陵，欲引白衣左右吳人茹皓同車。

　　　　　　　　　　　　卷一百四十二，《齊紀》八，10/4453

　　上接九月壬戌。本年即魏太和二十三年。九月癸卯朔，壬戌二十日，月內無丙戌。《魏書·世宗紀》："（十月）丙戌，車駕謁長陵。"《北史·魏本紀》同。十月癸酉朔，丙戌爲十月十四日。《通鑑》繫於九月，誤。當從《世宗紀》。《通鑑》下文之"冬，十月"應移置於"丙戌"之前。

二年（五〇〇）

乙卯，遣平西將軍崔慧景將水軍討壽陽，帝屏除，出琅邪城送之。

卷一百四十三,《齊紀》九,10/4461

上接三月。按,永元二年三月辛丑朔,乙卯十五日。《南齊書‧東昏侯紀》《南史‧齊本紀》俱作"三月乙卯",《南史》"校勘記"云:"三月乙卯,下文出'丙午'。按三月辛丑朔,初六日丙午,十五日乙卯。'丙午'不得在'乙卯'前。又下出'乙卯',與此重複,則此之'乙卯'必誤。"今按,下有丙午,則"乙卯"或爲"乙巳"之訛,姑存疑。乙巳,三月五日。

丙申,彭城王勰、王肅擊松、伯之等,大破之,進攻合肥,生擒叔獻……
己亥,魏皇弟恌卒。

卷一百四十三,《齊紀》九,10/4461-2

上接三月乙卯(疑應作"乙巳",見上條)。按,是年三月辛丑朔,月内無丙申、己亥。本年即魏景明元年,《魏書‧世宗紀》:"夏四月丙申,彭城王勰、車騎將軍王肅大破之,斬首萬數。己亥,皇弟恌薨。"《北史‧魏本紀》同。四月庚午朔,丙申爲四月二十七日,己亥三十日。當從《世宗紀》。《通鑑》蓋因《魏書》本年二月後逕接四月,而誤以四月事繫於三月。

乙丑,曲赦建康、南徐‧兖二州。

卷一百四十三,《齊紀》九,10/4468

上接六月丙子。按,本年六月己巳朔,丙子八日,月内無乙丑。《南齊書‧東昏侯紀》:"(五月)乙丑,曲赦京邑、南徐‧兖二州。"《南史‧齊本紀》同。五月庚子朔,乙丑爲五月二十六日。當從《南齊書》及《南史》,《通鑑》繫於六月,誤。

甲辰,夜,後宮火。

卷一百四十三,《齊紀》九,10/4470

上接八月乙酉。按,是年八月戊辰朔,乙酉十八日,月內無甲辰。《南齊書·東昏侯紀》:"(八月)甲申夜,宮內火。"甲申爲八月十七日。《南史·齊本紀》:"秋七月甲辰夜,宮內火,唯東閣內明帝舊殿數區及太極以南得存,餘皆蕩盡。"七月己亥朔,甲辰爲七月六日。史不云兩曾失火。"七月甲辰"與"八月甲申"未知孰是。然既云"八月",則不得有"甲辰";書"甲辰",則不得在"八月"。《通鑑》之月、日,必有一誤。又據《南齊書》卷十九《五行志》"永元二年八月,宮內火",或火在八月,《通鑑》"甲辰"爲"甲申"之訛。姑存疑。

和帝中興元年(五〇一)
乙酉,以尚書令蕭穎冑行荆州刺史,加蕭衍征東大將軍、都督征討諸軍事,假黃鉞。

卷一百四十四,《齊紀》十,10/4486

上接三月丙午。按,中興元年三月乙未朔,月內無乙酉。《南齊書·和帝紀》云,中興元年春三月"丙午,有司奏封庶人寶卷爲零陽侯……乙酉,尚書令蕭穎冑行荆州刺史,假梁王黃鉞。壬子,以征虜將軍柳惔爲益、寧二州刺史"。亦繫於乙酉。《南齊書》上承丙午,下接壬子,"乙酉"當爲"己酉"之訛文。丙午爲三月十二日,己酉十五日,壬子十八日。《通鑑》蓋承《南齊書》而誤。

乙卯，以伯之爲江州刺史，虎牙爲徐州刺史。

卷一百四十四，《齊紀》十，10/4497

上接八月丙子。按，是年八月癸亥朔，丙子爲八月十四日，月內無乙卯。《南齊書·和帝紀》本條亦誤作"乙卯"。《通鑑》上承丙子（《南齊書》同），下接辛巳，"乙卯"當爲"己卯"之訛文。己卯爲八月十七日，辛巳十九日，前後日序相次。《通鑑》承《南齊書》而誤。

甲申，東昏侯以李居士爲江州刺史，冠軍將軍王珍國爲雍州刺史……驍騎將軍徐元稱監徐州軍事。

卷一百四十四，《齊紀》十，10/4498–9

上接九月己亥。按，是年九月壬辰朔，己亥爲九月初八日，月內無甲申。《通鑑》上承己亥，下有戊申，"甲申"當爲"甲辰"之訛文。《南齊書·東昏侯紀》云，永元三年（本年三月改元中興）"九月甲辰，以居士爲江州刺史，新除冠軍將軍王珍國爲雍州刺史……驍騎將軍徐元稱監徐州"。正作"九月甲辰"。甲辰爲九月十三日，戊申十七日。

巴東獻武公蕭穎冑以蕭璝與蔡道恭相持不決，憂憤成疾；壬午，卒。

卷一百四十四，《齊紀》十，10/4502–3

上接十一月丙申。按，是年十一月辛卯朔，丙申爲十一月初六日，月內無壬午。《南齊書·和帝紀》云，中興元年十一月"壬寅，尚書令、鎮軍將軍蕭穎冑卒，以黃門郎蕭澹行判荆州府州事"。《南史·齊本紀》亦繫於本年"十一月壬寅"。壬寅爲十一月十二日。當從《南齊書》及《南史》，《通鑑》"壬午"爲"壬寅"之訛文。

陆

梁紀

武帝天監元年（五〇二）
丙戌，詔梁公增封十郡，進爵爲王。癸巳，受命，赦國內及府州殊死以下。

卷一百四十五，《梁紀》一，10/4515

上接二月丙寅，下有辛丑、丙辰、丁巳諸日。按，天監元年二月庚申朔，丙戌爲二月二十七日，月內無癸巳、辛丑、丙辰、丁巳諸日。《梁書·武帝紀》："（三月）癸巳，受梁王之命。"《南史·梁本紀》同。《通鑑》本年二月後逕接四月，不書三月。當從《梁書》，《通鑑》"癸巳"上脫"三月"二字。三月己丑朔，癸巳初五日，辛丑十三日，丙辰二十八日，丁巳二十九日。

丁卯，奉和帝爲巴陵王，宮于姑孰，優崇之禮，皆倣齊初……
……
丁卯，以中書監王亮爲尚書令，相國左長史王瑩爲中書監，吏部尚書沈約爲尚書僕射，長兼侍中范雲爲散騎常侍、吏部尚書。

卷一百四十五，《梁紀》一，10/4517

上接四月丙寅。此二"丁卯"重出。據《梁書·武帝紀》、《南史·梁本紀》記載，以和帝爲巴陵王在四月丙寅，非丁卯。姑存疑。四月己未朔，丙寅八日，丁卯九日。

戊子，詔以領軍將軍王茂爲征南將軍、江州刺史，帥衆討之。

卷一百四十五，《梁紀》一，10/4523

上接五月乙亥。《梁書·武帝紀》、《南史·梁本紀》均作"五月戊子"。《南史》"校勘記"云："按天監元年五月戊午朔，無戊子。六月丁亥朔，初二日戊子。下有六月庚戌，庚戌爲六月二十四日。是'六月'二字，當移至'戊子'上。"姑從之。《通鑑》當係承《武帝紀》而誤繫於五月。

二年（五〇三）

徐州長史潘伯鄰救淮陵，寧朔將軍王燮保焦城。党法宗等進拔焦城，破淮陵，十一月，壬午，擒明素，斬伯鄰。

卷一百四十五，《梁紀》一，10/4532

按，天監二年十一月己酉朔，月內無壬午。本年即魏景明四年。《魏書·世宗紀》："冬十有一月壬子，揚州大破蕭衍軍，斬其徐州刺史潘佃憐，擒司馬明素。"壬子爲十一月四日。當從《魏書》。《通鑑》"壬午"爲"壬子"之訛。

乙酉，將軍吳子陽與魏元英戰於白沙，子陽敗績。

卷一百四十五，《梁紀》一，10/4534

上接十一月乙亥。按，是年十一月己酉朔，月內無乙酉。《魏書・世宗紀》：「(十一月)乙亥，鎮南將軍元英大破蕭衍將吳子陽於白沙，擒斬千數。」乙亥爲十一月二十七日。當從《魏書》。《通鑑》「乙酉」爲「乙亥」之訛文；且與上文「乙亥」復出，「乙酉」當刪。

魏東荊州蠻樊素安作亂，乙酉，以左衛將軍李崇爲鎮南將軍、都督征蠻諸軍事，將步騎討之。

卷一百四十五，《梁紀》一，10/4534

上接十一月乙亥(《通鑑》誤作「乙酉」，見上條)。十一月己酉朔，月内無乙酉。上文已出「乙酉」，此「乙酉」當係誤複上文。據《魏書・世宗紀》載，景明四年「十有二月庚寅，詔鎮南將軍李崇討東荊反蠻」。本年十二月己卯朔，庚寅爲十二月十二日。《通鑑》本年不書十二月，本條上誤奪「十二月」三字，且因誤複上文，將「庚寅」書作「乙酉」。當從《魏書》，作「十二月庚寅」。

五年（五〇六）

夏，四月，乙未，罷鹽池禁。

卷一百四十六，《梁紀》二，10/4559

梁天監五年即相當魏正始三年。本年四月乙未朔，此無「朔」字。《魏書・世宗紀》亦作「乙未」，《北史・魏本紀》作「丁未」。《魏書》「校勘記」云：「《北史》卷四《魏紀》四『乙未』作『丁未』。按是年四月乙未朔，丁未乃十一日。若是乙未，例當下有『朔』字。若非『乙』爲『丁』字之訛，則下脱『朔』字。」今按，四月乙未朔，丁未乃四月十三日，非十一日，「校勘記」偶疏。又，《魏書》乙未後接甲辰，甲辰爲四月初十日；如「乙未」爲「丁未」之訛，則不當在甲辰前。《北史》「丁未」顯爲「乙未」之訛。《魏書》日干不誤，惟

"乙未"下脱"朔"字，《通鑑》從之漏書"朔"字。

壬寅，魯大破和於孤山，恒拔固城，祖朽擊念，走之。
己酉，魏詔平南將軍安樂王詮督後發諸軍赴淮南。

卷一百四十六，《梁紀》二，10/4564

上接七月己丑。本年七月甲子朔，己丑二十六日，無壬寅、己酉。《魏書·世宗紀》："八月壬寅，安東將軍邢巒破蕭衍將桓和於孤山……己酉，詔平南將軍、安樂王詮督後發諸軍以赴淮南。"《北史·魏本紀》亦繫於"八月壬寅"。八月癸巳朔，壬寅爲八月初十日，己酉十七日。《通鑑》本年七月後逕接九月，不書八月。當從《魏書》及《北史》，《通鑑》"壬寅"上漏書"八月"二字。

十二年（五一三）
約益懼，閏月，乙丑，卒。

卷一百四十七，《梁紀》三，10/4605

上接二月辛巳。按，梁天監十二年閏三月乙卯朔，同年魏閏二月（《資治通鑑目錄》卷十五同）。《通鑑》本條上承二月，此"閏月"例當作"閏三月"。《梁書·武帝紀》"閏月"正在三月後。乙丑爲閏三月十一日。

秋，八月，戊午，以臨川王宏爲司空。

卷一百四十七，《梁紀》三，10/4607

按，是年八月癸未朔，月內無戊午。《梁書·武帝紀》云，天監十二年"秋九月戊午，以鎮南將軍、開府儀同三司、江州刺史建安王偉爲撫軍將軍，儀同如故；驃騎將軍、開府同三司之儀、揚州刺史臨川王宏爲司空……"《南史·梁本紀》亦繫於本年"秋九月"。九月壬子朔，戊午爲九月初七日。《通鑑》本年不書九月，此"八月"當爲"九月"之誤。

魏恒、肆二州地震、山鳴，踰年不已，民覆壓死傷甚衆。

卷一百四十七，《梁紀》三，10/4607

　　上接九月戊午（《通鑑》誤作八月，參見上條）。本年即相當魏延昌二年。《魏書·世宗紀》本年"冬十月，詔以恒、肆地震，民多死傷，蠲兩河一年租賦"。同年十二月乙巳，又詔賜稟接濟二州災民。九月未載地震事。又，《世宗紀》延昌"三年春二月乙未，詔曰：'肆州秀容郡敷城縣、雁門郡原平縣，並自去年四月以來，山鳴地震，于今不已，告譴彰咎，朕甚懼焉……'""踰年不已"者指延昌二年至三年。《通鑑》既云"踰年不已"，則不應將本條置於延昌二年，而應繫於三年二月之後。本條編次失序。

十三年（五一四）

辛亥，以司徒高肇爲大將軍、平蜀大都督，將步騎十五萬寇益州……乙卯，以中護軍元遙爲征南將軍，都督鎮遏梁、楚。

卷一百四十七，《梁紀》三，10/4608–9

　　上接十月庚辰。按，梁天監十三年即相當魏延昌三年，本年十月丙子朔，庚辰爲十月初五日，月內無辛亥、乙卯。《魏書·世宗紀》云，延昌三年十一月"辛亥，詔司徒高肇爲大將軍、平蜀大都督，步騎十萬西伐……乙卯，以中護軍元遙爲征南將軍、東道都督，鎮遏梁楚。"《北史·魏本紀》亦繫高肇西征事於本年"冬十一月辛亥"。十一月丙午朔，辛亥爲十一月初六日，乙卯初十日。《通鑑》本年末爲十月，不書十一、十二月。當從《魏書》，《通鑑》"辛亥"上漏書"十一月"三字。

十四年（五一五）
九月，乙未，靈太后始臨朝聽政，猶稱令以行事，群臣上書稱殿下。

卷一百四十八，《梁紀》四，10/4618

梁天監十四年即相當魏延昌四年。本年九月辛丑朔，月内無乙未。《魏書·肅宗紀》延昌四年"九月乙巳，皇太后親覽萬機"。《北史·魏本紀》亦作"九月乙巳"。乙巳爲九月初五日。當從《魏書》，《通鑑》"乙未"爲"乙巳"之訛文。

十二月，辛丑，以忠爲太師，領司州牧，尋復録尚書事，與太傅懌、太保懷、侍中胡國珍入居門下，同釐庶政。
己酉，魏崔亮至硤石，趙祖悦逆戰而敗，閉門自守，亮進圍之。
丁卯，魏主及太后謁景陵。

卷一百四十八，《梁紀》四，10/4619–20

本年十二月己巳朔，月内無辛丑、己酉、丁卯諸日。《魏書·世宗紀》及《北史·魏本紀》亦繫諸日於延昌四年十二月之下，按，梁天監十四年閏十二月，魏建昌四年閏十一月（《資治通鑑目録》卷十五同），魏紀之十二月應即梁紀閏月，《通鑑》從《魏書》作"十二月", 誤。本條上承十月, 此"十二月"應作"閏十二月", 閏十二月己亥朔, 辛丑爲初三日, 己酉十一日, 丁卯二十九日。

十五年（五一六）
三月, 戊戌朔, 日有食之。

卷一百四十八,《梁紀》四, 10/4623

按, 天監十五年三月戊辰朔, 戊戌非朔日, 三月亦無戊戌。《梁書·武帝紀》云, 本年"三月戊辰朔, 日有蝕之"。《南史·梁本紀》及《資治通鑑目録》卷十五亦作"三月戊辰朔"。《通鑑》"戊戌"爲"戊辰"之訛文。

十七年（五一八）
三月, 辛未, 魏靈壽武敬公于忠卒。

卷一百四十八,《梁紀》四, 10/4634

天監十七年即相當魏神龜元年。本年三月丙辰朔, 辛未爲三月十六日。《魏書·肅宗紀》神龜元年"三月辛酉, 以尚書右僕射于忠爲儀同三司。辛巳, 儀同三司、尚書右僕射于忠薨"。辛酉爲三月初六日, 辛巳二十六日。與《通鑑》所載相差十天。《魏書》卷三十一《于忠傳》亦在同年三月, 不書日。"辛未"、"辛巳"形近, 或《通鑑》"辛未"爲"辛巳"之訛, 姑存疑。

秋, 七月, 魏河州羌卻鐵忽反, 自稱水池王; 詔以主客郎源子恭爲行臺以討之……八月, 鐵忽等相帥詣子恭降, 首尾不及二旬。

卷一百四十八,《梁紀》四, 10/4639

《魏書·肅宗紀》云，神龜元年八月"甲子，勿吉國遣使朝貢。鐵忽相率降於行臺源子恭"。亦繫於同年之"八月"。今按，梁天監十七年八月甲申朔，閏八月癸丑朔，魏神龜元年閏七月甲申朔，八月癸丑朔；魏之八月即梁之閏八月。《通鑑》從《魏書》作"八月"，誤。上接秋七月，此"八月"當作"閏八月"，甲子爲閏八月十二日。

又，《通鑑》"首尾不及二旬"下"胡注"云："言自子恭至河州及于賊降，首尾不及二旬也。"今按，本年秋七月河州民卻鐵忽反，詔源子恭進討（《魏書》亦作"秋七月"），中經閏七月（梁紀八月），至魏曆八月十二日甲子（梁紀閏八月十二日）鐵忽降。《通鑑》正文"首尾不及二旬"云云，顯因照錄《魏書》而誤，胡三省不明此理，曲爲解說，亦誤。

武帝普通二年（五二一）

甲午，魏主朝太后于西林園，文武侍坐，酒酣迭舞，康生乃爲力士儛……處康生斬刑，難當絞刑。

卷一百四十九，《梁紀》五，10/4664-5

上接二月庚戌。按梁普通二年即相當魏正光二年，本年二月己亥朔，庚戌爲二月十二日，月內無甲午。《魏書·肅宗紀》云，正光二年三月"甲午，右衛將軍奚康生於禁內將殺元叉，不果，爲叉矯害"。《北史·魏本紀》亦繫此事於本年之"三月甲午"。是年三月己巳朔，甲午爲三月二十六日。《通鑑》本年二月後逕接四月，不書三月。當從《魏書》。《通鑑》"甲午"上脫"三月"二字。

癸卯，琬琰殿火，延燒後宮三千間。

卷一百四十九，《梁紀》五，10/4666

上接六月丁卯。按，是年六月丁卯朔，月内無癸卯。《梁書·武帝紀》作"五月癸卯"，"校勘記"云："是年五月戊辰朔，無癸卯。《通鑑》繫於六月，六月丁卯朔，亦無癸卯。《建康實録》作'五月己卯'，是。"《南史·梁本紀》原亦作"五月癸卯"，標點本據《建康實録》改爲"己卯"。今按，《隋書》卷二十二《五行志》亦繫琬琰殿火於五月。當從"五月己卯"説，《通鑑》"六月癸卯"誤。己卯爲五月十二日。

魏以東益、南秦氐皆反，庚辰，以秦州刺史河間王琛爲行臺以討之。

卷一百四十九，《梁紀》五，10/4669

上接十一月癸丑。按，是年十一月乙未朔，癸丑十九日，月内無庚辰。《魏書·肅宗紀》："（十有二月）庚辰，以東益、南秦氐反，詔中軍將軍、河間王琛討之，失利。"《北史·魏本紀》同。《通鑑》本年不書十二月。當以《魏書》爲是。《通鑑》"庚辰"上脱"十二月"三字。十二月甲子朔，庚辰十七日。

四年（五二三）

柔然大饑，阿那瓌帥其衆入魏境，表求賑給。己亥，魏以尚書左丞元孚爲行臺尚書，持節撫諭柔然。

卷一百四十九，《梁紀》五，10/4672

上接二月乙亥。按普通四年二月戊午朔，乙亥爲二月十八日，月内無己亥。本年即魏正光四年。《魏書·肅宗紀》："（二月）己卯，以蠕蠕主阿那瓌率衆犯塞，遣尚書左丞元孚兼尚書，爲北道行臺，持節喻之。"《北史·魏本紀》同。己卯爲二月二十二日。當從《魏書》。

《通鑑》"己亥"爲"己卯"之訛。

三月，魏司空劉騰卒。

卷一百四十九，《梁紀》五，10/4672

按，《魏書·肅宗紀》、《北史·魏本紀》俱載劉騰卒於二月之末，不書日。姑存疑。

魏平恩文宣公崔光疾篤……丁酉，光卒，帝臨，哭之慟，爲減常膳。

卷一百四十九，《梁紀》五，10/4675-6

上接十月庚午。按，是年十月甲寅朔，月內無丁酉，庚午爲十月十七日。《魏書·肅宗紀》："（十一月）丁酉，太保崔光薨。"（《北史·魏本紀》同）十一月癸未朔，丁酉爲十一月十五日。當從《魏書》。《通鑑》本條應置於下文"十一月，癸未朔，日有食之"之下。

五年（五二四）
乙巳，武勇將軍李國興攻魏平靖關，辛丑，信威長史楊乾攻武陽關，壬寅，攻峴關，皆克之。

卷一百五十，《梁紀》六，10/4689

上接十二月壬辰。按，普通五年十二月丁丑朔，壬辰爲十二月十六日，乙巳二十九日，辛丑二十五日，壬寅二十六日；乙巳不得置於辛丑、壬寅之前。《梁書·武帝紀》亦云，本年十二月"乙巳，武勇將軍李國興攻平靖關，剋之。辛丑，信威長史楊法乾攻武陽關；壬寅，攻峴關；並剋之"。日序與《通鑑》完全相同。此或編次失序，或"乙巳"有誤，姑存疑。《通鑑》蓋承《梁書》而誤。

六年（五二五）

戊戌，魏大赦。

壬辰，莫折念生遣都督楊鮓等攻仇池郡，行臺魏子建擊破之。

卷一百五十，《梁紀》六，10/4694

上接二月乙未。梁普通六年即相當魏孝昌元年。本年二月丙子朔，乙未爲二月二十日，戊戌二十三日，壬辰十七日，壬辰不得在乙未、戊戌之後。"壬辰"條下"胡注"云："以上戊戌，下三月己酉推之，'壬辰'當作'壬寅'。"今按，《魏書·肅宗紀》云，孝昌元年二月"戊戌，大赦。壬辰，莫折念生遣都督楊鮓、梁下辯等攻仇池郡城……壬寅……"《通鑑》當係承《魏書》而誤。如以"胡注"爲是，則二"壬寅"重出。疑"壬辰"不誤，"戊戌"爲"戊子"之誤。戊子（十三日）、壬辰（十七日）、壬寅（二十七日）日序相次。又，《通鑑》上文有"二月乙未趙景悦拔龍亢"事（《梁書·武帝紀》同），與本條日序亦失次，"乙未"應置於"壬辰"之後。

七年（五二六）

甲申，魏行臺常景破杜洛周，斬其武川王賀拔文興等，捕虜四百人。

卷一百五十一，《梁紀》七，10/4717

上接九月辛亥。按，梁普通七年即相當魏孝昌二年。本年九月丁酉朔，辛亥爲九月十五日，月內無甲申。《魏書·肅宗紀》亦繫常景破杜洛周事於孝昌二年九月"甲申"。上承"辛亥"，《魏書》"甲申"疑爲"甲寅"之訛文。甲寅爲九月十八日。《通鑑》蓋從《魏書》而誤。

杜洛周圍范陽，戊戌，民執魏幽州刺史王延年、行臺常景送洛周，開門納之。

卷一百五十一，《梁紀》七，10/4718

上接十一月丁亥。本年十一月丙寅朔，丁亥爲十一月二十二日，月內無戊戌。《魏書·肅宗紀》與《北史·魏本紀》亦繫杜洛周陷幽州事於孝昌二年"十一月戊戌"。今按，魏孝昌二年閏十一月，梁普通七年閏十月（《資治通鑑目錄》卷十五同），魏十一月即相當梁之閏十月，《通鑑》一仍《魏書》繫於十一月下，顯誤。本年閏十月丙申朔，戊戌三日。

武帝大通元年（五二七）

辛未，上祀南郊。

甲戌，魏以司空皇甫度爲司徒，儀同三司蕭寶寅爲司空。

……辛未，城陷，楷執節不屈，榮殺之，遂圍冀州。

卷一百五十一，《梁紀》七，10/4719–20

上接正月乙丑。按，大通元年正月乙丑朔，甲戌十日，辛未七日，甲戌不得在辛未前，且此二"辛未"重出。本年即魏孝昌三年。《魏書·肅宗紀》："（正月）辛巳，葛榮陷殷州，刺史崔楷固節死之，遂東圍冀州。"《北史·魏本紀》同。辛巳爲正月十七日。當從《魏書》。《通鑑》後"辛未"爲"辛巳"之訛。

葛榮圍信都……己丑，城陷；榮執孚，逐出居民，凍死者什六七。

卷一百五十一，《梁紀》七，10/4731

上接十一月戊辰。《魏書·肅宗紀》、《北史·魏本紀》俱作"十一月己丑"。按，是年十一月庚申朔，戊辰九日，月內無己丑。己丑爲十二月朔日。姑存疑。

二年（五二八）
壬子，魏光州民劉舉聚衆反於濮陽，自稱皇武大將軍。

卷一百五十二，《梁紀》八，10/4750

上接七月乙丑。本年即魏武泰元年。七月丙辰朔，乙丑十日，月內無壬子。《魏書·孝莊紀》、《北史·魏本紀》均作"壬子"。《魏書》"壬子"上接辛巳。辛巳爲七月二十六日，"壬子"應爲"壬午"（二十七日）之訛。《通鑑》當係承《魏書》而誤。

武帝中大通元年（五二九）
辛亥，魏淮陰太守晉鴻以湖陽來降。

卷一百五十三，《梁紀》九，10/4763

上接六月己丑。按，中大通元年六月辛巳朔，己丑爲六月初九日，月內無辛亥。辛亥爲閏六月朔日。姑存疑。

九月，癸巳，上幸同泰寺，設四部無遮大會……甲子，升講堂法座，爲四部大衆開《涅槃經》題。

卷一百五十三，《梁紀》九，10/4768

按，是年九月己卯朔，月內無甲子。《通鑑》"甲子"上有癸巳（十五日），下有癸卯（二十五日），"甲子"應爲"甲午"（十六日）之訛。

二年（五三〇）

辛亥，魏東徐州城民呂文欣等殺刺史元大賓，據城反，魏遣都官尚書平城樊子鵠討之；二月，甲寅，斬文欣。

卷一百五十四，《梁紀》十，10/4771

上接正月己丑。本年即魏永安三年。正月丁丑朔，己丑十三日，月内無辛亥。《魏書·孝莊紀》："（正月）辛丑，東徐州城民呂文欣、王赦等殺刺史元太賓，據城反。"辛丑爲正月二十五日。當從《魏書》。《通鑑》"辛亥"爲"辛丑"之訛。

戊寅，魏詔胡氏親屬受爵於朝者皆黜爲民。

卷一百五十四，《梁紀》十，10/4774

上接六月丁巳。按，是年六月乙巳朔，丁巳十三日，月内無戊寅。《魏書·孝莊紀》："六月戊午，詔胡氏親屬受爵於朝者黜附編民。"戊午爲六月十四日。當從《魏書》。《通鑑》"戊寅"爲"戊午"之訛。

三年（五三一）

癸酉，魏封長廣王曄爲東海王……賜高歡爵勃海王，徵使入朝。

卷一百五十五，《梁紀》十一，10/4805

上接二月庚午。本年即魏普泰元年。是年二月辛丑朔，庚午爲二月三十日，月内無癸酉。《魏書·前廢帝廣陵王紀》："三月癸酉，封長廣王曄爲東海王。"《北史·魏本紀》同。《通鑑》本年二月後逕接四月，不書三月。當從《魏書》。《通鑑》"癸酉"上脱"三月"二字。三月辛未朔，癸酉爲三月三日。下文之己丑、丙申爲十九、二十六日。

十一月，乙未，上幸同泰寺，講《般若經》，七日而罷。庚辰，魏高歡引兵攻鄴，相州刺史劉誕嬰城固守。

卷一百五十五，《梁紀》十一，10/4816

按，本年十一月丁卯朔，乙未二十九日，庚辰十四日。乙未不得在庚辰前。查《梁書·武帝紀》、《魏書·後廢帝安定王紀》，"乙未"、"庚辰"不誤。此日次失序。

五年（五三三）

九月，癸酉，魏丞相歡表讓王爵，不許；請分封邑十萬戶頒授勳義，從之。

卷一百五十六，《梁紀》十二，11/4835

本年即魏永熙二年。九月丙戌朔，月內無癸酉。《魏書·出帝平陽王紀》："（八月）癸酉，齊獻武王上表固讓王爵，不許；請分邑十萬戶，節降爲品，回授勳義，從之。"八月丁巳朔，癸酉爲八月十七日。當從《魏書》。《通鑑》繫於九月，誤。

六年（五三四）

五月，丙子，魏主增置勳府庶子，廂別六百人；又增騎官，廂別二百人。

卷一百五十六，《梁紀》十二，11/4845

是年即魏永熙三年。五月壬午朔，月內無丙子。《魏書·出帝平陽王紀》："五月丙戌，增置勳府庶子，廂別六百人，又增騎官，廂別二百人，依第出身，騎官秩比直齋。"《北史·魏本紀》亦作"五月丙戌"。丙戌爲五月初五日。當從《魏書》。《通鑑》"丙子"爲"丙戌"之訛。

九月，癸［張："癸"作"乙"。］巳，使行臺僕射元子思帥侍官迎帝；己酉，攻潼關，克之，擒毛鴻賓，進屯華陰長城，龍門都督薛崇禮以城降歡。

卷一百五十六，《梁紀》十二，11/4853

按，是年九月辛巳朔，癸巳十三日，己酉二十九日。《魏書·出帝平陽王紀》亦作"癸巳"。張敦仁云"癸巳"作"乙巳"（二十五日），未知何據。《北史·魏本紀》不載迎帝事，姑存疑。

武帝大同元年（五三五）
甲午，東魏閶闔門災。

卷一百五十七，《梁紀》十三，11/4868

上接十一月癸丑。本年即東魏天平二年。十一月癸卯朔，癸丑十一日，月內無甲午。《隋書》卷二十二《五行志》亦在天平二年十一月，不書日。《魏書·孝靜紀》："（十一月）甲寅，閶闔門災，龍見并州人家井中。"甲寅爲十一月十二日。當從《魏書》。《通鑑》"甲午"爲"甲寅"之訛。

三年（五三七）
三月，辛未，東魏遷七帝神主入新廟，大赦。

卷一百五十七，《梁紀》十三，11/4877

本年即東魏天平四年。是年三月丙申朔，月內無辛未。《魏書·孝靜紀》："夏四月辛未，遷七帝神主入新廟，大赦天下，內外百官普進一階。"《北史·魏本紀》同。四月丙寅朔，辛未爲四月初六日。當從《魏書》。《通鑑》"三月"爲"四月"之訛。

五年（五三九）

冬，十月，癸亥，以新宫成，大赦，改元興和。

卷一百五十八，《梁紀》十四，11/4903

按，大同五年十月辛巳朔，月內無癸亥。《魏書·孝静紀》："冬十有一月癸亥，以新宫成，大赦天下，改元。"《北史·魏本紀》同。十一月庚戌朔，癸亥爲十一月十四日。當從《魏書》。《通鑑》誤。

七年（五四一）

乙巳，東魏發夫五萬築漳濱堰，三十五日罷。

卷一百五十八，《梁紀》十四，11/4908

上接冬十月甲寅。本年即東魏興和三年。十月己亥朔，甲寅十六日，乙巳七日。乙巳不得在甲寅後。《魏書·孝静紀》："（十月）己巳，發夫五萬人築漳濱堰，三十五日罷。癸亥，車駕狩于西山。"癸亥爲十月二十五日，月內無己巳。《北史·魏本紀》與《魏書》同。或《北史》、《魏書》"己巳"爲"乙巳"之訛。《通鑑》"乙巳"不誤，但日次失序。姑存疑。

八年（五四二）

二月，戊戌，江州刺史湘東王繹遣司馬王僧辯、中兵曹子郢討敬躬，受縜節度。二月，戊辰，擒敬躬，送建康，斬之。

卷一百五十八，《梁紀》十四，11/4911

前有二月，後二月重出。大同八年二月丁酉朔，戊戌二日，月內無戊辰。《梁書·武帝紀》："二月戊戌，江州刺史湘東王繹遣中兵曹子郢討之。三月戊辰，大破之，擒敬躬送京師，斬于建康市。"三月丁卯朔，戊辰爲三月初二日。當從《梁書》。《通鑑》後"二月"爲"三月"之訛。

夏，四月，丙寅，東魏使兼散騎常侍李繪來聘。

卷一百五十八，《梁紀》十四，11/4911

後接乙酉、丁亥、辛卯。梁大同八年即相當魏興和四年。本年四月丙申朔，月內無丙寅、乙酉、丁亥、辛卯諸日。《魏書·孝靜紀》亦將諸日繫於興和四年夏四月（《北史·魏本紀》同）。今按《通鑑》下文接六月，或此"四月"爲"五月"之誤。五月丙寅朔，乙酉爲五月二十日，丁亥二十二日，辛卯二十六日。又，《魏書》"辛卯"後接"五月辛巳"（十五日），日次亦失序。

九年（五四三）

二月，壬申，以虎牢叛，降魏。魏以仲密爲侍中、司徒。

……

魏丞相泰帥諸軍以應仲密……三月，壬申，〔嚴："申"改"辰"。〕**圍河橋南城。**

卷一百五十八，《梁紀》十四，11/4914

本年即魏武定元年。二月辛酉朔，壬申十二日。三月辛卯朔，月內無壬申。《魏書·孝靜紀》："二月壬申，北豫州刺史高仲密據虎牢西叛。三月，寶炬遣其子欽與宇文黑獺率衆來援仲密。庚子，圍河橋南城。"庚子爲三月十日。疑《通鑑》因上文接"二月壬申"而在三月後誤複"壬申"，應從《魏書》作"庚子"。嚴衍云，壬申改壬辰，亦非是。

十一年（五四五）
冬，十月，乙未，詔有罪者復聽入贖。

卷一百五十九，《梁紀》十五，11/4929

按，大同十一年十月丙午朔，月内無乙未。《梁書·武帝紀》："冬十月己未，詔曰：'……可復開罪身，皆聽入贖。'"己未爲十月十四日。當從《梁書》。《通鑑》"乙未"爲"己未"之訛。

乙未，東魏丞相歡請釋邙山俘囚桎梏，配以民間寡婦。

卷一百五十九，《梁紀》十五，11/4929

上接十月乙未（當作己未，見上條）。本年即相當東魏武定三年。十月丙午朔，月内無乙未。《魏書·孝靜紀》亦作"十月乙未"。是年閏十月丙子朔，乙未二十日。《魏書》、《通鑑》俱不出閏月。或"乙未"上脱"閏月"，或同上條，"乙未"爲"己未"之訛，姑存疑。

武帝太清元年（五四七）
丙子，群臣奉贖。丁亥，上還宫，大赦，改元，如大通故事。

卷一百六十，《梁紀》十六，11/4951

上接夏四月壬申。按，太清元年四月丁卯朔，丙子十日，丁亥二十一日。"胡注"云："'丁亥'當作'丁丑'。"胡三省蓋以爲自奉贖至還宫不應隔十一天之久，故定還宫之日爲丁丑（十一日）。但《梁書·武帝紀》云："夏四月丁亥，輿駕還宫，大赦天下，改元。"《南史·梁本紀》亦云："（四月）丁亥，服衮冕，御輦還宫。""胡注"改"丁亥"爲"丁丑"顯然失當。如以"胡注"所疑爲是，則"丙子"或應爲"丙戌"之誤，二十日丙戌奉贖，二十一日丁亥還宫，前後正好相接。姑存疑。

丁酉，東魏主爲丞相歡舉哀，服緦縗，凶禮依漢霍光故事，贈相國、齊王，備九錫殊禮。

卷一百六十，《梁紀》十六，11/4955

上接秋七月。本年即相當東魏武定五年。《魏書·孝静紀》、《北史·魏本紀》俱作"六月乙酉"。《北齊書·神武紀》："六月壬午，魏帝於東堂舉哀，三日，制緦衰。詔凶禮依漢大將軍霍光、東平王蒼故事……兼備九錫殊禮，謚獻武王。"壬午後三日，適爲乙酉。六月丙寅朔，乙酉二十日。當從諸書，事在"六月乙酉"。《通鑑》誤"乙酉"爲"丁酉"，又一誤再誤，將六月事繫於七月。

乙酉，以紹宗爲東南道行臺，與岳、樂偕行。

卷一百六十，《梁紀》十六，11/4961

上接冬十一月。按，是年十一月甲午朔，月内無乙酉。《北史·魏本紀》亦作"冬十一月乙酉"。《魏書·孝静紀》："冬十月乙酉，以尚書左僕射慕容紹宗爲東南道行臺，與驃騎大將軍、儀同三司、大都督高岳、潘相樂討淵明。"十月甲子朔，乙酉爲十月二十二日。當從《魏書》。《北史》"冬十一月"上接九月，無十月，"十一月"當爲"十月"之誤。《通鑑》蓋從《北史》而誤。又，"潘樂"，《魏書》作"潘相樂"，《通鑑》下文卷一百六十二亦作潘相樂。疑《通鑑》此脱"相"字，"校勘記"失校。附誌於此。

三年（五四九）

乙卯，景又啓曰……太子並答許之。

癸卯，大赦。

庚戌，景又啓曰……

卷一百六十二，《梁紀》十八，11/5005

上接二月辛丑。按，太清三年二月丁亥朔，辛丑十五日，乙卯三十日，癸卯十七日，庚戌二十四日。乙卯不得在癸卯、庚戌前。或"乙卯"爲"癸卯"之訛，"癸卯大赦"之"癸卯"衍。姑存疑。

荆州長史王冲等上牋於湘東王繹，請以太尉、都督中外諸軍事承制主盟；繹不許。丙辰，又請以司空主盟，亦不許。

卷一百六十二，《梁紀》十八，11/5016

上接四月甲辰。按，本年四月丙戌朔，甲辰十九日，月內無丙辰。《通鑑》下文接五月丙辰梁武帝駕崩事，五月乙卯朔，丙辰初二。此"丙辰"或爲"丙午"之訛。丙午爲四月二十一日。姑存疑。

己亥，鮑泉軍于石榱寺，河東王譽逆戰而敗；辛丑，又敗于橘州……引軍圍之。
辛卯，東魏立皇子長仁爲太子。

卷一百六十二，《梁紀》十八，11/5025

上接"八月甲申朔"。按，己亥爲八月十六日，辛丑十八，辛卯八日。辛卯不得在己亥、辛丑後。查《魏書·孝静紀》，"辛卯"不誤。此日次失序。

十二月，庚寅，宋子仙攻會稽，大連棄城走……收其妻子爲質。

乙酉，東魏以并州刺史彭樂爲司徒。

卷一百六十二，《梁紀》十八，11/5032

按，是年十二月壬午朔，庚寅九日，乙酉四日，乙酉不得在庚寅後。本年即東魏武定八年。《魏書·孝静紀》："（十二月）己酉，以并州刺史彭樂爲司徒。"己酉爲十二月二十八日。當從《魏書》。《通鑑》"乙酉"爲"己酉"之訛。

簡文帝大寶元年（五五〇）
乙巳，以尚書僕射王克爲左僕射。
庚寅，東魏以尚書令高隆之爲太保。

卷一百六十三，《梁紀》十九，11/5038

上接二月丙戌。按，大寶元年二月辛巳朔，丙戌六日，乙巳二十五日，庚寅十日。庚寅不得在乙巳後。查《魏書·孝静紀》、《梁書·簡文帝紀》"乙巳"、"庚寅"日干不誤。此日次失序。

三月，甲申，景請上禊宴於樂游苑，帳飲三日。

卷一百六十三，《梁紀》十九，11/5038

按，是年三月庚戌朔，月內無甲申。《通鑑》下文接庚申（十一日），此"甲申"當爲"甲寅"之訛。甲寅爲三月五日。

丙午，侯景請上幸西州，上御素輦，侍衛四百餘人，景浴鐵數千，翼衛左右。

卷一百六十三，《梁紀》十九，11/5039

上承四月庚辰，下接辛巳、壬寅、丙午諸日。按，是年四月庚辰朔，丙午二十七日，辛巳初二日，壬寅二十三日，丙午不得在前；

且與下文"丙午"重出。《梁書·簡文帝紀》、《南史·梁本紀》均繫於"二月丙午",《梁書》"丙午"上云"是月,邵陵王綸……"依紀年體例,是月云云,例在月末;且《梁書》不書三、四月。《通鑑》蓋因此認爲"丙午"應在四月;惟編次失序。二月、四月未知孰是,姑存疑。

二年(五五一)

齊司空司馬子如自求封王,齊主怒,庚子,免子如官。

卷一百六十四,《梁紀》二十,11/5063

上接三月己未。按,大寶二年三月乙巳朔,己未十五日,月內無庚子。本年即北齊天保二年。《北齊書·文宣紀》:"(三月)庚申,司空司馬子如坐事免。"《北史·齊本紀》同。庚申爲三月十六日。當從《北齊書》。《通鑑》"庚子"爲"庚申"之訛。

元帝承聖元年(五五二)

神茂孤危,辛未,亦降於答仁,答仁送之建康。
癸酉,王僧辯等至蕪湖,侯景守將張黑棄城走。

卷一百六十四,《梁紀》二十,11/5078-9

上接二月戊午。按,承聖元年二月己亥朔,戊午二十日,月內無辛未、癸酉。三月己巳朔(《通鑑》下文同),辛未初三日,癸酉初五日。或《通鑑》誤繫三月事於二月。姑存疑。

己卯,景晝寢;鷁語海師:"此中何處有蒙山,汝但聽我處分。"遂直向京口。

卷一百六十四,《梁紀》二十,11/5086

上接四月己酉。按，是年四月戊戌朔，己酉十二日，月内無己卯。《通鑑》"己卯"上接己酉，下有丁巳，當爲"乙卯"之訛。乙卯爲四月十八日，丁巳二十日。

侯景之敗也，以傳國璽自隨……元建取之，以與辛術，壬申，術送之至鄴。
甲申，齊以吏部尚書楊愔爲右僕射，以太原公主妻之。
卷一百六十四，《梁紀》二十，11/5087

上接四月乙丑。按，本年即北齊天保三年。是年四月戊戌朔，乙丑二十八日，月内無壬申、甲申。《北史·齊本紀》與《通鑑》同。《北齊書·文宣紀》亦繫楊愔事於"四月甲申"。《北齊書》、《北史》本年俱不書五月，或四月爲五月之誤，《通鑑》從之而誤。姑存疑。五月戊辰朔，壬申初五日，甲申十七日。

庚寅，立安南侯方矩爲王太子。
卷一百六十四，《梁紀》二十，11/5091

上接六月乙卯。按，是年六月丁酉朔，乙卯十九日，月内無庚寅。前有乙卯，疑"庚寅"爲"庚申"之訛。庚申爲六月二十四日。姑存疑。

十二月，壬午晨，去巴陵十里，衆謂已至，即鼓譟，軍中皆驚……獲其一艦，納退保長沙。
卷一百六十四，《梁紀》二十，11/5095

按，是年十二月甲午朔，月内無壬午。《梁書·元帝紀》："十二月壬子，陸納分兵襲巴陵，湘州刺史蕭循擊破之。"壬子爲十二月十九日。當從《梁書》。《通鑑》"壬午"爲"壬子"之訛。

壬午，齊主還鄴；戊午，復如晉陽。

卷一百六十四，《梁紀》二十，11/5095

上接十二月壬午（當作壬子，見上條）。是年十二月無壬午，戊午二十五日。《北齊書·文宣紀》："十二月壬子，帝還宫。戊午，帝如晉陽。"《北史·齊本紀》同。當從《北齊書》。《通鑑》"壬午"爲"壬子"之訛。

二年（五五三）
陸納遣其將吴藏、潘烏黑、李賢明等下據車輪。

卷一百六十五，《梁紀》二十一，11/5098

《通鑑》置此事於三月，不繫日。《考異》云："《梁紀》云'二月丙子'。按《長曆》，二月無丙子。《梁紀》誤。"按，標點本《梁書》已將"二月"改爲"三月"。"校勘記"云："'三月'各本作'二月'，訛。按是年二月甲午朔，無庚午，亦無下文之'辛未'、'丙子'、'庚寅'；三月癸亥朔，有庚午、辛未、丙子、庚寅，今改正。"今按，《南史·梁本紀》正將庚寅繫於三月。丙子爲三月十四日。據車輪事，當在三月丙子。姑附誌於此。

乙未，琳至長沙……琳既入，納遂降，湘州平。

卷一百六十五，《梁紀》二十一，11/5101

上接六月壬辰。《考異》曰："《梁紀》：'乙酉，湘州平。'按《長曆》，是月無乙酉。《梁紀》誤。"《南史·梁本紀》作"六月乙卯"。標點本《梁書·元帝紀》亦改爲"乙卯"。"校勘記"云："'乙卯'，百衲本、南監本、北監本、殿本訛'乙酉';汲古閣本、金陵局本訛'乙丑';《南史》作'乙卯';《通鑑》作'乙未'。按是年六月壬辰朔,無乙酉、乙丑,有乙未、乙卯。乙未爲初四日,乙卯爲二十四日。今據《南史》改'乙卯'。"今按,六月壬辰陸法和告急,元帝遣使送王琳,壬辰至乙未僅隔三日,太促。當從《南史》作"乙卯",《通鑑》之"乙未"非是。

乙未,王僧辯還江陵。詔諸軍各還所鎮。

卷一百六十五,《梁紀》二十一,11/5103

上接秋七月辛未。按,是年七月辛酉朔,辛未十一日,月內無乙未。八月辛卯朔,乙未在八月初五日。姑存疑。《梁書·元帝紀》亦作"七月乙未"。《通鑑》蓋從《梁書》而誤。

閏月,丁丑,南豫州刺史侯瑱與郭元建戰於東關……湘潭侯退復歸于鄴,王僧辯還建康。

卷一百六十五,《梁紀》二十一,11/5106

上接十月丁巳。今按《資治通鑑目錄》卷十六,本年閏十二月,《通鑑》正文置閏月於十月之後,與《目錄》相牴牾。《二十史朔閏表》本年閏十一月,姑存疑。又,《通鑑》上文"十月己酉",王僧辯至姑孰,遣侯瑱等守東關事,《梁書·元帝紀》繫於"冬十一月辛酉",姑附誌於此,供參考。

十一月,戊戌,以尚書右僕射王襃爲左僕射,湘東太守張綰爲右僕射。

卷一百六十五,《梁紀》二十一,11/5107

本年十一月己未朔,月內無戊戌。《梁書·元帝紀》、《南史·梁本紀》亦繫此事於十一月戊戌。今按,《梁書》之"戊戌"上承"辛酉",辛酉爲十一月初三日,戊戌在辛酉後三十七日,必有誤。《通鑑》蓋承《梁書》而誤。

己未,突厥復攻柔然,柔然舉國奔齊。
癸亥,齊主自晉陽北擊突厥……突厥請降,許之而還。
卷一百六十五,《梁紀》二十一,11/5107

上接十一月戊戌(十一月無戊戌,見上條)。本年即相當北齊天保四年。《北齊書·文宣紀》云,天保四年"十二月己未,突厥復攻茹茹,茹茹舉國南奔。癸亥,帝自晉陽北討突厥,迎納茹茹……突厥請降,許之而還"。今按,依《長曆》梁閏十二月,齊閏十一月,齊十二月即梁閏月,不當置於"十一月"之下;如依《通鑑》正文梁閏十月,齊十二月亦不當置於"十一月"下。本條必係竄亂。本年十二月戊午朔,己未爲十二月初二日,癸亥初六日。

魏尚書元烈謀殺宇文泰,事泄,泰殺之。
卷一百六十五,《梁紀》二十一,11/5107

上接十一月癸亥(癸亥條係竄亂,見上條)。梁承聖二年即相當西魏廢帝二年,《周書·文帝紀》亦繫此事於本年"冬十一月"。今按,《長曆》本年梁、魏置閏同,則本條從《周書》繫於"十一月",是。但上文《通鑑》置閏月於十月之後,則西魏廢帝二年之十一月。應相當於梁承聖二年之閏月,不應照録《周書》,置於十一月之下。姑存疑。

三年(五五四)
丁未,齊主復自擊柔然,大破之。

庚戌，魏太師泰酖殺廢帝。

卷一百六十五，《梁紀》二十一，11/5113

上接四月癸酉。承聖三年四月丙辰朔，癸酉十八日，月內無丁未、庚戌日。按，梁承聖三年即相當北齊天保五年、西魏恭帝元年。《北齊書·文宣紀》云，天保五年五月"丁未，北討茹茹，大破之"。《北史·齊本紀》亦作"五月丁未"。本年五月丙戌朔，丁未爲五月二十二日，庚戌二十五日。當從《北齊書》，《通鑑》置於四月之下，誤。

五月，魏直州人樂熾、洋州人黃國等作亂，開府儀同三司高平田弘、河南賀若敦討之，不克……
……五月，乙巳，上以王琳爲廣州刺史，勃爲晉州刺史。

卷一百六十五，《梁紀》二十一，11/5113-4

按，前文已出五月，後"五月"衍。五月丙戌朔，乙巳爲五月二十日。又，上文已出五月丁未（二十二日）、庚戌（二十五日）事（《通鑑》誤繫於四月，見上條），此時序亦失次。丁未、庚戌當在乙巳之後。

八月，壬辰，齊以司州牧清河王岳爲太保……中書令上黨王渙爲左僕射。

卷一百六十五，《梁紀》二十一，11/5116

按，本年八月乙卯朔，月內無壬辰。據《北齊書·文宣紀》，事在天保五年"八月庚子"，但八月亦無庚子。《北史·齊本紀》云，天保五年秋七月"壬辰，降罪人。庚戌，至自北伐。八月庚午，以司州牧、清河王岳爲太保……以上黨王渙爲尚書右僕射"。

庚午爲八月十六日。《北齊書》"庚子"上有丁巳（三日），下有乙亥（二十一日），"庚子"當爲"庚午"之誤。《北齊書》、《北史》上文均有七月壬辰，《通鑑》或因此而誤出"八月壬辰"，姑存疑。當以《北史》"庚午"爲是。又，上黨王渙，《通鑑》、《北齊書》俱作"左僕射"，《北史》作"右僕射"，當有一訛。附誌於此。

……己酉，帝移居天居寺；癸丑，移居長沙寺。

卷一百六十五，《梁紀》二十一，11/5119

上接十一月戊申，下有甲寅、乙卯。按，是年十一月癸未朔，戊申二十六日；己酉二十七日，月內無癸丑、甲寅、乙卯。十二月癸丑朔，甲寅初二日、乙卯初三日。下文"丙辰"（四日）上之"十二月"，應前移置於"癸丑"之上。

敬帝紹泰元年（五五五）

八月，辛巳，王琳自蒸城還長沙。

卷一百六十六，《梁紀》二十二，11/5131

按，紹泰元年八月己酉朔，月內無辛巳。九月戊寅朔，辛巳爲九月初九日。姑存疑。

……乙亥，使歸彥鴆岳。

卷一百六十六，《梁紀》二十二，11/5137

上接十一月壬辰。按，是年十一月戊寅朔，壬辰十五日，月內無乙亥。本年即北齊天保六年。《北齊書・文宣紀》："（十一月）己亥，太保、司州牧、清河王岳薨。"《北史・齊本紀》同。己亥爲十一月二十二日。當從《北齊書》。《通鑑》"乙亥"爲"己亥"之訛。

敬帝太平元年（五五六）

……癸酉，侯平發兵攻獪，大掠豫章，焚之，奔于建康。

卷一百六十六，《梁紀》二十二，11/5151

上接七月丙子。按，太平元年七月甲戌朔，丙子初三日，月内無癸酉。《通鑑》"癸酉"上有丙子，下接丁亥（十四日）。疑爲"癸未"（十日），或"乙酉"（十二日）之訛。姑存疑。

柒
陳紀

武帝永定元年（五五七）
周晉公護以趙景公獨孤信名重，不欲顯誅之，己酉，逼令自殺。
甲辰，以司空王琳爲湘、郢二州刺史。

卷一百六十七，《陳紀》一，11/5162

上接三月庚子。本年即周閔帝元年、梁太平二年。是年三月庚子朔，己酉初十日，甲辰初五日，己酉不得在甲辰前。查《周書·孝閔帝紀》及《梁書·敬帝紀》"己酉"、"甲辰"日干不誤，此日次失序。

五月，戊辰，余孝頃遣使詣丞相府乞降。

卷一百六十七，《陳紀》一，11/5164

按，永定元年五月己亥朔，月内無戊辰。戊辰爲本年六月朔日，《資治通鑑目録》卷十六亦作"六月戊辰朔"。本年即梁敬帝太平二年（十一月陳武帝改元永定）。《梁書·敬帝紀》"戊辰"亦繋於五月之末（《南史·梁本紀》同）。本年《梁書》、《南史》五月後逕書八月，不出六、七月。疑《梁書》"戊辰"上誤奪"六月"，《通鑑》從之而誤。

二年（五五八）

癸丑，齊廣陵南城主張顯和、長史張僧那各帥所部來降。

辛丑，齊以尚書令長廣王湛録尚書事，驃騎大將軍平秦王歸彥爲尚書左僕射。甲辰，以前左僕射楊愔爲尚書令。

卷一百六十七，《陳紀》一，11/5175

上接五月癸巳。按，永定二年五月癸巳朔，癸丑爲五月二十一日，辛丑初九日，甲辰十二日。癸丑不得在辛丑、甲辰之前。陳永定二年即相當北齊天保九年，查《陳書·高祖紀》、《北齊書·文宣紀》所載諸事日干均與《通鑑》相同，可證癸丑、辛丑、甲辰日干不誤，惟《通鑑》編次失序。

三年（五五九）

五月，丙辰朔，日有食之。

卷一百六十七，《陳紀》一，11/5185

據《二十史朔閏表》，本年五月丁巳朔，較《通鑑》後一日。《隋書》卷二十一《天文志》亦云："（永定）三年五月丙辰朔，日有食之。"《陳書·高祖紀》、《南史·陳本紀》均與《通鑑》同，姑存疑。

又，《陳書》、《南史》均載本年閏四月（《二十史朔閏表》同）。《資治通鑑目録》卷十六云："陳，正月己丑朔，五月丁亥朔，六月丙戌朔"，是置閏月于五月。下文又云："《陳紀》五月丙辰朔，食。"合《通鑑》正文觀之，五月丙辰朔，日食云云，當取自《陳書·高祖紀》。今按，從《陳書》則不得閏五月；閏五月則不應照録《陳書》。此處《通鑑》正文與《目録》自相牴牾。姑附誌於此。

八月，甲申，葬武皇帝於萬安陵，廟號高祖。

卷一百六十七，《陳紀》一，11/5190

按，永定三年八月乙酉朔，月內無甲申。《南史·陳本紀》繫此事於本年"八月丙申"。《陳書·高祖紀》云，永定三年"秋八月甲午，群臣上謚曰武皇帝，廟號高祖。景申，葬萬安陵"。《陳書》避唐諱，"丙"作"景"，景申即丙申。甲午爲本月初十日，丙申十二日。《通鑑》之"甲申"當爲"景（丙）申"之訛文。或因"景"、"甲"形近，故而致訛。

……戊戌，詔徙封頊爲安成王，皇子伯茂爲始興王。

卷一百六十七，《陳紀》，11/5190

上承八月戊戌、乙（己）亥、癸卯諸日。按，本年八月乙酉朔，戊戌爲八月十四日，己亥十五日，癸卯十九日，戊戌不得在己亥、癸卯日之後；且上文已出八月戊戌，此"戊戌"與上文重出。《陳書·世祖紀》云，永定三年八月"庚戌，封皇子伯茂爲始興王，奉昭烈王後，徙封始興嗣王頊爲安成王"。《南史·陳本紀》同。庚戌爲八月二十六日。《通鑑》"戊戌"當爲"庚戌"之訛，又，據《陳書》"校勘記"，《始興王伯茂傳》受封在十月，與《本紀》異。姑附誌於此。

文帝天嘉二年（五六一）

丙午，周封愍帝子康爲紀國公，皇子贇爲魯公。

卷一百六十八，《陳紀》二，11/5214

上接四月丙子。本年即周武帝保定元年。四月丙子朔，月內無丙午。《周書·武帝紀》:"五月丙午,封孝閔皇帝子康爲紀國公,皇子贇爲魯國公。"丙午爲五月朔日。《通鑑》本年四月後逕接六月。不書五月,"丙午"上當脫"五月"二字。

……異知朝廷終將討己,乃以兵戍下淮及建德以備江路。丙午,詔司空、南徐州刺史侯安都討之。

卷一百六十八,《陳紀》二,11/5218

上接十二月壬午。按,是年十二月壬申朔,壬午十一日,月內無丙午。《陳書·世祖紀》:"先是,縉州刺史留異應于王琳等反,景戌,詔司空侯安都率衆討之。"景戌即丙戌。《南史·陳本紀》亦作"丙戌"。丙戌十五日。當從《陳書》。《通鑑》"丙午"爲"丙戌"之訛。

三年(五六二)

春,正月,乙亥,齊主至鄴;辛巳,祀南郊;壬午,享太廟;丙戌,立妃胡氏爲皇后,子緯爲皇太子……戊子,齊大赦。己亥,以馮翊王潤爲尚書左僕射。

卷一百六十八,《陳紀》二,11/5218-9

按,天嘉三年正月壬寅朔,月內無乙亥、辛巳、壬午、丙戌、戊子、己亥諸日;且下文有正月壬寅、丁未(六日),日次亦不合。本年即北齊河清元年。《北齊書·武成紀》、《北史·齊本紀》與《通鑑》同。齊曆上年閏十二月,陳曆本年閏二月。本年齊之正月即陳之二月,《通鑑》仍從《北齊書》作"正月",誤。二月辛未朔,有上述諸日。《資治通鑑目錄》卷十六正作"陳二月辛未朔,齊正月辛未朔"。

辛亥，上祀南郊，以胡公配天；二月，辛酉，祀北郊。

卷一百六十八，《陳紀》二，11/5219

上接正月丁未。按，是年正月壬寅朔，丁未六日，辛亥十日。二月辛未朔，月內無辛酉。《陳書·世祖紀》："（正月）辛亥，輿駕親祠南郊……辛酉，輿駕親祠北郊。"辛酉爲正月二十日。當從《陳書》，事在正月。《通鑑》"二月"衍。

癸亥，齊主如晉陽。

卷一百六十八，《陳紀》二，11/5225

上接七月丁酉。按，是年七月己巳朔，丁酉二十九日，月內無癸亥。《北齊書·武成紀》、《北史·齊本紀》俱繫癸亥於七月。諸書本年均不載八月，或"癸亥"上脱"八月"，姑存疑。八月戊戌朔，癸亥爲八月二十六日。

四年（五六三）

庚戌，以司空南徐州刺史侯安都爲江州刺史。
辛酉，周詔："大冢宰晉國公，親則懿昆，任當元輔，自今詔誥及百司文書，并不得稱公名。"護抗表固讓。

卷一百六十九，《陳紀》三，12/5231

上接正月壬辰。按，天嘉四年正月丙寅朔，壬辰二十七日，月內無庚戌、辛酉。本年即周保定三年。《陳書·世祖紀》繫侯安都任江州刺史於二月庚戌。《周書·武帝紀》亦置辛酉於二月。二月乙未朔，庚戌十六日，辛酉二十七日。《通鑑》正月後逕接三月，不書二月。當從《陳書》、《周書》。《通鑑》"庚戌"上脱"二月"二字。

五年（五六四）
壬辰，齊主如晉陽。

卷一百六十九，《陳紀》三，12/5241

上接五月丁亥。按，天嘉五年五月戊午朔，丁亥三十日。月內無壬辰。《通鑑》下文接六月庚寅，壬辰尚在庚寅後二日。本年即齊河清三年。《北齊書·武成紀》、《北史·齊本紀》亦置"壬辰"於五月，《通鑑》蓋承此而誤。

……閏月，乙巳，突厥寇齊幽州。

卷一百六十九，《陳紀》三，12/5245

《北齊書·武成紀》、《北史·齊本紀》同。是年閏十月乙卯朔，月內無乙巳。本年齊曆閏九月，陳曆閏十月（《資治通鑑目錄》卷十六同）。北齊之閏月即陳之十月。十月丙戌朔，乙巳爲二十日。《通鑑》"閏月"應作"冬十月"。

冬，十月，甲子，周主授護斧鉞於廟庭；丁卯，親勞軍於沙苑；癸酉，還宮。

卷一百六十九，《陳紀》三，12/5245

按，十月丙戌朔，月內無甲子、丁卯、癸酉。是年即周保定四年。《周書·武帝紀》、《北史·周本紀》亦繫上述諸日於十月。是年周閏九月，陳閏十月。周之十月即陳之閏十月。《通鑑》仍從《周書》作"十月"，誤。《通鑑》之"十月"，應作"閏十月"。閏十月乙卯朔，甲子十日，丁卯十三日，癸酉十九日。

六年（五六五）

二月，辛丑，周遣陳公純、許公貴、神武公竇毅、南陽公楊荐等備皇后儀衛行殿，并六宮百二十人，詣突厥可汗牙帳逆女。

卷一百六十九，《陳紀》三，12/5249–50

按，天嘉六年二月甲寅朔，月內無辛丑。本年即周保定五年。《周書·武帝紀》："二月辛酉，詔陳國公純……如突厥逆女。"《北史·周本紀》原亦作"辛丑"，標點本改爲"辛酉"。"校勘記"云："諸本'酉'作'丑'，《周書》作'酉'。按是年二月甲寅朔，無辛丑，辛酉是八日。今據改。"今按，《通鑑》後接"丙寅"（十三日）。當以"辛酉"爲是，《通鑑》蓋承《北史》而訛。

臨海王光大二年（五六八）

齊上皇疾作，驛追徐之才，未至。辛未，疾亟，以後事屬和士開……遂殂於士開之手。

卷一百七十，《陳紀》四，12/5276

上接十一月甲寅，後有丙子、戊寅、甲申。按，光大二年十一月壬辰朔，甲寅二十三日，月內無辛未、丙子、戊寅、甲申諸日。本年即北齊天統四年。《北齊書·後主紀》："十二月辛未，太上皇帝崩。"《北史·齊本紀》同。《通鑑》本年不書十二月。當從《北齊書》，《通鑑》"辛未"上脫"十二月"三字。十二月壬戌朔，辛未十日，丙子十五日，戊寅十七日，甲申二十三日。

宣帝太建元年（五六九）

十一月，辛亥，周鄧文公長孫儉卒。

辛丑，齊以斛律光爲太傅，馮翊王潤爲太保，琅邪王
儼爲大司馬。

卷一百七十，《陳紀》四，12/5285

按，本年即周天和四年，北齊天統五年。是年十一月丙戌朔，辛亥二十六日，辛丑十六日，辛亥不得在辛丑前，查《周書·武帝紀》、《北齊書·後主紀》"辛亥"、"辛丑"不誤，《通鑑》日次失序。

二年（五七〇）

甲辰，齊穆夫人生子恒……
己丑，齊以開府儀同三司唐邕爲尚書右僕射。

卷一百七十，《陳紀》四，12/5287

上接六月乙酉。按，本年即齊武平元年。六月癸未朔，乙酉三日，甲辰二十二日，己丑七日，甲辰不得在己丑前。《北齊書·後主紀》："（六月）己酉，詔以開府儀同三司唐邕爲尚書右僕射。"《北史·齊本紀》同。己酉爲六月二十七日，當從《北齊書》。《通鑑》"己丑"爲"己酉"之訛。

九月，乙巳，齊立皇子恒爲太子。

卷一百七十，《陳紀》四，12/5289

按，是年九月辛亥朔，月內無乙巳。《北齊書·後主紀》、《北史·齊本紀》亦作"九月乙巳"。《北史》"校勘記"云："按下文言高恒於'武平元年六月生於鄴，其年十月立爲皇太子'。與此不同。是年九月辛亥朔，無乙巳。當有訛誤。"今按，《北齊書·幼主紀》亦云："十月，立爲皇太子。"十月辛巳朔，有乙巳。姑存疑。

三年（五七一）

庚戌，齊遣侍中赫連子悦聘于周。

卷一百七十，《陳紀》四，12/5298

上接十月己亥。按，太建三年十月乙亥朔，己亥二十五日，月內無庚戌。本年即北齊武平二年。《北齊書·後主紀》："十一月庚戌，詔侍中赫連子悦使於周。"《北史·齊本紀》同。十一月乙巳朔，庚戌六日。當從《北齊書》。《通鑑》下文之"十一月"，應置於"庚戌"之上。

四年（五七二）

六月，戊辰，光入……桃枝與三力士以弓弦冒其頸，拉而殺之，血流於地，剗之，迹終不滅。

卷一百七十一，《陳紀》五，12/5309

本年即齊武平三年。六月辛未朔，月內無戊辰。《北齊書·後主紀》："秋七月戊辰，誅左丞相、咸陽王斛律光及其弟幽州行臺、荆山公豐樂。"《北史·齊本紀》同。七月辛丑朔，戊辰二十八日。當從《北齊書》。《通鑑》"六月"應爲"七月"之訛。

八月，庚午，齊廢皇后斛律氏爲庶人。

卷一百七十一，《陳紀》五，12/5311

《北齊書·後主紀》："八月庚寅，廢皇后斛律氏爲庶人。"與《通鑑》不同。按，是年八月庚午朔，庚寅二十一日。"庚午"、"庚寅"未知孰是，姑存疑。

……壬申，周主如斜谷，集長安已西都督已上，頒賜有差。丙戌，還宮。
庚寅，周主游道會苑，以上善殿壯麗，焚之。

卷一百七十一，《陳紀》五，12/5313

上接十一月乙卯。按，是年十一月己亥朔，月内無壬申、丙戌、庚寅。本年即周建德元年。《周書·武帝紀》、《北史·周本紀》俱將諸日繫於十二月。十二月己巳朔，壬申四日，丙戌十八日，庚寅二十二日。當從《周書》。《通鑑》"壬申"上脱"十二月"。下文之十二月可删。

辛丑，廢胡后爲庶人。

卷一百七十一，《陳紀》五，12/5313

上接十二月辛巳，後有乙巳、乙卯。按，是年十二月己巳朔，辛巳十三日，月内無辛丑、乙巳、乙卯諸日。《北齊書·後主紀》、《北史·齊本紀》亦置諸日於十二月。本年齊閏十一月，陳閏十二月（《資治通鑑目錄》卷十六同），齊之十二月，即陳閏十二月，《通鑑》上接十二月，"辛丑"上應誤脱"閏月"二字，閏十二月戊戌朔，辛丑四日，乙巳八日，乙卯十八日。

五年（五七三）
庚辰，齊主還鄴。

卷一百七十一，《陳紀》五，12/5316

上接二月壬戌，按，太建五年二月丁酉朔，壬戌二十六日，月内無庚辰。本年即北齊武平四年。《北齊書·後主紀》："（三月）庚辰，車駕至晉陽。"《北史·齊本紀》同。三月丁卯朔，庚辰十四日。當從《北齊書》。《通鑑》繫於二月，誤。

壬午，任忠克霍州。

卷一百七十一，《陳紀》五，12/5332

上接十二月乙巳。按，是年十二月壬辰朔，乙巳十四日。月內無壬午。《陳書·宣帝紀》亦作"十二月壬午"。前有乙巳，"壬午"疑爲"壬子"之訛。壬子，十二月二十一日。

六年（五七四）
辛亥，上耕藉田。
……辛丑，帝勒兵繼進，未至，思好軍敗，投水死……
丁未，齊主還鄴。

卷一百七十一，《陳紀》五，12/5333

上接二月丁酉。太建六年二月辛卯朔，丁酉七日，辛亥二十一日，辛丑十一日，丁未十七日。辛亥不得在辛丑、丁未之前。本年即北齊武平五年。查《北齊書·後主紀》、《陳書·宣帝紀》"辛亥"、"辛丑"、"丁未"日干不誤，此日次失序。

癸丑，齊主如晉陽。甲辰〔寅〕，齊以高勱爲尚書右僕射。

卷一百七十一，《陳紀》五，12/5336

上接八月丙申，是年八月己丑朔，丙申八日，癸丑二十五日，甲辰十六日。癸丑不應在甲辰前。《北齊書·後主紀》："秋八月癸卯，行幸晉陽。甲辰，以高勱爲尚書右僕射。"《北史·齊本紀》同。癸卯爲八月十五日。當從《北齊書》。《通鑑》"癸丑"爲"癸卯"之訛文。甲辰不誤，"校勘記"以癸丑、甲辰日次不合，改"甲辰"爲"甲寅"，亦誤。

七年（五七五）
乙亥，左衛將軍樊毅克潼州。
齊主還鄴。

> 卷一百七十二，《陳紀》六，12/5338

上接正月癸酉，本年即北齊武平六年。《北齊書·後主紀》："六年春三月乙亥，車駕至自晉陽。"《北史·齊本紀》亦作"三月乙亥"。《通鑑》蓋因《北齊書》本年記事以三月乙亥始，無正、二月，而誤將齊主還鄴繫於正月乙亥下。三月乙卯朔，乙亥二十一日。

甲戌，齊主如晉陽。

> 卷一百七十二，《陳紀》六，12/5344

上接六月壬辰。是年六月甲申朔，壬辰九日，月內無甲戌。《北齊書·後主紀》："秋七月甲戌，行幸晉陽。"《北史·齊本紀》同。七月癸丑朔，甲戌二十二日。當從《北齊書》。《通鑑》繫於六月，誤。

秋，七月，丙戌，周主如雲陽宮。

> 卷一百七十二，《陳紀》六，12/5344

本年即周建德四年。七月癸丑朔，月內無丙戌。《周書·武帝紀》："秋七月丙辰，行幸雲陽宮。"丙辰為七月四日。當從《周書》。《通鑑》"丙戌"為"丙辰"之訛。

八年（五七六）
甲寅，齊大赦。
乙卯，齊主還鄴。

> 卷一百七十二，《陳紀》六，12/5348

上接正月甲午。太建八年正月庚辰朔，甲午十五日，月内無甲寅、乙卯。本年即北齊武平七年。《北齊書·後主紀》、《北史·齊本紀》亦繫於正月。按諸書下接二月辛酉。疑爲二月事。《通鑑》蓋承《後主紀》而誤。二月庚戌朔，甲寅五日，乙卯六日，辛酉十二日。

己未，上享太廟。
尚書左僕射王瑒卒。

卷一百七十二，《陳紀》六，12/5348

上接四月乙卯。《考異》曰："《陳書》：'庚寅，瑒卒'。按《長曆》，是月己酉朔，無庚寅，《陳書》誤。"《南史·陳本紀》："夏五月庚寅，尚書左僕射王瑒卒。"繫於五月。標點本《陳書》亦據《南史》在"庚寅"上補"五月"二字。"校勘記"云："[五月]庚寅，據《南史·陳宣帝紀》補。按是年四月己酉朔，無庚寅；五月戊寅朔，十三日爲庚寅。"今按，《通鑑》以四月無庚寅，指出《陳書》之誤。但繫王瑒卒於四月，仍從《陳書》而誤。當從《南史》，作五月庚寅。

九年（五七七）
二月，壬午，上耕藉田。

卷一百七十三，《陳紀》七，12/5372

按，太建九年二月甲辰朔，月内無壬午。《南史·陳本紀》："二月壬子，耕藉田。"《陳書·宣帝紀》原亦作"壬午"，標點本據《南史》改爲"壬子"。壬子爲二月九日。《通鑑》蓋承《陳書》而誤。當從《南史》。《通鑑》"壬午"爲"壬子"之訛。

丙午，周主宴從官將士於齊太極殿，頒賞有差。
丁未，高緯至鄴，周主降階，以賓禮見之。

卷一百七十三，《陳紀》七，12/5372

上接二月壬子（《通鑑》誤作"壬午"，見上條）。按，是年二月甲辰朔，壬子九日，丙午三日，丁未四日，壬子不得在丙午、丁未之前，此日次失序。

己亥晦，日有食之。

卷一百七十三，《陳紀》七，12/5383

上接十一月癸酉。本年即周建德六年。《周書·武帝紀》、《北史·周本紀》亦作"十一月己亥晦"。按，本月周、陳晦日不一，據《二十史朔閏表》陳十一月庚午朔，十二月己亥朔，己亥非十一月晦日（《資治通鑑目錄》卷十七同）。周十一月庚午朔，十二月庚子朔，十一月晦日爲己亥。《通鑑》例應從陳曆，此從周曆，誤。

十年（五七八）

……六月，丁酉朔，帝疾甚，還長安；是夕殂，年三十六。

卷一百七十三，《陳紀》七，12/5387

後有戊戌、己未、甲子諸日。按，是年六月丙寅朔，丁酉非朔日，月内亦無丁酉、戊戌、己未、甲子諸日。《周書·武帝紀》亦作"六月丁酉"。本年陳閏五月，周閏六月，周之六月即陳閏五月。《通鑑》從《周書》作"六月"，誤。閏五月丁酉朔，戊戌二日，己未二十三日，甲子二十八日。此"六月"當作"閏五月"。

閏月，乙亥，周主立妃楊氏爲皇后。
辛巳，周以趙王招爲太師，陳王純爲太傅。

卷一百七十三，《陳紀》七，12/5389

上接六月，是年閏五月丁酉朔，月內無乙亥、辛巳。《周書·宣帝紀》亦作"閏月"。按，本年陳閏五月，周閏六月（《資治通鑑目錄》卷十七同）。周閏月即陳六月。《通鑑》從周曆，誤。此"閏月"應作"六月"。六月丙寅朔，乙亥十日，辛巳十六日。

十一年（五七九）

夏，四月，壬戌朔，立妃朱氏爲天元帝后。

卷一百七十三，《陳紀》七，12/5397

本年即周大象元年，《周書·宣帝紀》與《通鑑》同，今按，本年四月周壬戌朔，陳辛酉朔（《資治通鑑目錄》卷十七同）。壬戌爲陳曆四月初二日。《通鑑》從周曆，誤。

乙巳，周主祠太廟，壬午，大醮於正武殿。

卷一百七十三，《陳紀》七，12/5397

上接四月壬戌。按，是年四月辛酉朔，壬午二十二日，月內無乙巳。《周書·宣帝紀》："（夏四月）己巳，祠太廟。壬午，大醮於正成殿。"《北史·周本紀》同。己巳爲四月九日。當從《周書》。《通鑑》"乙巳"爲"己巳"之訛。

十二年（五八〇）

……庚子，以柱國梁睿爲益州總管。

卷一百七十四，《陳紀》八，12/5415

上接六月甲子。本年即周大象二年。六月乙卯朔,甲子初十日,月内無庚子。《周書·静帝紀》:"(六月)庚辰,罷諸魚池及山澤公禁者,與百姓共之。以柱國、蔣國公梁睿爲益州總管。"《北史·周本紀》同。庚辰爲六月二十六日。當從《周書》。《通鑑》"庚子"爲"庚辰"之訛。

乙卯,周大赦。

卷一百七十四,《陳紀》八,12/5428

上接八月癸酉。按,是年八月甲寅朔,乙卯初二日,上文八月已有己未(六日)、戊辰(十四)、庚午(十六)、癸酉(十九)諸日,乙卯不應在後。《周書·静帝紀》、《北史·周本紀》均載,是年八月己卯,因平尉遲迥,下詔大赦。己卯爲八月二十五日。當從《周書》。《通鑑》"乙卯"爲"己卯"之訛。

十二月,庚辰,河東康簡王叔獻卒。
癸亥,周詔諸改姓者,宜悉復舊。

卷一百七十四,《陳紀》八,12/5430

後接甲子、辛未、壬申。按,是年十二月壬子朔,庚辰二十九日。癸亥十二日,甲子十三日,辛未二十日,壬申二十一日。庚辰不得在諸日前。"胡注"癸亥條下云:"上書十二月庚辰,此書癸亥,自庚辰至癸亥四十四日,'庚辰'必誤。按《長曆》,周、陳十二月皆壬子朔,恐是'丙辰'。"今按《陳書·宣帝紀》、《南史·陳本紀》均作"十二月庚辰"。庚辰所繫爲陳事,癸亥、甲子、辛未、壬申諸日爲周事,《通鑑》因史源不同而致日次失序者很多,此即一例。"庚辰"不誤,此係日次失序。胡三省不明此理,故因庚辰至癸亥四十四日,而判定"庚辰"爲"丙辰"之誤。實則癸亥十二日,庚辰二十九日,其間相隔十八天。"胡注"誤。

十三年(五八一)
……三月,戊子,以上開府儀同三司賀若弼爲吴州總管,鎮廣陵;和州刺史河南韓擒虎爲廬州總管,鎮廬江。

卷一百七十五,《陳紀》九,12/5438

下文本月有戊戌、庚子、丁未諸日。太建十三年三月庚戌朔,月内無戊子、戊戌、庚子、丁未諸日。本年即隋開皇元年。《隋書·高祖紀》亦將諸日置於三月。按,本年隋閏三月,陳閏二月,隋之三月即陳閏二月,《通鑑》從《隋書》用隋曆,誤,上接二月,此"三月"應作"閏月"。閏月辛巳朔,戊子八日,戊戌十八日,庚子二十日,丁未二十七日。

十四年(五八二)
九月,丙午,設無㝵大會於太極殿,捨身及乘輿御服。大赦。
丙午,以長沙王叔堅爲司空,將軍、刺史如故。

卷一百七十五,《陳紀》九,12/5457

太建十四年九月壬寅朔,丙午五日,後"丙午"重出。《陳書·後主紀》:"(九月)景寅,以驃騎將軍、開府儀同三司、揚州刺史長沙王叔堅爲司空。""景寅"即"丙寅"。《南史·陳本紀》亦作"丙寅"。丙寅爲九月二十五日。當從《陳書》。《通鑑》後"丙午"爲"丙寅"之訛。

長城公至德元年（五八三）

丁酉，立皇弟叔平爲湘東王，叔敖爲臨賀王，叔宣爲陽山王，叔穆爲西陽王。

卷一百七十五，《陳紀》九，12/5467

上接十月甲戌，下文本月有戊戌、癸丑。按，至德元年十月丙寅朔，甲戌九日，月內無丁酉、戊戌、癸丑諸日。《陳書·後主紀》亦置諸日於十月。標點本《南史》改"十月"爲"十一月"。"校勘記"云："'冬十一月'，各本脫'一'字。按十月丙寅朔，無丁酉；十一月乙未朔，初三日'丁酉'，今補正。"當從之。《通鑑》蓋從《陳書》而誤。戊戌爲十一月初四日，癸丑十九日，後文之"十一月"，當移置於"丁酉"之前。

甲午，悉罷諸郡爲州。

卷一百七十五，《陳紀》九，12/5468

上接十一月，《隋書·文帝紀》亦繫"甲午"於十一月。按，本年即隋開皇三年，隋曆十一月丙申朔，十二月乙丑朔，十一月有甲午；陳曆十一月乙未朔，十二月甲午朔（《資治通鑑目錄》卷十七同），十一月無甲午。《通鑑》此從隋曆，誤。"甲午"應在"十二月"。

二年（五八四）

癸巳，大赦。

卷一百七十六，《陳紀》十，12/5473

上接正月壬辰，按，至德二年正月甲子朔，壬辰二十九日，月內無癸巳，癸巳爲二月朔日。《資治通鑑目錄》卷十七亦云"陳，二月癸巳朔"。《陳書·後主紀》、《南史·陳本紀》亦繫"癸巳"於正月。《陳書》、《南史》本年正月後逕接五月，不書二、三、四月，或"癸巳"上脫"二月"，《通鑑》從之而誤，姑存疑。

三年（五八五）
……或告誼自言名應圖讖，相表當王；公卿奏誼大逆不道。壬寅，賜誼死。
戊申，隋主還長安。
卷一百七十六，《陳紀》十，12/5481

上接三月辛酉。按，至德三年三月丁巳朔，辛酉初五日。月內無壬寅、戊申。《隋書·高祖紀》："（夏四月）壬寅，上柱國王誼謀反，伏誅……戊申，車駕至自洛陽。"四月丁亥朔，壬寅十六日，戊申二十二日。《通鑑》三月後逕接五月，不書四月。當從《隋書》。《通鑑》"壬寅"上脫"夏四月"三字。

四年（五八六）
梁改元廣運。
甲子，党項羌請降於隋。
庚午，隋頒曆於突厥。
卷一百七十六，《陳紀》十，12/5485

上接至德四年，不書月；下文接二月。本年即隋開皇六年。《隋書·高祖紀》："六年春正月甲子，党項羌內附。庚午，班曆於突厥。"是年正月壬子朔，甲子十三日，庚午十九日。當從《隋書》。《通鑑》"四年"下脫"春正月"三字。

秋，八月，隋遣散騎常侍裴豪等來聘。
戊申，隋申明公李穆卒，葬以殊禮。

卷一百七十六，《陳紀》十，12/5486

　　是年八月己酉朔，月內無戊申。《隋書·高祖紀》亦作"八月戊申"。按，本年陳閏七月、隋閏八月（《資治通鑑目錄》卷十七同），隋八月即陳閏七月。《通鑑》從隋曆，誤，上接五月，此"八月"當作"閏七月"。閏七月己卯朔，戊申三十日。

閏月，丁卯，隋太子勇鎮洛陽。

卷一百七十六，《陳紀》十，12/5486

　　是年閏七月己卯朔，月內無丁卯。《隋書·高祖紀》亦作"閏月丁卯"。按，本年隋、陳置閏不一，隋閏八月，陳閏七月，隋閏月即陳八月，《通鑑》從《隋書》，誤。此"閏月"當作"八月"。八月己酉朔，丁卯十九日。

長城公禎明元年（五八七）
甲戌，隋遣兼散騎常侍楊同等來聘。

卷一百七十六，《陳紀》十，12/5491

　　上接四月。本年即隋開皇七年，《隋書·高祖紀》亦作"四月甲戌"。按是年隋曆四月乙巳朔，五月乙亥朔，甲戌爲四月三十日；陳曆四月乙巳朔，五月甲戌朔，四月無甲戌，《通鑑》從隋曆，誤。下文之"五月"當應置於"甲戌"之上。

五月，乙亥朔，日有食之。

卷一百七十六，《陳紀》十，12/5491

《隋書·高祖紀》同，按，是年五月甲戌朔，乙亥初二日。《通鑑》從隋曆，誤（參見上條）。

隋主以梁主在外，遣武鄉公崔弘度將兵戍江陵。軍至都州，梁主叔父太傅安平王巖、弟荊州刺史義興王瓛等恐弘度襲之，乙丑，遣都官尚書沈君公詣荊州刺史宜黃侯慧紀請降。九月，庚寅，慧紀引兵至江陵城下。
卷一百七十六，《陳紗》十，12/5491

上接八月庚申，八月癸卯朔，庚申十八日，乙丑二十三日。按，安平王等因隋軍逼近，請降於慧紀，揆諸常理，慧紀不應遷延二十六日方至江陵城下（八月乙丑至九月庚寅爲二十六日）。《南史·陳本紀》："秋九月庚寅，梁太傅安平王蕭巖、荊州刺史蕭瓛，遣其都官尚書沈君公詣荊州刺史陳慧紀請降。"繫請降事於九月庚寅。《隋書·高祖紀》："九月乙酉，梁安平王蕭巖掠於其國，以奔陳。"繫此事於九月乙酉。九月癸酉朔，乙酉十三日，庚寅十八日。或請降在乙酉，慧紀兵抵江陵在庚寅，《通鑑》八月"乙丑"，爲九月"乙酉"之訛。姑存疑。

二年（五八八）

……夏，五月，庚子，廢太子胤爲吳興王，立揚州刺史始安王深爲太子。
卷一百七十六，《陳紀》十，12/5497

按，禎明二年五月己巳朔，月內無庚子。《陳書·後主紀》："（六月）庚子，廢皇太子胤爲吳興王，立軍師將軍、揚州刺史始安王深爲皇太子。"六月戊戌朔，庚子初三日。當從《陳書》，《通鑑》"五月"爲"六月"之訛。

捌

隋紀

文帝開皇九年（五八九）

辛未，韓擒虎進攻姑孰，半日，拔之，執巡及其家口。皋文奏敗還……己卯，任忠自吳興入赴，仍屯朱雀門。辛未，賀若弼進據鍾山，頓白土岡之東。

卷一百七十七，《隋紀》一，12/5505-6

上接正月庚午。按，開皇九年正月乙丑朔，庚午六日，辛未七日，己卯十五日。前有辛未，後"辛未"重出；且前有己卯，辛未不應在己卯後。本年即陳長城公禎明三年。《陳書·後主紀》："（正月）辛未，韓擒虎又陷南豫州，文奏敗還……己卯，鎮東大將軍任忠自吳興入赴，仍屯朱雀門。辛巳，賀若弼進據鍾山，頓白土岡之東南。"《南史·陳本紀》亦繫賀若弼據鍾山於"正月辛巳"。辛巳爲正月十七日。當從《陳書》。《通鑑》後"辛未"爲"辛巳"之訛。

……夏，四月，辛亥，帝幸驪山，親勞旋師。

卷一百七十七，《隋紀》一，12/5516

後接乙巳。按，是年四月甲午朔，乙巳十二日，辛亥十八日，辛亥不得在乙巳前。《隋書·高祖紀》："夏四月己亥，幸驪山，親勞旋師。"《北史·隋本紀》同。己亥爲四月初六日。當從《隋書》。《通鑑》"辛亥"爲"己亥"之訛。

乙巳，["巳"似應作"卯"]諸軍凱入，獻俘于太廟。

卷一百七十七，《隋紀》一，12/5516

上文接四月辛亥（應爲"己亥"）。"校勘記"蓋因乙巳不得在辛亥之後，故疑"乙巳"應作"乙卯"。今按，據上條可知，"辛亥"爲"己亥"之訛；《隋唐·高祖紀》、《北史·隋本紀》均載："（四月）乙巳，三軍凱入，獻俘於太廟。"乙巳爲四月十二日，日次亦合。《通鑑》"乙巳"不誤。"校勘記"所改非是。

丙辰，帝坐廣陽門觀，引陳叔寶於前，及太子、諸王二十八人，司空司馬消難以下至尚書郎凡二百餘人……責以君臣不能相輔，乃至滅亡。
……
庚戌，帝御廣陽門，宴將士……凡用三百餘萬段。

卷一百七十七，《隋紀》一，12/5516–7

上接四月乙巳。本年四月甲午朔，乙巳爲四月十二日，丙辰二十三日，庚戌十七日，丙辰不得在庚戌前。《隋書·高祖紀》云，開皇九年，夏四月"庚戌，上御廣陽門，宴將士，頒賜各有差"。《北史·隋本紀》亦作"庚戌"，可證"庚戌"不誤。《通鑑》上文云，四月乙巳，諸軍凱入，獻俘太廟，則此"丙辰"當是"丙午"（四月十三日）之訛文。

辛酉，進楊素爵爲越公，以其子玄感爲儀同三司……
……
晉王廣之戮陳五佞也，未知都官尚書孔範、散騎常侍王瑳、王儀、御史中丞沈瓘之罪，故得免；及至長安，事並露，乙未，帝暴其過惡，投之邊裔，以謝吳、越之人。

卷一百七十七，《隋紀》一，12/5517-8

上接四月庚戌，按，四月甲午朔，庚戌十七日，辛酉二十八日，乙未二日。乙未不得在後。《隋書·高祖紀》："（四月）己未，以陳都官尚書孔範，散騎常侍王瑳、王儀，御史中丞沈瓘等，邪佞於其主，以致亡滅，皆投之邊裔。辛酉，以信州總管楊素爲荆州總管。"己未爲四月二十六日。《通鑑》"乙未"爲"己未"之訛。又，己未不得在辛酉後，《隋書》己未在前，《通鑑》日次亦失序。

十一年（五九一）
辛巳晦，日有食之。

卷一百七十七，《隋紀》一，12/5535

上接二月丙子，據《二十史朔閏表》，開皇十一年二月癸丑朔（《資治通鑑目錄》卷十七同），三月癸未朔，"辛巳"非二月晦日，二月晦日在"壬午"，較《通鑑》後一日。《隋書·高祖紀》、《北史·隋本紀》亦云本年二月辛巳晦，日食。與《通鑑》同。姑存疑。

十二年（五九二）
春，二月，己巳，以蜀王秀爲内史令兼右領軍大將軍。

卷一百七十八，《隋紀》二，12/5536

《隋書·高祖紀》、《北史·隋本紀》亦繫此事於本年"二月己巳"。今按，《二十史朔閏表》開皇十一年閏十二月，十二年二月丁丑朔，月內無己巳日;《資治通鑑目錄》卷十七載《長曆》,十一年無閏月,十二年閏二月,二月丁未朔,己巳爲二月二十三日,姑附誌於此,俟考。

壬申晦,日有食之。

卷一百七十八,《隋紀》二,12/5537

上接七月己巳。《二十史朔閏表》開皇十二年七月乙巳朔,八月甲戌朔,己巳爲七月二十五日,壬申爲七月二十九日,非晦日,七月晦日在癸酉。《隋書·高祖紀》、《北史·隋本紀》亦云本年七月壬申晦,日食。《隋書》之"校勘記"云:"此月乙巳朔,晦日當在癸酉,不在壬申。"

又,《資治通鑑目錄》卷十七亦云,本年八月甲戌朔。則七月晦日當是癸酉。但同卷引《隋書·本紀》又云"七月壬申晦,食"。自相牴牾,姑附誌於此。

十三年(五九三)

二月,丙午,詔營仁壽宮於岐州之北,使楊素監之。

卷一百七十八,《隋紀》二,12/5539

按,開皇十三年二月辛未朔,月內無丙午日。《隋書·高祖紀》云,本年"二月丙子,詔營仁壽宮"。《北史·隋本紀》亦繫營仁壽宮事於本年二月"丙子"。丙子爲二月初六日。當從《隋書》及《北史》,《通鑑》之"丙午"爲"丙子"之訛。

丁亥,上至自岐州。
己卯,立皇孫楝爲豫章王。

卷一百七十八,《隋紀》二,12/5540

上接二月丙子（《通鑑》訛爲"丙午"，見上條）。按，二月辛未朔，丙子初六日，丁亥十七日，己卯九日，丁亥不得在己卯前。《北史·隋本紀》與《通鑑》同，《隋書·高祖紀》"丁亥"後有戊子、己卯。《隋書》"校勘記"云："此月辛未朔，丁亥（十七日）、戊子（十八日）不應在己卯（九日）前，紀文當有訛誤或顛倒。"《通鑑》蓋承《隋書》誤。

十六年（五九六）
春，正月，丁亥，以皇孫裕爲平原王，筠爲安成王……皆勇之子也。

卷一百七十八，《隋紀》二，12/5550

按，開皇十六年正月甲寅朔，月內無丁亥。《隋書·高祖紀》亦作"正月丁亥"，《北史·隋本紀》作"春二月丁亥"，《隋書》"校勘記"云："此月甲寅朔，無丁亥。按《北史·隋本紀》上作'二月丁亥'。二月甲申朔，丁亥爲四日，日序合。"當從《北史》。《通鑑》蓋承《隋書》而誤。

文帝仁壽二年（六〇二）
八月，甲子，皇后獨孤氏崩。

卷一百七十九，《隋紀》三，12/5592

按，仁壽二年八月丙午朔，甲子十九日。《通鑑》下文引王劭説："臣謹按八月二十二日，仁壽宮內再雨金銀花；二十三日，大寶殿後夜有神光；二十四日卯時，永安宮北有自然種種音樂，震滿虛空；至夜五更，奄然如寐，遂即升遐，與經文所説，事皆符驗。"云獨孤后卒於二十四日，是月二十四日爲己巳。《通鑑》自相牴牾。《隋書‧高祖紀》正作"己巳"，查《隋書》卷三十六《后妃傳》："仁壽二年八月甲子，月暈四重，己巳，太白犯軒轅。其夜，后崩於永安宮，時年五十。"《通鑑》蓋因前有"甲子"，誤繫獨孤后卒於甲子。

四年（六〇四）
春，正月，丙午，赦天下。

卷一百八十，《隋紀》，12/5601

《隋書‧高祖紀》："四年春正月丙辰，大赦。"《北史‧隋本紀》、《册府元龜》卷八三《帝王部‧赦宥》亦作"丙辰"。仁壽四年正月戊戌朔，丙午初九日，丙辰十九日。疑《通鑑》"丙午"爲"丙辰"之訛。

……夏，四月，乙卯，帝不豫。

卷一百八十，《隋紀》四，12/5601

按，是年四月丙寅朔，月內無乙卯。《隋書‧高祖紀》、《北史‧隋本紀》均作"乙卯"。《隋書》《校勘記》云："此月丙寅朔，無乙卯，日干有誤。"今按，本月十四日爲己卯，"乙"、"己"形近，或"乙卯"爲"己卯"之訛。姑存疑。

……六月，庚申，赦天下。

卷一百八十，《隋紀》四，12/5601

《隋書‧高祖紀》同。本月乙丑朔，月內無庚申。《北史‧隋本紀》作"庚午"。《隋書》《校勘記》云："'庚申'，本書《天文志》下作庚午，《北史‧隋本紀》上同。按：此月乙丑朔，庚午爲六日，日序合。""庚申"當爲"庚午"之訛。《通鑑》蓋承《隋書‧高祖紀》而誤。

煬帝大業元年（六〇五）
丙辰，立晉王昭爲皇太子。

卷一百八十，《隋紀》四，12/5616

上接正月壬辰。大業元年正月壬辰朔，丙辰二十五日。《隋書·煬帝紀》："（正月）丙申，立晉王昭爲皇太子。"後接丁酉、己亥、戊申。《北史·隋本紀》同。按，丙申爲正月五日，丁酉六日，己亥八日，戊申十七日。當從《隋書》。《通鑑》"丙辰"爲"丙申"之訛。

三年（六〇七）
丙寅，車駕北巡；己亥，頓赤岸澤。

卷一百八十，《隋紀》四，12/5629

上接四月壬辰。按，大業三年四月己卯朔，壬辰十四日，己亥二十一日，月內無丙寅。《隋書·煬帝紀》："（四月）丙申，車駕北巡狩。"《北史·隋本紀》同。丙申爲四月十八日。當從《隋書》。《通鑑》"丙寅"爲"丙申"之訛。

八年（六一二）
……九月，庚寅，車駕至東都。

卷一百八十一，《隋紀》五，12/5666

按，大業八年九月戊寅朔，庚寅十三日。《隋書·煬帝紀》："九月庚辰，上至東都。己丑，詔曰……"《北史·隋本紀》同。庚辰三日，己丑十二日。當從《隋書》。《通鑑》"庚寅"爲"庚辰"之訛。

九年（六一三）
二月，壬午，詔："宇文述以兵糧不繼，遂陷王師；乃軍吏失於支料，非述之罪，宜復其官爵。"

卷一百八十二，《隋紀》六，12/5669

《隋書·煬帝紀》、《北史·隋本紀》均作"二月壬午"。《隋書》"校勘記"云："此月乙巳朔，無壬午，日干有誤。"（參見《北史》"校勘記"）按，《考異》云："《雜記》在去年十二月，今從《隋書》。"據此，《通鑑》當係承《隋書》而誤。

十一年（六一五）

……三月，丁酉，殺渾、敏、善衡及宗族三十二人……
己酉，帝行幸太原；夏，四月，幸汾陽宮避暑。

卷一百八十二，《隋紀》六，12/5696

大業十一年三月癸巳朔，丁酉五日，己酉十七日。《北史·隋本紀》同。《册府元龜》卷一百一十三《帝王部·巡幸》亦云："十一年三月，幸太原，避暑汾陽宮。"《隋書·煬帝紀》："五月丁酉，殺右驍衛大將軍、光祿大夫、郕公李渾，將作監、光祿大夫李敏，并族滅其家……己酉，幸太原，避暑汾陽宮。"五月壬辰朔，丁酉六日，己酉十八日。與《通鑑》相差兩月。按，本年《隋書》二月後逕接五月，無三、四月；《北史》三月後逕接七月，無五、六月。"三"、"五"形近，當有一訛，姑存疑。

十二年（六一六）

鄱陽賊帥操師乞自稱元興王，建元始興，攻陷豫章郡……
十二月，壬辰，士弘自稱皇帝，國號楚，建元太平。

卷一百八十三，《隋紀》七，12/5711–2

上接十月庚戌。《隋書·煬帝紀》："十二月癸未，鄱陽賊操天成舉兵反，自號元興王，建元始興，攻陷豫章郡……壬辰，鄱陽人林士弘自稱皇帝，國號楚，建元太平。"《北史·隋本紀》同。按，操師乞即操天成（見《考異》）。疑《通鑑》"鄱陽賊師"上脱"十二月"，下文之"十二月"衍。十二月癸未朔，壬辰十日。

恭帝義寧元年（六一七）

六月，己卯，李建成等至晉陽。

卷一百八十四，《隋紀》八，12/5737

按，義寧元年即隋煬帝大業十三年（本年十一月改元義寧）。《二十史朔閏表》是年五月庚戌朔（《資治通鑑目録》卷十七同），六月庚辰朔，己卯在五月三十日，六月無己卯。《新唐書·高祖紀》亦繫"己卯"於六月。姑存疑。

己巳，康鞘利北還。

卷一百八十四，《隋紀》八，12/5740

上接六月乙巳，按，是年六月庚辰朔，乙巳爲六月二十六日。月内無己巳。或此"己巳"爲"乙巳"之訛，且與上文"乙巳"複出。姑存疑。

玖
唐紀

高祖武德二年（六一九）
十二月，庚申，上獵于華山。

卷一百八十八，《唐紀》四，13/5873

是年十二月丙申朔，庚申二十五日。《新唐書·高祖紀》："十二月丙申，獵于華山。永安王孝基及劉武周戰于下邳，敗績。壬子，大風拔木。""壬子"大風，又見於《舊唐書·高祖紀》、《新唐書》卷三十五《五行志》。壬子爲十二月十七日。高祖獵於華山在壬子之前，疑應以《新唐書》爲是。《通鑑》"庚申"爲"丙申"之訛。

又，《舊唐書·高祖紀》："十二月丙申，永安王孝基……爲劉武周將宋金剛掩襲，並没焉。甲辰，狩于華山。壬子，大風拔木。"甲辰九日。按，劉孝基之敗，《通鑑》、《新唐書》俱在高祖獵華山之後。疑《舊唐書》二事次序顛倒。狩華山在丙申，孝基敗在甲辰。此事標點本《舊唐書》"校勘記"及羅士琳等《舊唐書校勘記》均未提及，姑附誌於此。

四年（六二一）
毛州刺史趙元愷性嚴急，下不堪命。丁卯，州民董燈明等作亂，殺元愷以應劉黑闥。

卷一百八十九，《唐紀》五，13/5933

上接十月癸巳。按，武德四年十月乙酉朔，癸巳九日，月内無丁卯。《通鑑》"丁卯"，上有癸巳，下有乙巳（二十一日），應爲"癸卯"之訛。《新唐書·高祖紀》："（十月）癸卯，毛州人董燈明殺其刺史趙元愷。"正作"癸卯"。當從《新唐書》。《通鑑》誤。

五年（六二二）

甲戌，吐谷渾寇岷州，敗總管李長卿。詔益州行臺右僕射竇軌、渭州刺史且洛生救之。

卷一百九十，《唐紀》六，13/5953

上接八月辛亥，後有乙卯、丙辰、己未、庚申、辛酉、己巳諸日。按，武德五年八月庚戌朔，辛亥二日；甲戌二十五日，不得在乙卯（六日）、丙辰（七日）、己未（十日）、庚申（十一日）、辛酉（十二日）、己巳（二十日）之前，《新唐書·高祖紀》："（八月）甲寅，吐谷渾寇岷州，益州道行臺左僕射竇軌敗之。"甲寅爲八月五日。當從《新唐書》。《通鑑》"甲戌"爲"甲寅"之訛。

六年（六二三）

己巳，突厥寇定州，州兵擊走之。
庚申，白簡、白狗羌並遣使入貢。

卷一百九十，《唐紀》六，13/5975

上接十二月甲寅。按，武德六年十二月壬寅朔，甲寅十三日，己巳二十八日，庚申十九日，庚申不得在己巳後。白蘭羌（《通鑑》"白簡"爲"白蘭"之誤，見"胡注"）入貢事，《新唐書》卷二百二十一上《党項傳》繫於六年，無月、日，《册府元龜》卷九七〇《外臣部·朝貢》爲六年十二月，不書日。《通鑑》"庚申"或爲"庚午"之訛，姑存疑。庚午二十九日，在己巳後。

七年（六二四）

己丑，突厥吐利設與苑君璋寇并州。
甲子，車駕還京師。

卷一百九十一，《唐紀》七，13/5989

上接七月甲申。按，武德七年七月己巳朔，甲申十六日，己丑二十一日，月内無甲子，《舊唐書·高祖紀》："秋七月甲午，至自仁智宮。"《新唐書·高祖紀》同。甲午爲七月二十六日。當從《舊唐書》。《通鑑》"甲子"爲"甲午"之訛。

庚寅，岐州刺史柴紹破突厥於杜陽谷。
壬申，突厥阿史那思摩入見，上引升御榻，慰勞之。

卷一百九十一，《唐紀》七，13/5993

上接八月戊寅，按，是年八月戊辰朔，戊寅十一日，庚寅二十三日，壬申五日。壬申不得在戊寅、庚寅後；且《通鑑》上文已有八月壬申突厥寇忻州事，此"壬申"必誤。上有"庚寅"。下接"丁酉"（三十日），"壬申"當爲"壬辰"之誤。壬辰，八月二十五日。《新唐書·高祖紀》："（八月）壬辰，突厥請和。"當與阿史那思摩入朝爲同一事，正作"壬辰"。

十一月，丁卯，上幸龍躍宮；庚午，還宮。

卷一百九十一，《唐紀》七，13/5994

按，是年十一月丁酉朔，月内無丁卯、庚午。《新唐書·高祖紀》："十二月丁卯，如龍躍宮。戊辰，獵于高陵。庚午，至自高陵。"十二月丙寅朔，丁卯二日，戊辰三日，庚午五日。《通鑑》本年末爲十一月，不書十二月。當從《新唐書》。《通鑑》"十一月"爲"十二月"之誤。又《通鑑》下文裴矩檢校侍中事,亦在十二月。《舊唐書·高祖紀》亦作"十一月"。羅士琳《舊唐書校勘記》卷一云:"《册府》百五十作'十二月',沈本作'十二月'。按張氏宗泰云:'戊辰',十二月初三日。"標點本《舊唐書》失校。

八年（六二五）

……辛亥,復置十二軍,以太常卿竇誕等爲將軍,簡練士馬,議大舉擊突厥。

甲寅,涼州胡睦伽陀引突厥襲都督府,入子城;長史劉君傑擊破之。

卷一百九十一,《唐紀》七,13/5995

上接四月丙戌,按,武德八年四月甲子朔,丙戌爲四月二十三日。月內無辛亥、甲寅。《通鑑》本年四月後逕接六月,不書五月,疑"辛亥"上脱"五月"二字。五月甲午朔,辛亥十八日,甲寅二十一日。

九年（六二六）

乙卯,車駕還宫。

癸丑,南海公歐陽胤奉使在突厥,帥其徒五十人謀掩襲可汗牙帳;事泄,突厥囚之。

卷一百九十一,《唐紀》七,13/6000

上接三月辛亥。按,武德九年三月己丑朔,辛亥二十三日,乙卯二十七日,癸丑二十五日,乙卯不得在癸丑前。《通鑑》日次失序。

……丙子，太子下令："六月四日已前事連東宮及齊王，十七日前連李瑗者，並不得相告言，違者反坐。"

卷一百九十一，《唐紀》七，13/6017

　　上接七月壬辰。按，是年七月丁亥朔，壬辰六日，月內無丙子。《考異》曰："《太宗實錄》，'六月丙申'。《唐曆》脱'七月'而在'壬辰'下。按，六月無丙申，丙申，七月十日也。"由《考異》可知，《通鑑》"丙子"當爲"丙申"（十日）之訛。

詔〔章：十二行本"詔"上有"癸未"二字；乙十一行本同。〕以"宮女衆多，幽閟可愍，宜簡出之，各歸親戚，任其適人"。
……
丙子，立妃長孫氏爲皇后。

卷一百九十一，《唐紀》七，13/6018

　　上接八月癸亥，後有己卯、辛巳、癸未諸日。按，是年八月丙辰朔，癸亥八日，癸未二十八日，丙子二十一日，己卯二十四，辛巳二十六日。癸未不得在丙子、己卯、辛巳諸日之前；且後文有"癸未"，二"癸未"重出。《舊唐書·太宗紀》："（八月）癸酉，放掖庭宮女三千餘人。"癸酉，八月十八日，日次相合。當從《舊唐書》。《通鑑》十二行本"癸未"爲"癸酉"之訛。

太宗貞觀元年（六二七）

六月，辛巳，右僕射密明公封德彝薨。
壬辰，復以太子少師蕭瑀爲左僕射。

卷一百九十二，《唐紀》八，13/6036

按，貞觀元年六月辛巳朔，壬辰十二日。《舊唐書·太宗紀》同。《新唐書·太宗紀》："六月辛丑，封德彝薨。甲辰，太子少師蕭瑀爲尚書左僕射。"辛丑二十一日，甲辰二十四日。又，《新唐書》卷六十一《宰相表》："六月辛丑，德彝薨。壬辰，太子少師蕭瑀爲尚書左僕射。"辛丑不得在壬辰前。"辛巳"與"辛丑"，"壬辰"與"甲辰"，當有一誤。未知孰是，姑存疑。

二年（六二八）
十二月，壬午，以黄門侍郎王珪爲守侍中。

卷一百九十三，《唐紀》九，13/6059

《舊唐書·太宗紀》同。《新唐書·太宗紀》："十二月壬辰，黄門侍郎王珪守侍中。"《新唐書》卷六十一《宰相表》同。按，貞觀二年十二月癸酉朔，壬午十日，壬辰二十日，"壬午"、"壬辰"當有一誤，姑存疑。

四年（六三〇）
三月，戊辰，以突厥夾畢特勒阿史那思摩爲右武候大將軍。

四夷君長詣闕請上爲天可汗，上曰："我爲大唐天子，又下行可汗事乎！"群臣及四夷皆稱萬歲。是後以璽書賜西北君長，皆稱天可汗。

卷一百九十三，《唐紀》九，13/6073

按，貞觀四年三月丙寅朔，戊辰初三日。《新唐書·太宗紀》："四月戊戌，西北君長請上號爲'天可汗'。"四月丙申朔，戊戌三日。《舊唐書·太宗紀》亦繫於四月丁酉（二日）之後。《唐會要》卷一百

《雜錄》置於三月，不書日。姑存疑。

冬，十一月，壬辰，以右衛大將軍侯君集爲兵部尚書，參議朝政。
甲子，車駕還京師。

卷一百九十三，《唐紀》九，13/6083

按，是年十一月壬戌朔，甲子三日，月內無壬辰；且壬辰距甲子三十三日，不得在同月。《新唐書·太宗紀》："十一月壬戌，右衛大將軍侯君集爲兵部尚書，參議朝政。甲子，至自隴州。"《新唐書》卷六十一《宰相表》亦作十一月壬戌。當從《新唐書》。《通鑑》"壬辰"爲"壬戌"之訛。

又，《舊唐書·太宗紀》繫侯君集參議朝政事於戊寅（十七日）之後，亦誤。

六年（六三二）

……丁酉，遣鴻臚少卿劉善因立咄陸爲奚利邲咄陸可汗。

卷一百九十四，《唐紀》十，13/6097

上接七月辛未。按，貞觀六年七月癸丑朔，辛未十九日，月內無丁酉。《通鑑》本年七月後接閏月乙卯，是年閏八月，"丁酉"上應脱"八月"二字。《册府元龜》卷九六四《外臣部·封册》正作"六年八月"。八月壬午朔，丁酉爲八月十六日。

突厥頡利可汗鬱鬱不得意……乃以頡利爲虢州刺史；頡利辭，不願往。癸未，復以爲右衛大將軍。

卷一百九十四，《唐紀》十，13/6099

上接十月乙卯。按，是年十月辛亥朔，乙卯五日，月内無癸未；且後接十一月辛巳，癸未尚在辛巳後二日，日次亦失序。此必有誤。姑存疑。

九年（六三五）
丁巳，詔："山陵依漢長陵故事，務存隆厚。"……
辛亥，詔："國初草創，宗廟之制未備，今將遷祔，宜令禮官詳議。"……
乙卯，道彥、興皆坐減死徙邊。

卷一百九十四，《唐紀》十，13/6114-5

上接七月庚子。貞觀九年七月甲午朔，庚子七日，丁巳二十四日，辛亥十八日，乙卯二十二日，丁巳不得在辛亥、乙卯前。按，此事《舊唐書》卷二十五《禮儀志》、《通典》卷七十九《凶禮·大喪初崩及山陵制》、《唐會要》卷二十《陵議》均記貞觀九年，無月、日。《通鑑》非日次失序，即日干有誤，姑存疑。

十年（六三六）
冬，十一月，庚午，葬文德皇后於昭陵。

卷一百九十四，《唐紀》十，13/6122

按，貞觀十年十一月丁亥朔，月内無庚午。《舊唐書·太宗紀》："十一月庚寅，葬文德皇后於昭陵。"《新唐書·太宗紀》同。庚寅爲十一月四日。當從《太宗紀》，《通鑑》"庚午"爲"庚寅"之訛。

十一年（六三七）
五月，壬申，魏徵上疏……

卷一百九十五，《唐紀》十一，13/6129

按，貞觀十一年五月乙酉朔，月内無壬申。《通鑑》"壬申"或爲"壬寅"之訛。姑存疑。壬寅，五月十八日。

十五年（六四一）
丁丑，命禮部尚書江夏王道宗持節送文成公主于吐蕃……
乙亥，突厥侯[張："侯"作"俟"。]利苾可汗始帥部落濟河……

卷一百九十六，《唐紀》十二，13/6164–5

上接正月甲戌。按，貞觀十五年正月癸亥朔，甲戌十二日，丁丑十五日，乙亥十三日，丁丑不得在乙亥前。《舊唐書·太宗紀》亦繫送文成公主事於正月丁丑。《通鑑》或日次失序，姑存疑。

己酉，有星孛于太微，太史令薛頤上言，未可東封。辛亥，起居郎褚遂良亦言之；丙辰，詔罷封禪。

卷一百九十六，《唐紀》十二，13/6168

上接五月丙子。按，是年五月辛酉朔，丙子十六日，月内無己酉、辛亥、丙辰諸日。《舊唐書·太宗紀》："（六月）己酉，有星孛于太微，犯郎位。丙辰，停封泰山，避正殿以思咎，命尚食減膳。"《新唐書·太宗紀》亦繫於六月。《通鑑》五月後逕接七月，不書六月。當從《舊唐書》。《通鑑》"己酉"上脱"六月"二字。六月辛卯朔，己酉十九日，辛亥二十一日，丙辰二十六日。

十七年（六四三）
鄠尉游文芝告代州都督劉蘭成謀反，戊申，蘭成坐腰斬。

卷一百九十六,《唐紀》十二,13/6184

上接正月戊辰。按,貞觀十七年正月壬子朔,戊辰十七日,月內無戊申。《舊唐書·太宗紀》:"十七年春正月戊辰,右衞將軍、代州都督劉蘭謀反,腰斬。"《新唐書·太宗紀》同。當從《舊唐書》。《通鑑》"戊申"爲"戊辰"之訛。劉蘭成腰斬與上文戊辰魏徵薨,在同一日。此"戊申"可删。又,劉蘭成,《舊唐書》、《新唐書》俱作"劉蘭"。附誌於此。

二十年（六四六）
……上知瑀意終怏怏,冬,十月,手詔數其罪曰:"……朕隱忍至今,瑀全無悛改……"
……壬申,詔勿受其朝貢,更議討之。
丙戌,車駕還京師。
冬,十月,己丑,上以幸靈州往還,冒寒疲頓,欲於歲前專事保攝。

卷一百九十八,《唐紀》十四,13/6240-1

按,貞觀二十年十月己未朔,壬申十四日,丙戌二十八日,月內無己丑。又,上文已有"冬十月",後"冬十月"應爲"十一月"之誤。己丑爲十一月朔日。

……十一月,己［張:"己"作"乙"。］丑,詔祭祀、表疏、胡客、兵馬、宿衞、行魚契給驛、授五品以上官及除解,決死罪以聞,餘並取皇太子處分。

卷一百九十八,《唐紀》十四,13/6241-2

《新唐書·太宗紀》亦作"十一月己丑"。十一月己丑朔,月内無乙丑。《通鑑》不誤,張敦仁改"己丑"作"乙丑",誤。惟上文有"冬十月己丑","十月"爲"十一月"之誤,己丑不誤(見上條)。本條"十一月己丑"衍。

十二月,己丑,群臣累請封禪;從之。
卷一百九十八,《唐紀》十四,13/6242

按,是年十二月己未朔,月内無己丑。《册府元龜》卷三五《帝王部·封禪》、《唐會要》卷七《封禪》亦作"十二月己丑"。後有戊寅(二十日),或"己丑"爲"乙丑"之訛。姑存疑。乙丑,十二月七日。

二十一年(六四七)
庚辰,上御翠微殿……
李世勣軍既渡遼,歷南蘇等數城,高麗多背城拒戰,世勣擊破其兵,焚其羅郭而還。
卷一百九十八,《唐紀》十四,13/6247

上接五月壬辰。按,貞觀二十一年五月丙戌朔,壬辰七日,月内無庚辰。《新唐書·太宗紀》:"(五月)庚戌,李世勣克南蘇、木底城。"庚戌爲五月二十五日。當從《新唐書》。《通鑑》"庚辰"爲"庚戌"之訛。

辛未,骨利幹遣使入貢;丙戌,以骨利幹爲玄闕州,拜其俟斤爲刺史。
卷一百九十八,《唐紀》十四,13/6248

上接八月壬戌，後有己丑、丁酉、戊戌。按，是年八月乙卯朔，壬戌八日，辛未十七日，月内無丙戌、己丑、丁酉、戊戌諸日。《通鑑》本年八月後逕接十月，不書九月，"丙戌"上當脱"九月"二字。《新唐書・太宗紀》正將丁酉立曹王事繫於九月。《舊唐書・太宗紀》亦奪"九月"。羅士琳《舊唐書校勘記》卷二云："張氏宗泰云：'脱九月，依《新紀》補。丁酉，九月十四日。'按《通鑑》載此事亦在八月。"標點本《舊唐書》失校。九月甲申朔，丙戌三日，己丑六日，丁酉十四日，戊戌十五日。

二十二年（六四八）
丁丑，敕越州都督府及婺、洪等州造海船及雙舫千一百艘。
辛未，遣左領軍大將軍執失思力出金山道擊薛延陀餘寇。

卷一百九十九，《唐紀》十五，13/6261

上接八月己酉。按貞觀二十二年八月己酉朔，丁丑二十九日，辛未二十三日。丁丑不得在辛未前。《新唐書・太宗紀》亦有八月辛未執失思力討薛延陀事。《通鑑》或"丁丑"有誤，或日次失序，姑存疑。

高宗永徽元年（六五〇）
李勣固求解職；冬，十月，戊辰，解勣左僕射，以開府儀同三司、同中書門下三品。
己未，監察御史陽武韋思謙劾奏中書令褚遂良抑買中書譯語人地……是日，左遷遂良爲同州刺史，叙册循州刺史。

卷一百九十九，《唐紀》十五，13/6272–3

按，永徽元年十月丙寅朔，戊辰三日。月内無己未。《舊唐書·高宗紀》："十一月己未，中書令、河南郡公褚遂良左授同州刺史。"十一月丙申朔，己未二十四日。《新唐書》卷六十一《宰相表》亦云："十一月，遂良貶同州刺史。"《通鑑》十月後逕接十二月，不書十一月。當從《舊唐書》。《通鑑》"己未"上奪"十一月"。

三年（六五二）

冬，十一月，庚寅，弘化長公主自吐谷渾來朝。

卷一百九十九，《唐紀》十五，13/6279

按，永徽三年十一月甲寅朔，月内無庚寅。《舊唐書·高宗紀》亦作"十一月庚寅"。《册府元龜》卷九百七十九《外臣部·和親》作"十一月"，不書日。羅士琳《舊唐書校勘記》："張氏宗泰移十二月于庚寅之上。云'十一月甲寅朔，不得有庚寅，寅是十二月七日。'按《通鑑》亦作'冬十一月庚寅，宏化長公主自吐谷渾來朝'。"今按，《舊唐書》、《通鑑》、《册府元龜》均在十一月。"十一月"似不誤。《舊唐書》本條上承十一月乙亥（二十二日），或"庚寅"爲"庚辰"之訛。姑存疑。庚辰在十一月二十六日。

癸巳，濮王泰薨於均州。

卷一百九十九，《唐紀》十五，13/6279

上接十一月庚寅（疑爲"庚辰"，見上條）。按，是年十一月甲寅朔，月内無癸巳。《新唐書·高宗紀》："十二月癸巳，濮王泰薨。"《舊唐書·高宗紀》同。十二月甲申朔，癸巳爲十二月十日。當從

《高宗紀》。《通鑑》"癸巳"上誤奪"十二月"三字。

五年（六五四）
閏月，丙子，以處月部置金滿州。

卷一百九十九，《唐紀》十五，13/6285

按，永徽五年閏五月，《通鑑》"閏月"上接四月，依例"閏月"當作"閏五月"。閏五月乙亥朔，丙子二日，下文之丁丑、壬辰，爲三日、十八日。

高宗顯慶二年（六五七）
春，正月，癸巳，分哥邏祿部置陰山、大漠二都督府。

卷二百，《唐紀》十六，14/6301

按，顯慶二年正月庚申朔，月內無癸巳。《唐會要》卷一百《葛邏祿國》亦云："顯慶二年，置陰山、大漠、玄池三都督府。"《唐會要》卷七十三《安北都護府》："顯慶（三）[二]年正月十四日，分葛邏祿部置陰山、大漠、玄池三都督府。""正月十四日"適爲癸酉，《通鑑》"癸巳"當是"癸酉"之誤，漏書玄池都督府。

冬，十月，戊戌，上行幸許州。乙巳，畋于滍水之南。壬子，至氾水曲。

卷二百，《唐紀》十六，14/6305

按，是年十月丙辰朔，無戊戌、乙巳、壬子諸日。《新唐書·高宗紀》："十一月戊戌，如許州。甲辰，遣使慮所過州縣囚。乙巳，獵于滍南。壬子，講武于新鄭。"十一月乙酉朔，戊戌十四日，乙巳二十一日，壬子二十八日。當從《新唐書》。《通鑑》"十月"爲

"十一月"之訛。又,《舊唐書·高宗紀》亦誤作"冬十月"。羅士琳《舊唐書校勘記》卷二云,《通鑑》作"十一月戊戌",未知所據何本,姑存疑。

高宗龍朔元年(六六一)
秋,七月,甲戌,蘇定方破高麗於浿江,屢戰皆捷,遂圍平壤城。

卷二百,《唐紀》十六,14/6325

按,龍朔元年七月甲午朔,月内無甲戌。《新唐書·高宗紀》:"八月甲戌,蘇定方及高麗戰於浿江,敗之。"八月甲子朔,甲戌十一日。《通鑑》本年不書八月。當從《新唐書》,《通鑑》"七月"爲"八月"之訛。

冬,十月,丁卯,上畋于陸渾;戊申,又畋于非山;癸酉,還宫。

卷二百,《唐紀》十六,14/6326

按,是年十月癸亥朔,丁卯五日,癸酉十一日,月内無戊申。《新唐書·高宗紀》:"十月丁卯,獵于陸渾。戊辰,獵于非山。癸酉,如東都。"戊辰,十月六日。當從《新唐書》。《通鑑》"戊申"爲"戊辰"之訛。

二年(六六二)
癸酉,立皇子旭輪爲殷王。

卷二百一,《唐紀》十七,14/6332

上接十月癸丑。按,龍朔二年十月丁亥朔,癸丑二十七日,月内無癸酉。《舊唐書·高宗紀》："（十一月）癸酉，封皇第四子旭輪爲殷王。"《新唐書·高宗紀》同。十一月丙辰朔，癸酉十八日。當從《舊唐書》。《通鑑》誤奪"十一月"三字。

三年（六六三）

乙酉，以李義府爲右相，仍知選事。

卷二百一，《唐紀》十七，14/6333

上接春正月。按，龍朔三年正月乙卯朔，月內無乙酉。《舊唐書·高宗纪》："（春正月）乙丑，司列太常伯李義府爲右相。"《新唐書·高宗纪》、《新唐書》卷六十一《宰相表》亦作"正月乙丑"。當從《高宗紀》。《通鑑》"乙酉"爲"乙丑"之訛。乙丑，正月十一日。

夏，四月，乙丑，下義府獄……戊子，詔義府除名，流巂州。

卷二百一，《唐紀》十七，14/6334-5

按，龍朔三年四月甲申朔，月內無乙丑。戊子五日。《舊唐書·高宗紀》亦作"四月乙丑"。羅士琳《舊唐書校勘記》卷二云："張氏宗泰云，'戊子'前不得有'乙丑'，'丑'當作'酉'，乙酉，四月二日。按，《通鑑》亦作四月乙丑下義府獄，戊子，詔義府除名，流巂州。《册府》二百三十三，'四月戊子，李義府除名，配流巂州'。"當從張宗泰説，"乙丑"爲"乙酉"之訛。《通鑑》蓋承《舊唐書》而誤。

高宗麟德元年（六六四）

夏，四月，壬子，衛州刺史道孝王元慶薨。

卷二百一，《唐纪》十七，14/6339

按，麟德元年四月戊寅朔，月内無壬子。《舊唐書·高宗紀》只云"四月"，不書日。《新唐書·高宗紀》："四月壬午，道王元慶薨。"壬午爲四月五日。當從《新唐書》。《通鑑》"壬子"爲"壬午"之訛。

高宗乾封元年（六六六）

丙戌，車駕發泰山；辛卯，至曲阜，贈孔子太師，以少牢致祭。癸未，至亳州，謁老君廟，上尊號曰太上玄元皇帝。

卷二百一，《唐紀》十七，14/6347

上接正月壬申。按，乾封元年正月戊辰朔，壬申五日，丙戌十九日，辛卯二十四日，癸未十六日。癸未不得在丙戌、辛卯後。《新唐書·高宗紀》："（春正月）辛卯，幸曲阜，祠孔子，贈太師。二月己未，如亳州，祠老子，追號太上玄元皇帝，縣人宗姓給復一年。"《舊唐書·高宗紀》亦作"二月己未，次亳州"。當從《高宗紀》。《通鑑》"癸未"爲"己未"之訛，其上誤奪"二月"。二月戊戌朔，己未二十二日。《册府元龜》卷一百一十三《帝王部·巡幸》與《通鑑》同。二書蓋承同一史源而誤。

……丁丑，至東都，留六日；甲申，幸合璧宮；夏，四月，甲辰，至京師，謁太廟。

卷二百一，《唐紀》十七，14/6347

上接二月己未（《通鑑》誤作"正月癸未"，見上條）。二月戊戌朔，己未二十二日。月内無丁丑、甲申。《册府元龜》卷一百一十三《帝王部·巡幸》："三月丁丑，至東都；甲申，發東都，還京师，幸合璧宮；四月甲辰，還京師。"三月丁卯朔，丁丑十一日，甲申十八日。當從《册府元龜》。《通鑑》"丁丑"上誤奪"三月"二字。

二年（六六七）

夏，四月，乙卯，西臺侍郎楊弘武、戴至德、正諫大夫兼東臺侍郎李安期、東臺舍人昌樂張文瓘、司列少常伯兼正諫大夫河北趙仁本並同東西臺三品。

卷二百一，《唐紀》十七，14/6352

按，乾封二年四月辛卯朔，有乙卯。《舊唐書・高宗紀》、《新唐書・高宗紀》、《新唐書》卷六十一《宰相表》俱繫此事於本年"六月乙卯"。《册府元龜》卷七十二《帝王部・命相》亦作乾封"二年六月"。《通鑑》四月後逕接八月，無五、六、七月。疑應從諸書作"六月乙卯"，《通鑑》"四月"爲"六月"之誤。六月庚寅朔，乙卯二十六日。

高宗總章元年（六六八）

朝廷議明堂制度略定，三月，庚寅，赦天下，改元。
戊寅，上幸九成宮。

卷二百一，《唐紀》十七，14/6355

按，總章元年三月乙酉朔，庚寅六日，月內無戊寅。《新唐書・高宗紀》："（二月）戊寅，如九成宮……三月庚寅，大赦，改元。"《舊唐書・高宗紀》亦云"二月戊寅，幸九成宮"。二月乙卯朔，戊寅二十四日。當從《高宗紀》。疑《通鑑》"改元條"與"幸九成宮條"次序誤倒，遂將二月事誤繫於三月。又，《册府元龜》卷一百一十三《帝王部・巡幸》亦誤作"三月戊寅"，附誌於此。

高宗咸亨元年（六七〇）

冬，十月，乙未，太子右中護、同東西臺三品趙仁本爲左肅機，罷政事。

庚寅，詔官名皆復舊。

卷二百一，《唐紀》十七，14/6365

按，咸亨元年十月庚午朔，乙未二十六日，庚寅二十一日。乙未不得在庚寅前。"胡注"云："按《新書·帝紀》係十二月庚寅。"今按《舊唐書·高宗紀》亦作"十二月庚寅"。《舊唐書》卷四十二《職官志》："咸亨元年十二月詔：'龍朔二年新改尚書省百司及僕射已下官名，並依舊。'"當從諸書，復舊官名在十二月庚寅。《通鑑》本年末爲十月，不書十一、十二月。"庚寅"上當誤奪"十二月"三字。

三年（六七二）

癸卯，以左庶子劉仁軌同中書門下三品。

卷二百二，《唐紀》十八，14/6370

上接十二月。按，咸亨三年十二月戊午朔，月內無癸卯。《新唐書·高宗紀》、《新唐書》卷六十一《宰相表》以及《册府元龜》卷七十二《帝王部·命相》均作"十二月"，不書日。《通鑑》日干當有誤，姑存疑。

高宗上元元年（六七四）

春，正月，壬午，以左庶子、同中書門下三品劉仁軌爲雞林道大總管，衛尉卿李弼、右領軍大將軍李謹行副之，發兵討新羅。

卷二百二，《唐紀》十八，14/6372

按，上元元年正月壬子朔，月內無壬午。《新唐書·高宗紀》："上元元年二月壬午，劉仁軌爲雞林道行軍大總管，以伐新羅。"《舊唐書·高宗紀》、《新唐書》卷六十一《宰相表》亦作"二月壬午"。是年二月辛巳朔，壬午二日。《通鑑》"正月"後逕接三月。當從《高宗紀》，《通鑑》"正月"爲"二月"之誤。

高宗儀鳳元年（六七六）

甲寅，中書侍郎李義琰同中書門下三品。
戊午，車駕至九成宮。

卷二百二，《唐紀》十八，14/6380

上接閏三月庚寅。按，儀鳳元年閏三月己巳朔，庚寅二十二日，月內無甲寅、戊午。《新唐書·高宗紀》："四月戊申，至自東都。甲寅，中書侍郎李義琰同中書門下三品。戊午，如九成宮。"《舊唐書·高宗紀》同。《新唐書》卷六十一《宰相表》亦在"四月甲寅"。四月戊戌朔，戊申十一日，甲寅十七日，戊午二十一日。《通鑑》閏三月後逕接六月。當從《高宗紀》，《通鑑》"甲寅"上誤奪"夏四月"三字。

秋，八月，乙未，吐蕃寇疊州。

卷二百二，《唐紀》十八，14/6380

按，是年八月丙申朔，月內無乙未。《新唐書·高宗紀》："（七月）乙未，吐蕃寇疊州。"七月丁卯朔，乙未二十九日。《通鑑》上承六月，"八月"當爲"七月"之誤。下文之"壬寅"爲八月七日。又，

《舊唐書·高宗紀》亦誤作"八月乙未",羅士琳《舊唐書校勘記》卷三:"沈氏炳震云:'八月無乙未,《新書》乙未在七月。'按,《通鑑》亦作'八月'。"今按,《通鑑》蓋承《舊唐書》而誤。標點本《舊唐書》失校。

二年(六七七)

秋,八月,徙周王顯爲英王,更名哲。

卷二百二,《唐紀》十八,14/6384

《舊唐書·高宗紀》亦在八月,不書日。按,《新唐書·高宗紀》:"十月壬辰,徙封顯爲英王,更名哲。"《唐會要》卷一《帝號》云:"儀鳳二年十月三日,徙封英王,改名哲。"是年十月庚寅朔,壬辰三日。適與《新唐書》相合。《舊唐書》、《通鑑》本年不書九、十月,疑應從《新唐書》。《通鑑》或承《舊唐書》誤,姑存疑。

三年(六七八)

十一月,壬子,黃門侍郎、同中書門下三品來恒卒。

卷二百二,《唐紀》十八,14/6388

按,《舊唐書》與《新唐書》本年置閏不一。《舊唐書》閏十月,《新唐書》閏十一月,《二十史朔閏表》亦閏十一月。如閏十月,十一月有壬子;閏十一月,十一月無壬子。《舊唐書·高宗紀》與《新唐書》卷六十一《宰相表》作"十一月壬子",《新唐書·高宗紀》作"閏十一月壬子"。《通鑑》本年不載閏月,本條或從《舊唐書》。又,《資治通鑑目錄》卷二十作"閏十一月癸未朔",與《通鑑》正文異。姑存疑。

高宗調露元年（六七九）
春，正月，己酉，上幸東都。

卷二百二，《唐紀》十八，14/6388

按，《新唐書·高宗紀》："調露元年正月戊子，如東都。"《舊唐書·高宗紀》同《通鑑》作"己酉"，上有辛未。羅士琳《舊唐書校勘記》云："沈氏炳震云：'正月無辛未。'張氏宗泰云：'下有庚戌，兩紀所同，而庚戌上距辛未凡四十日，不得同月。下己酉，《新紀》作戊子，己酉雖與庚戌相接，不應兩紀之日相距太遠。'今按，辛未當作癸未，正月初二日；己酉當作己丑，即《新紀》戊子之次日，正月初九日；庚戌，正月二十九日。"按，正月壬午朔，己丑初八，非初九日，羅氏誤。又，《册府元龜》卷一一三《帝王部·巡幸》亦作"正月己酉"。姑存疑。

高宗開耀元年（六八一）
庚申，上以服餌，令太子監國。

卷二百二，《唐紀》十八，14/6403

上接閏七月丁未。開耀元年閏七月丁酉朔，丁未十一日，庚申二十四日。《舊唐書·高宗紀》亦作"庚申"。《新唐書·高宗紀》："（閏七月）庚戌，以餌藥，皇太子監國。庚申，裴行儉及突厥戰，敗之。"庚戌十四日。按，《通鑑》太子監國與裴行儉敗突厥，二事同在庚申。疑應從《新唐書》，太子監國在庚戌，裴行儉敗突厥在庚申。姑存疑。

高宗永淳元年（六八二）
癸未，改元，赦天下。

戊午，立皇孫重照爲皇太孫。

卷二百三，《唐紀》十九，14/6406

上接二月。按，永淳元年二月乙丑朔，癸未十九日，月內無戊午。《新唐書·高宗紀》："三月戊午，立重照爲皇太孫。"三月甲午朔，戊午二十五日。《通鑑》二月後逕接四月，不書三月。當從《新唐書》，《通鑑》"戊午"上脫"三月"。又，《舊唐書·高宗紀》亦誤將"戊午"繫於二月。羅士琳《舊唐書校勘記》卷三云："沈本戊午上有三月。張氏宗泰云：'《新紀》有三月。'按《通鑑》亦脫'三月'。《册府》二百五十七作'三月戊午'。"標點本《舊唐書》失校。

吐蕃將論欽陵寇柘、松、翼等州。詔左驍衛郎將李孝逸、右衛郎將衛蒲山發秦、渭等州兵分道禦之。

卷二百三，《唐紀》十九，14/6411-2

上接秋七月。《新唐書·高宗紀》："九月，吐蕃寇柘州，驍衛郎將李孝逸伐之。"按，《通鑑》七月後逕接十月，不書八、九月，疑應從《新唐書》。《通鑑》誤脫"九月"。

高宗弘道元年（六八三）

春，正月，甲午朔，上行幸奉天宫。

卷二百三，《唐紀》十九，14/6413

按，弘道元年正月己丑朔，甲午爲正月初六日，非朔日。《新唐書·高宗紀》無"朔"字。《舊唐書·高宗紀》亦作"甲午朔"。羅士琳《舊唐書校勘記》云："張氏宗泰云：'《新志·日食篇》元年十月庚申朔，則二年正月己丑朔，甲午乃正月六日。《新紀》不書朔，依以删之。'按《册府》、《通鑑》俱有'朔'字。《册府》三十三'正月甲子朔，車駕發東都，庚午至奉天宫'。"今按，查《册府元龜》卷三十三《帝王部·崇祭祀》作"正月甲午朔"，"校勘記""甲子"當爲"甲午"之訛。又，《册府元龜》卷一百一十三《帝王部·巡幸》亦作"甲午朔"，蓋因史源相同而衍"朔"字。

庚［嚴："庚"改"壬"。］辰，詔以今年十月有事於嵩山；尋以上不豫，改用來年正月。

卷二百三，《唐紀》十九，14/6415

上接七月己丑。按，是年七月丙戌朔，己丑四日，月内無庚辰。《舊唐書》卷二十三《禮儀志》亦在七月，不繫日。《册府元龜》卷三十六《帝王部·封禪》："永淳二年七月庚申，詔以今年十月，有事于嵩嶽。"永淳二年即弘道元年，是年十一月丁巳改元弘道。七月亦無庚申。一作"庚辰"，一作"庚申"，二説俱有"庚"字，"庚"殆不誤，嚴衍改"庚"爲"壬"，疑非是。上有己丑，下接甲辰，或爲"庚寅"（五日）之訛。姑存疑。

八月，己丑，以將封嵩山，召太子赴東都；留唐昌王重福守京師，以劉仁軌爲之副。

卷二百三，《唐紀》十九，14/6415

按，是年八月丙辰朔，月内無己丑。《新唐書·高宗紀》："八月乙丑，皇太子朝于東都，皇太孫留守京師。"正作乙丑。乙丑爲八月十日。《通鑑》"己丑"當爲"乙丑"之訛。

……冬，十月，己卯，太子至東都。

癸亥，車駕幸奉天宮。

卷二百三，《唐紀》十九，14/6415

按，是年十月甲寅朔，癸亥十日，己卯二十六日，不得在前。《舊唐書·高宗紀》："十一月，皇太子來朝。癸亥，幸奉天宮。"《舊唐書校勘記》云："《册府》三十六'十月癸亥，幸奉天宮'。《通鑑》'十月己卯，太子至東都。癸亥，車駕幸奉天宮'。張氏宗泰云，《舊紀》'十'下衍'一'字。"今按，後接癸亥，"己卯"當爲"乙卯"之訛。乙卯，十月二日。

則天后光宅元年（六八四）

己未，立雍州牧豫王旦爲皇帝……

壬子，以永平郡王成器爲皇太子，睿宗之長子也。赦天下，改元文明。

庚申，廢皇太孫重照爲庶人，命劉仁軌專知西京留守事。

卷二百三，《唐紀》十九，14/6418

上接二月戊午。按，光宅元年二月癸丑朔，戊午六日，己未七日，庚申八日，月内無壬子。又，己未之次日即是庚申，其間不得再有壬子。《新唐書·則天皇后紀》："二月戊午，廢皇帝爲廬陵王，幽之。己未，立豫王旦爲皇帝，妃劉氏爲皇后，立永平郡王成器爲皇太子。大赦，改元文明……庚申，廢皇太孫重照爲庶人，殺庶人賢於巴州。"《舊唐書·則天皇后紀》同。立皇帝、皇太子及改元諸事，均正在己未。《通鑑》"壬子"二字誤衍。

甲申，以左玉鈐衛大將軍李孝逸爲揚州道大總管，將兵三十萬，以將軍李知十、馬敬臣爲之副，以討李敬業。

卷二百三，《唐紀》十九，14/6424

　　上接九月己巳。後有丁亥、壬辰、丙申、丁酉諸日。按，是年九月己酉朔，己巳二十一日，月内無甲申、丁亥、壬辰、丙申、丁酉諸日。《新唐書・則天皇后紀》："（十月）甲申，左玉鈐衛大將軍梁郡公孝逸爲揚州道行軍大總管，左金吾衛大將軍李知十爲副，率兵三十萬以拒李敬業。"《舊唐書・則天皇后紀》亦在十月。十月己卯朔，甲申六日。《通鑑》九月後逕接十一月，不書十月。當從《新唐書》，《通鑑》"甲申"上誤奪"冬十月"。下文之丁亥、壬辰、丙申、丁酉，爲十月九日、十四日、十八日、十九日。

則天后垂拱二年（六八六）

己巳，雍州言新豐縣東南有山踊出，改新豐爲慶山縣。

卷二百三，《唐紀》十九，14/6442

　　上接九月丁未。按，垂拱二年九月戊戌朔，丁未十日，月内無己巳。《新唐書・則天皇后紀》："十月己巳，有山出于新豐縣，改新豐爲慶山，赦囚，給復一年，賜酺三日。"十月戊辰朔，己巳二日。又，《新唐書》卷三十五《五行志》亦誤作"垂拱二年九月己巳"。《考異》曰："《統紀》在十二月，今從《實錄》。"或《實錄》誤，《通鑑》與《新唐書・五行志》承之，《舊唐書》卷三十七《五行志》不載年月，繫於永昌元年（六八九）之後，次序亦誤。

三年（六八七）

秋，七月，壬辰，魏玄同檢校納言。

卷二百四，《唐紀》二十，14/6445

按，垂拱三年七月癸亥朔，月内無壬辰。《舊唐書·則天皇后紀》作"八月"，不書日。《新唐書·則天皇后紀》："八月壬子，魏玄同兼檢校納言。"《新唐書》卷六十一《宰相表》同。八月壬辰朔，壬子二十一日。《通鑑》"七月"應爲"八月"之誤。"壬辰"、"壬子"未知孰是，姑存疑。

四年（六八八）

……二月，庚午，毀乾元殿，於其地作明堂，以僧懷義爲之使，凡役數萬人。

卷二百四，《唐紀》二十，14/6447

按，垂拱四年二月庚寅朔，月内無庚午。《新唐書·則天皇后紀》："四年正月甲子，增七廟，立高祖、太宗、高宗廟于神都。庚午，毀乾元殿，作明堂。"正月庚申朔，甲子五日，庚午十一日。《通鑑》"二月"衍。《舊唐書·則天皇后紀》置於二月，不書日，亦誤。又，《舊唐書》卷二十二《禮儀志》："則天臨朝，儒者屢上言請創明堂……垂拱三年春，毀東都之乾元殿，就其地創之。四年正月五日，明堂成。"《唐會要》卷十一《明堂制度》亦云："垂拱三年，毀乾元殿，就其地創造明堂。四年正月五日畢功。"正月五日爲甲子。以上二條均記毀乾元殿在三年，姑存疑。

武承嗣使鑿白石爲文曰："聖母臨人，永昌帝業。"末紫石雜藥物填之。庚午，使雍州人唐同泰奉表獻之，稱獲之於洛水。

卷二百四，《唐紀》二十，14/6448

上接四月戊戌。按，是年四月戊子朔，戊戌十一日，月内無庚午。《舊唐書·則天皇后紀》亦在四月，不書日。《新唐書·則天皇后紀》："五月庚申，得'寶圖'于洛水。"五月戊午朔，庚申三日，庚午爲五月十三日。姑存疑。

……乙亥，味道及其子辭玉皆伏誅。

卷二百四，《唐紀》二十，14/6454

上接十二月乙酉。按，是年十二月乙酉朔，月內無乙亥。下文有己酉（二十五日），當爲"己亥"之訛。《新唐書·則天皇后紀》："（十二月）己亥，殺騫味道。"正作己亥。己亥，十二月十五日。

則天后永昌元年（六八九）

乙未，秋官尚書太原張楚金、陝州刺史郭正一、鳳閣侍郎元萬頃、洛陽令魏元忠，並免死流嶺南……是日，陰雲四塞，既釋楚金等，天氣晴霽。

卷二百四，《唐紀》二十，14/6459-60

上接八月甲申。按，永昌元年八月辛巳朔，甲申四日，乙未十五日。《通鑑》下文本年十月引陳子昂上疏云："九月二十一日敕免楚金等死，初有風雨，變爲景雲。"《全唐文》卷二百十三陳子昂《諫刑書》同。九月庚戌朔，二十一日庚午。與《通鑑》所載"八月乙未"相牴牾。《考異》云："《唐曆》：'七月二十四日，張楚金絞死；八月二十一日，郭正一絞死。'《年代紀》：'七月甲戌，楚金絞死；八月辛亥，郭正一絞死。'《新書·紀》：'八月辛丑，殺郭正一。'今據《實錄》，楚金等皆流配未死。"今按，誠如《考異》所論，楚金等流配未死。但《新唐書》之"八月辛丑"，適爲八月二十一日，與《唐曆》相合，又，本年八月無辛亥，《年代紀》之"辛亥"亦可視爲"辛丑"之訛,果如是,則諸書皆爲八月辛丑二十一日。或楚金等人臨刑獲免在八月二十一日,《全唐文》及《通鑑》所引陳子昂《諫刑書》之"九月二十一日"實爲"八月二十一日"之誤。姑存疑。

則天后天授二年（六九一）
壬辰,殺鸞臺侍郎·同平章事樂思晦、右衛將軍李安静。

卷二百四,《唐紀》二十,14/6476

上接十月己酉。按,天授二年十月戊戌朔,己酉十二日,月內無壬辰。《新唐書·則天皇后紀》:"十月己酉,殺岑長倩、歐陽通、格輔元。壬戌,殺樂思晦、左衛將軍李安静。"《新唐書》卷六十一《宰相表》同。壬戌,十月二十五日。當從《新唐書》。《通鑑》"壬辰"爲"壬戌"之訛。

則天后長壽元年（六九二）
辛亥,萬年主簿徐堅上疏,以爲……

卷二百五,《唐紀》二十一,14/6483

上接六月。《冊府元龜》卷五百三十二《諫諍部·規諫》作"如意元年六月",不書日。本年四月改元如意,九月改元長壽。六月甲子朔,月內無辛亥。日干當有誤。姑存疑。

二年（六九三）
二月,丙子,新羅王政明卒,遣使立其子理洪爲王。
乙亥,禁人間錦。侍御史侯思止私畜錦,李昭德按之,杖殺於朝堂。

卷二百五，《唐紀》二十一，14/6490–1

按，長壽二年二月辛酉朔，丙子十六日，乙亥十五日，丙子不得在乙亥前。此日次失序。又，《舊唐書》卷一百九十九《東夷傳》："天授三年，政明卒，則天爲之舉哀，遣使弔祭，册立其子理洪爲新羅王。"天授三年九月改元長壽。《册府元龜》卷九百六十六《外臣部·繼襲》亦作"天授三年"。《册府元龜》卷九百六十四《外臣部·封册》作"長壽二年"，與《通鑑》同。蓋政明卒於長壽元年（即天授三年），次年，唐朝遣使册立，故諸書記載相差一年。附誌於此。

來俊臣誣冬官尚書蘇幹，云在魏州與琅邪王冲通謀，夏，四月，乙未，殺之。
五月，癸丑，棣州河溢。

卷二百五，《唐紀》二十一，14/6492

按，是年四月庚申朔，月内無乙未；五月己丑朔，癸丑二十五日。《新唐書·則天皇后紀》："五月乙未，殺冬官尚書蘇幹、相州刺史來同敏。癸丑，河溢棣州。"乙未，五月七日。當從《新唐書》。《通鑑》"夏四月"衍，下文之"五月"應移置"乙未"前。

則天后萬歲通天元年（六九六）

三月，壬寅，王孝傑、婁師德與吐蕃將論欽陵贊婆戰於素羅汗山，唐兵大敗；孝傑坐免爲庶人，師德貶原州員外司馬。

卷二百五，《唐紀》二十一，14/6504

《考異》曰:"《新紀》,四月庚子貶師德,而無免孝傑日;《新表》,'三月壬寅孝傑免'。按,《實錄》'三月壬寅撫州火'下言孝傑等敗,蓋皆據奏到之日耳。二人同罪,貶必同時,不容隔月,不知果在何日。今但依《實錄》,因其軍敗,終言貶官之事耳。"是《考異》據《新表》三月壬寅免孝傑,不取《新唐書·則天皇后紀》四月庚子貶婁師德的記載。但《新唐書·宰相表》"三月壬寅孝傑免"。下文又云"(四月)庚子,師德貶原州司馬"。與《則天皇后紀》同。同是《新唐書·宰相表》,《通鑑》似不應取一廢一。又,"同罪同免",理據亦嫌不足。

以檢校夏官侍郎孫元亨同平章事。

卷二百五,《唐紀》二十一,14/6505

上接三月丁巳。《新唐書·則天皇后紀》:"四月癸酉,檢校夏官侍郎孫元亨同鳳閣鸞臺平章事。"《新唐書》卷六十一《宰相表》同。《通鑑》本年三月後逕接五月,不書四月,疑《通鑑》脫"四月"。四月壬申朔,癸酉二日。

則天后神功元年(六九七)
春,三月,戊申,清邊道總管王孝傑、蘇宏暉等將兵十七萬與孫萬榮戰于東硤石谷,唐兵大敗,孝傑死之。

卷二百六,《唐紀》二十二,14/6514

《新唐書·則天皇后紀》:"三月庚子,王孝傑及孫萬斬戰于東硤石谷,敗績,孝傑死之。戊申,赦河南、北。"與《通鑑》相異。或《通鑑》因下有"戊申",而誤以"庚子"作"戊申"。姑存疑。三月丁酉朔，庚子四日，戊申十二日。又，《舊唐書·則天皇后紀》誤繫於二月。羅士琳《舊唐書校勘記》云："春二月，沈本作三月。張氏宗泰云：'《新紀》作三月庚子。'庚子三月四日。"標點本《舊唐書》失校。

庚午，武攸宜自幽州凱旋。
卷二百六，《唐紀》二十二，14/6522

上接七月丁酉。按，是年七月乙未朔，丁酉三日，月內無庚午。日干當誤，姑存疑。

九月，壬辰，大享通天宮，大赦，改元。
庚戌，婁師德守納言。
卷二百六，《唐紀》二十二，14/6523

按，是年九月甲午朔，庚戌十七日，月內無壬辰。《新唐書·則天皇后紀》："九月壬寅，大赦，改元，賜酺七日。庚戌，婁師德守納言。"壬寅，九月九日。當從《新唐書》。《通鑑》"壬辰"爲"壬寅"之訛。

則天后聖曆二年（六九九）

正月，丁卯朔，告朔於通天宮。
壬戌，以皇嗣爲相王，領太子右衛率。
卷二百六，《唐紀》二十二，14/6538

下有甲子。按壬戌在丁卯前六日，甲子在前三日，丁卯不得在壬戌、甲子前。《二十史朔閏表》聖曆二年正月丁巳朔，壬戌六日，甲子八日。《資治通鑑目錄》卷二十本年二月丙戌朔，丁卯距丙戌僅二十日。當從《朔閏表》，《通鑑》"丁卯"爲"丁巳"之訛。

庚子，邢貞公王及善薨。

卷二百六，《唐紀》二十二，14/6542

上接九月戊寅。按，是年九月壬子朔，戊寅二十七日，月內無庚子。《新唐書·則天皇后紀》："（九月）庚辰，王及善薨。"《新唐書》卷六十一《宰相表》亦作"九月庚辰"。庚辰，九月二十九日。當從《新唐書》。《通鑑》"庚子"爲"庚辰"之訛。

則天后久視元年（七〇〇）

庚戌，以魏元忠爲隴右諸軍大使，擊吐蕃。
庚申，太后欲造大像，使天下僧尼日出一錢以助其功。

卷二百七，《唐紀》二十三，14/6549

上接閏七月壬寅。按，久視元年閏七月丁丑朔，《資治通鑑目錄》卷二十同。壬寅二十六日，月內無庚戌、庚申。《新唐書·則天皇后紀》："八月庚戌，魏元忠爲隴右諸軍州大總管，以擊吐蕃。庚申，斂天下僧錢作大像。"八月丙午朔，庚戌五日，庚申十五日。《通鑑》閏月後遽接九月，不書八月。當從《新唐書》。《通鑑》"庚戌"上誤奪"八月"二字。

則天后長安四年（七〇四）

丁丑，徙平恩王重福爲譙王。

卷二百七，《唐紀》二十三，14/6570

上接三月己丑、癸巳。按，長安四年三月丙戌朔，己丑四日，癸巳八日，月內無丁丑。《新唐書·則天皇后紀》："三月丁亥，進封皇孫平恩郡王重福爲譙王。"丁亥，三月二日。當從《新唐書》。《通鑑》"丁丑"爲"丁亥"之訛。又，前有己丑、癸巳，日次亦失序。

九月，壬子，以姚元之充靈武道行軍大總管；辛酉，以元之爲靈武道安撫大使。

卷二百七，《唐紀》二十三，14/6573

按，是年九月甲申朔，壬子二十九日，月內無辛酉。《新唐書·則天皇后紀》："九月壬子，姚元之爲靈武道行軍大總管。十月辛酉，元之爲靈武道安撫大使。"《新唐書》卷六十一《宰相表》亦作"十月辛酉"。十月癸丑朔，辛酉九日。當從《新唐書》。《通鑑》誤脫"十月"，下文之"冬十月"當移至"辛酉"上。

中宗景龍元年（七〇七）

九月，丁卯，以吏部侍郎蕭至忠爲黃門侍郎，兵部尚書宗楚客爲左衛將軍，兼太府卿紀處訥爲太府卿，並同中書門下三品；中書侍郎、同中書門下三品于惟謙罷爲國子祭酒。

庚子，赦天下，改元。

卷二百八，《唐紀》二十四，14/6615

按，景龍元年九月丙申朔，庚子五日，月內無丁卯。《舊唐書·中宗紀》、《新唐書·中宗紀》及《新唐書》卷六十一《宰相表》均作"九月丁酉"。丁酉，九月二日。當從諸書。《通鑑》"丁卯"爲"丁酉"之訛。

二年（七〇八）

春，二月，庚寅，[嚴："寅"改"辰"。]宮中言皇后衣笥裙上有五色雲起，上令圖以示百官。韋巨源請布之天下，從之，仍赦天下。

卷二百九，《唐紀》二十五，14/6619

景龍二年二月甲子朔，庚寅二十七日。嚴衍殆因下文有"丁亥"（二十四日），故改"庚寅"爲"庚辰"（十七日）。但《新唐書·中宗紀》亦繫大赦於"二月庚寅"。《册府元龜》卷八十四《帝王部·赦宥》："二年二月庚寅，順天皇后言衣箱中裙上有五色雲起……乃大赦天下。"疑《通鑑》"庚寅"不誤。但"丁亥"不得在"庚寅"後，此日次失序。姑存疑。

丁亥，蕭至忠上疏，以爲……上雖嘉其意，竟不能用。

卷二百九，《唐紀》二十五，14/6620

上接二月庚寅（參見上條）。按，本年二月甲子朔，庚寅二十七日，丁亥二十四日，丁亥不得在庚寅之後，本條應在庚寅條之前。

丁巳晦，敕中書、門下與學士、諸王、駙馬入閣守歲，設庭燎，置酒，奏樂。

卷二百九，《唐紀》二十五，14/6630

上接十二月。按，據《二十史朔閏表》，景龍二年十二月己丑朔，三年正月己未朔，丁巳爲二年十二月二十九日，非晦日，晦日爲戊午三十日。《資治通鑑目録》卷二十載《長曆》，景龍三年正月戊午朔，二年十二月丁巳晦，與《朔閏表》差一日，與《通鑑》正文合。姑存疑。

睿宗景雲元年（七一〇）
庚子，晡時，隆基微服與幽求等入苑中……斬内將軍賀婁氏於太極殿西。

……

辛巳，隆基出見相王，叩頭謝不先啓之罪……相王奉

少帝御安福門……
是日，赦天下……

卷二百九，《唐紀》二十五，14/6644–7

上承六月壬午、甲申、丁亥、壬辰諸日，下接壬寅。按，景雲元年六月辛巳朔，壬午爲六月初二日，甲申初四日，丁亥初七日，壬辰十二日，庚子二十日，辛巳不得在諸日之後。《新唐書·睿宗紀》云，本年六月"辛丑，睿宗奉皇帝御安福門，大赦"。辛丑爲六月二十一日，與下文"壬寅"（二十二日）相次。當從《新唐書》，《通鑑》"辛巳"爲"辛丑"之訛文。

二年（七一一）

秋，七月，癸巳，追復上官昭容，諡曰惠文。
乙卯，以高祖故宅枯柿復生，赦天下。

卷二百一十，《唐紀》二十六，14/6666

後接己巳、庚午。按，景雲二年七月甲戌朔，癸巳二十日，月內無乙卯、己巳、庚午。《舊唐書·睿宗紀》："八月乙卯，詔以興聖寺是高祖舊宅，有柿樹，天授中枯死，至是重生，大赦天下。"《新唐書·睿宗紀》亦作"八月乙卯"。《通鑑》七月後逕接九月，不書八月。當從《舊唐書》，《通鑑》"乙卯"上脫"八月"。八月癸卯朔，乙卯十三日，己巳二十七日，庚午二十八日。

玄宗開元二年（七一四）

……丙寅，命有司沙汰天下僧尼，以僞妄還俗者萬二千餘人。

卷二百一十一，《唐紀》二十七，14/6695

上接正月壬申、己卯。按，開元二年正月庚申朔，壬申十三日，己卯十九日，丙寅七日，丙寅不得在壬申、己卯後。《舊唐書·玄宗紀》亦作"正月丙寅"。《通鑑》日次失序。

二月，庚寅朔，太史奏太陽應虧不虧。姚崇表賀，請書之史册；從之。
卷二百一十一，《唐紀》二十七，14/6696

按，《二十史朔閏表》二月己丑朔，庚寅二日，非朔日。與《通鑑》差一日。姑存疑。

乙酉，太子賓客薛謙光獻武后所制《豫州鼎銘》，其末云："上玄降鑒，方建隆基。"以爲上受命之符。
卷二百一十一，《唐紀》二十七，14/6704

上接八月辛巳。按開元二年八月丙辰朔，辛巳爲八月二十六日，月内無乙酉；乙酉爲九月朔日（《資治通鑑目錄》卷二十一同）。《册府元龜》卷二十四《帝王部·符瑞》亦在"八月"，不出日。姑存疑。

乙酉，命左驍衛郎將尉遲瓌使于吐蕃，宣慰金城公主。
卷二百一十一，《唐紀》二十七，14/6706

上接十月己巳。按，是年十月乙卯朔，己巳十五日，月内無乙酉。《册府元龜》卷九百七十九《外臣部·和親》亦在"十月"，不書日，姑存疑。

三年（七一五）
……九月，戊寅，以懷素爲左散騎常侍，使與右散騎常侍褚無量更日侍讀。

　　　　　　　卷二百一十一,《唐紀》二十七,14/6711

　　按,開元三年七月庚辰朔,日食,九月己卯朔(《資治通鑑目錄》卷二十一同),月內無戊寅。《舊唐書·玄宗紀》作"十月",不書日。姑存疑。十月己酉朔,戊寅三十日。

九姓思結都督磨散等來降;己未,悉除官遣還。

　　　　　　　卷二百一十一,《唐紀》二十七,14/6712

　　上接九月,下有壬戌、甲子。按,九月己卯朔,月內無己未、壬戌、甲子諸日。《新唐書·玄宗紀》壬戌、甲子事均在十月。十月己酉朔,己未十一日,壬戌十四日,甲子十六日。《通鑑》九月後逕接十一月,不書十月,"己未"上當誤奪"冬十月"。

……十一月,乙卯,還京師。

　　　　　　　卷二百一十一,《唐紀》二十七,14/6712

　　按,是年十一月己卯朔,月內無乙卯。《新唐書·玄宗紀》:"十一月己卯,至自鳳泉湯。"《舊唐書·玄宗紀》同。當從《新唐書》。《通鑑》"乙卯"爲"己卯"之訛。

四年(七一六)

丁亥,宋王成器更名憲,申王成義更名撝。

乙酉,隴右節度使郭虔瓘奏,奴石良才等八人皆有戰功,請除游擊將軍。

　　　　　　　卷二百一十一,《唐紀》二十七,14/6715

　　上接正月。按,開元四年正月戊寅朔,丁亥十日,乙酉八日。

丁亥不得在乙酉前。或日次失序；或"乙酉"爲"丁酉"（二十日）之訛。姑存疑。

六年（七一八）

五月，辛亥，以突騎施都督蘇祿爲左羽林大將軍、順國公，充金方道經略大使。
契丹王李失活卒，癸巳，以其弟娑固代之。

卷二百一十二，《唐紀》二十八，14/6733

按，開元六年五月甲午朔，辛亥十八日，月內無癸巳。《册府元龜》卷九百六十四《外臣部·封册》："（六年）六月，以故松漠郡王李失活弟中郎將娑固爲松漠都督。"六月甲子朔，亦無癸巳。癸巳爲七月朔日。《通鑑》五月後逕接八月，無六、七月。姑存疑。

冬，十一月，辛卯，車駕至西京。
戊辰，吐蕃奉表請和，乞舅甥親署誓文；又令彼此宰相皆著名於其上。

卷二百一十二，《唐紀》二十八，14/6734

按，是年十一月辛卯朔，月內無戊辰。戊辰上距辛卯三十八日，必誤。《册府元龜》卷九百八十一《外臣部·盟誓》亦作"十一月"，不書日。《册府元龜》上文接"十一月己酉賜契丹鐵券"事，己酉十九日。或"戊辰"爲"戊午"之訛，姑存疑。戊午，十一月二十八日。

七年（七一九）

九月，甲寅，徙宋王憲爲寧王。

卷二百一十二，《唐紀》二十八，14/6737

按，開元七年九月丙辰朔，月內無甲寅。《新唐書·玄宗紀》："九月甲戌，徙封宋王憲爲寧王。"甲戌，九月十九日。當從《新唐書》。《通鑑》"甲寅"爲"甲戌"之訛。

十年（七二二）
安南賊帥梅叔焉等攻圍州縣，遣驃騎將軍兼內侍楊思勗討之。

卷二百一十二，《唐紀》二十八，14/6751

上接八月癸卯。《考異》曰："《舊紀》云：'八月丙戌'，按八月庚子朔，無丙戌。《思勗傳》云：'首領梅玄成自稱黑帝，與林邑、真臘國通謀，陷安南府。'今從《本紀》。"今按，《新唐書·玄宗紀》："（七月）丙戌，安南人梅叔鸞反，伏誅。""梅叔焉"即"梅叔鸞"，二名未知孰是。七月庚午朔，丙戌七月十七日。《舊唐書·玄宗紀》"八月丙戌"下有丁亥。丁亥，七月十八日。《舊唐書》本年不書七月，"八月"顯爲"七月"之誤。《通鑑》因八月無丙戌，刪去丙戌。但依舊繫於八月，仍從《舊唐書》而誤。應從《新唐書》，事在七月丙戌。

……甲戌，杖皎六十，流欽州，弟吏部侍郎晦貶春州司馬；親黨坐流、死者數人，皎卒於道。

卷二百一十二，《唐紀》二十八，14/6751

上接八月癸卯，下有乙亥（《通鑑》作"己亥"，嚴衍云，"己"改"乙"。是）。按，是年八月庚子朔，月內無甲戌、乙亥。《舊唐書·玄宗紀》："（九月）甲戌，秘書監、楚國公姜皎坐事，詔杖之六十，配流欽州，死於路。"九月己巳朔，甲戌六日，乙亥七日。《通鑑》八月後逕接十月，不書九月。當從《舊唐書》。《通鑑》"甲戌"上誤奪"九月"。

十一年（七二三）

己巳，罷天兵、大武等軍，以大同軍爲太原以北節度使，領太原、遼、石、嵐、汾、代、忻、朔、蔚、雲十州。

三月，庚午，車駕至京師。

卷二百一十二，《唐紀》二十八，14/6755

上接二月癸亥。按，開元十一年二月丁酉朔，癸亥二十七日，月內無己巳。《唐會要》卷七十八《節度使》"大同軍"下云："大足元年五月十八日，改爲大武軍。開元十二年三月四日，改爲大同軍。"同卷"天兵軍"下云："（開元）十一年三月四日，改爲太原已北諸軍節度使。"《新唐書》卷三十九《地理志·河東道》亦云，天兵軍廢於開元十一年。《唐會要》"大同軍條"之"十二年"當爲"十一年"之訛。三月丙寅朔，四日適爲己巳。《通鑑》置於二月，誤。下文之"三月"當應移至"己巳"前。庚午，三月五日。

十二年（七二四）

六月，壬辰，制聽逃戶自首……與吏民議定賦役。

上以山東旱，命臺閣名臣以補刺史；壬午，以黃門侍郎王丘、中書侍郎長安崔沔、禮部侍郎·知制誥韓休等五人出爲刺史。

卷二百一十二，《唐紀》二十八，14/6759-60

按，開元十二年六月戊子朔，壬辰五日，月內無壬午。壬午在壬辰前十日，日次亦失序。或"壬午"爲"壬子"之訛，姑存疑。壬子，六月二十五日。

……閏月,丁卯,制以明年十一月十日有事于泰山。

卷二百一十二,《唐紀》二十八,14/6762

是年閏十二月丙辰朔。《通鑑》上接十一月,不書十二月,依例,"閏月"當作"閏十二月"。丁卯十二日。

十三年(七二五)
十二月,乙巳,還東都。

卷二百一十二,《唐紀》二十八,14/6768

按,開元十三年十二月庚戌朔,月內無乙巳。《舊唐書·玄宗紀》:"十二月己巳,至東都。"《新唐書·玄宗紀》同。己巳,十二月二十日。當從《舊唐書》。《通鑑》"乙巳"爲"己巳"之訛。

十四年(七二六)
丁亥,太原尹張孝嵩奏,"有李子嶠者,自稱皇子,云生於潞州,母曰趙妃。"上命杖殺之。

卷二百一十三,《唐紀》二十九,14/6772

上接四月丁卯。按,開元十四年四月己酉朔,丁卯十九日,月內無丁亥。《册府元龜》卷九百二十四《總錄部·詐僞》作"十四年",無月、日。姑存疑。又,"嶠"《册府元龜》作"矯"。附誌於此。

辛丑,於定、恒、莫、易、滄五州置軍以備突厥。

卷二百一十三,《唐紀》二十九,14/6772

上接四月。按,是年四月己酉朔,月內無辛丑。《舊唐書·玄宗紀》亦作"四月辛丑"。羅士琳《舊唐書校勘記》:"張氏宗泰云:'當作辛未,四月戊申朔,二十四日辛未。'按《通鑑》亦作辛丑。"《册府元龜》卷九百九十二《外臣部·備御》作"五月辛丑"。岑仲勉《突厥集史》卷十注云:"據羅校《朔閏考》三,是年四月己酉朔,無辛丑,蓋今本《舊書》誤將'五月'二字倒錯於備突厥之下。"今按,此事又見於《唐會要》,諸人均未提及。《唐會要》卷七十八《節度使》在北平、恒陽、高陽、唐興、橫海等五軍下云:"並開元十四年四月十二日置,各以刺史爲使。"四月己酉朔,十二日庚申,十三日辛酉。或《唐會要》"十二"爲"十三"之訛,事在四月十三日辛酉,《舊唐書》、《通鑑》"辛丑"爲"辛酉"之訛。姑存疑。

十六年（七二八）
八月,乙巳,特進張説上《開元大衍曆》,行之。

卷二百一十三,《唐紀》二十九,14/6782

按,開元十六年八月甲子朔,月內無乙巳。《舊唐書·玄宗紀》:"八月己巳,特進張説進《開元大衍曆》,詔命有司頒行之。"己巳,八月六日。《唐會要》卷四十二《曆》:"開元十六年八月十六日,特進張説進《開元大衍曆》,命有司行用之。"八月十六日爲己卯。疑《通鑑》"乙巳"爲"己巳"之訛。"六日己巳"與"十六日己卯",未知孰是。或《舊唐書》"己巳"爲"己卯"之訛;或《唐會要》"十六日"應爲"六日",姑存疑。

十八年（七三〇）
夏,四月,丁卯,築西京外郭,九旬而畢。

乙丑，以裴光庭兼吏部尚書。

　　　　　　　　　卷二百一十三，《唐紀》二十九，14/6788-9

　　按，開元十八年四月乙卯朔，丁卯十三日，乙丑十一日，丁卯不得在乙丑前。《舊唐書·玄宗紀》："夏四月乙卯，築京城外郭城，凡十月而功畢……乙丑，裴光庭兼吏部尚書。"《新唐書·玄宗紀》亦作"四月乙卯"。當從《玄宗紀》。《通鑑》"丁卯"爲"乙卯"之訛。

秋，九［張："九"作"七"。］月，丁巳，以忠王浚兼河東道元帥，然竟不行。

　　　　　　　　　卷二百一十三，《唐紀》二十九，14/6790

　　張敦仁殆因上接六月，改"九月"爲"七月"。但《新唐書·玄宗紀》亦云："九月丁巳，忠王浚兼河東道諸軍元帥。"九月壬子朔，丁巳六日。《通鑑》、《新唐書》下文均接十月，月序亦合。《通鑑》"九月"不誤，張敦仁所改非是。

甲寅，護密王羅真檀入朝，留宿衛。

　　　　　　　　　卷二百一十三，《唐紀》二十九，14/6791

　　上接十月癸卯。按，是年十月壬午朔，癸卯二十二日，月內無甲寅。或"甲寅"爲"甲辰"之訛，姑存疑。甲辰，十月二十三日。

十九年（七三一）
丙申，初令兩京諸州各置太公廟，以張良配享，選古名將，以備十哲，以二、八月上戊致祭，如孔子禮。

　　　　　　　　　卷二百一十三，《唐紀》二十九，14/6795

上接三月。按，開元十九年三月己酉朔，月內無丙申。《舊唐書·玄宗紀》："（夏四月）丙申，令兩京及天下諸州各置太公尚父廟，以張良配饗，春秋二時仲月上戊日祭之。"《新唐書·玄宗紀》亦作"四月丙申"。《唐會要》卷二十二《武成王廟》作"開元十九年四月十八日"。是年四月己卯朔，十八日丙申。當從諸書，《通鑑》"丙申"上誤奪"夏四月"。

秋，九［張："九"作"七"。］月，辛未，吐蕃遣其相論尚它㗉入見，請於赤嶺為互市；許之。

卷二百一十三，《唐紀》二十九，14/6796

按，《舊唐書·玄宗紀》亦作"九月辛未"。《册府元龜》卷九百七十一《外臣部·朝貢》："（十九年）八月，吐蕃遣其國相論尚他㗉來朝，命鴻臚少卿李祺至其界首宣勞申命，中官路次宣慰。""論尚它㗉"即"論尚他㗉"。蓋八月唐遣李祺至吐蕃界迎接論尚它㗉，九月辛未入朝。《舊唐書》、《通鑑》不誤。張敦仁改"九月"爲"七月"，誤。九月丁未朔，辛未九月二十五日。

二十年（七三二）
二月，癸酉朔，日有食之。

卷二百一十三，《唐紀》二十九，14/6797

按，開元二十年二月甲戌朔，月內無癸酉。《新唐書·玄宗紀》："二月甲戌朔，日有食之。"《新唐書》卷三十二《天文志》亦云："二十年二月甲戌朔，日有食之，在營室十度。"《資治通鑑目錄》卷二十一亦作"二月甲戌朔"。《舊唐書》卷三十六《天文志》作"二月癸酉朔"。"校勘記"云："《新書》卷三二《天文志》、《歷代日食考》、

《二十史朔閏表》'癸酉'均作'甲戌'，此處干支誤。"今按，《唐會要》卷四十二《日食》"二十年二月癸酉朔"。癸酉在甲戌前一日，《通鑑》蓋因與《舊唐書·天文志》、《唐會要》承同一史源而誤。

冬，十月，壬午，上發東都；辛卯，幸潞州；辛丑，至北都；十一月，庚申，祀后土於汾陰，赦天下。

　　　　　　　　　　　卷二百一十三，《唐紀》二十九，14/6799

　　按，是年十月辛未朔，壬午十二日，辛卯二十一日，月內無辛丑；十一月庚子朔，辛丑二日，庚申二十一日。《新唐書·玄宗紀》："十一月辛丑，如北都……庚申，如汾陰，祠后土，大赦。"正將"辛丑"置於十一月。《通鑑》"十一月"當移至"辛丑"上。

　　又，《册府元龜》卷一百一十三《帝王部·巡幸》、《舊唐書·玄宗紀》亦將"辛丑"誤置於十月之下。羅士琳《舊唐書校勘記》卷四云："沈本辛丑上有十一月，而刪下庚午上之十一月，是也。"今按，據《新唐書》、《通鑑》，《舊唐書》"十一月，庚午，祀后土於脽上，大赦天下"，"庚午"當為"庚申"之訛。標點本《舊唐書》失校。

二十一年（七三三）
戊子，左丞相宋璟致仕，歸東都。

　　　　　　　　　　　卷二百一十三，《唐紀》二十九，14/6803

　　上接十月己未。按，開元二十一年十月甲午朔，己未二十五日，月內無戊子。《舊唐書·玄宗紀》："十一月戊子，尚書右丞相宋璟以年老請致仕，許之。"十一月甲子朔，戊子十一月二十五日。當從《舊唐書》，《通鑑》"戊子"上脫"十一月"。"左丞相"，《舊唐書·玄宗紀》、卷九十六《宋璟傳》，《新唐書》卷一百二十四《宋璟傳》均作

"尚書右丞相"。附誌於此。

又，新、舊《唐書·宋璟傳》均記載宋璟致仕爲開元二十年，姑存疑。

丁巳，嵩罷爲左丞相，休罷爲工部尚書。

卷二百一十三，《唐紀》二十九，14/6803

上接十一月戊子（《通鑑》奪"十一月"，見上條）。按，本年十一月甲子朔，戊子二十五日，月内無丁巳。《新唐書·玄宗紀》："十二月丁巳，蕭嵩、韓休罷。"《新唐書》卷六十二《宰相表》亦作"十二月丁巳"。十二月甲午朔，丁巳二十四日。當從《新唐書》，《通鑑》"丁巳"上奪"十二月"。

又，《舊唐書·玄宗紀》作"十二月丁未"。丁未，十二月十四日。《唐大詔令集》卷四十五《裴耀卿張九齡平章事制》、《册府元龜》卷七十二《帝王部·命相》均作"十二月"，不書日。"丁巳"、"丁未"，當有一誤。姑存疑。

二十二年（七三四）

方士張果自言有神仙術……庚寅，至東都，肩輿入宫，恩禮甚厚。

卷二百一十四，《唐紀》三十，15/6805

上接二月壬寅。按，開元二十二年二月癸巳朔，壬寅十日，月内無庚寅。《舊唐書·玄宗紀》置於二月辛亥置十道採訪處置使之後，辛亥，二月十九日。或《通鑑》"庚寅"爲"庚申"之訛。庚申，二十八日。

又，《太平廣記》卷三十《張果》作"開元二十三年"，後云出《明皇雜錄》、《宣室志》、《續神仙傳》。姑存疑。

二十三年（七三五）

閏月，壬午朔，日有食之。

卷二百一十四，《唐紀》三十，15/6812

按，開元二十三年閏十一月壬午朔，《通鑑》上文接十月，依例，"閏月"應作"閏十一月"。《新唐書》卷三十二《天文志》："二十三年閏十一月壬午朔，日有食之，在南斗十一度。"正作"閏十一月"。

又，《舊唐書·玄宗紀》云："十一月壬申朔，日有蝕之。"羅士琳《舊唐書校勘記》："沈氏炳震云：'《新書》閏十一月壬午朔。未知食在何月，壬申朔則總誤也。'《通鑑》'壬午朔，日食'，下《考異》云：'《舊紀》作十一月壬申朔。按《長曆》，十一月壬子朔。今從《實錄》、《唐曆》。'"標點本《舊唐書》失校。附誌於此。

二十五年（七三七）

乙酉，幽州節度使張守珪破契丹於捺禄山。

己亥，河西節度使崔希逸襲吐蕃，破之於青海西。

卷二百一十四，《唐紀》三十，15/6826

上接二月戊辰。按，開元二十五年二月乙巳朔，戊辰二十四日。月內無乙酉、己亥。《新唐書·玄宗紀》："二十五年三月乙酉，張守珪及契丹戰于捺禄山，敗之。"《舊唐書·玄宗紀》"己亥"亦在三月。三月乙亥朔，乙酉十一日，己亥二十五日。《通鑑》二月後逕接四月，不書三月。當從《新唐書》。《通鑑》"乙酉"上誤奪"三月"。

壬申，上幸驪山溫泉。乙酉，還宮。

己丑，開府儀同三司廣平文貞公宋璟薨。

卷二百一十四，《唐紀》三十，15/6831

上接十月辛丑。按，是年十月辛丑朔，月内無壬申、乙酉、己丑諸日。《新唐書・玄宗紀》云："十一月壬申，幸溫泉宮。乙酉，至自溫泉宮。"十一月辛未朔，壬申二日，乙酉十五日。《通鑑》十月後逕接十二月，不書十一月。當從《新唐書》，《通鑑》"壬申"上誤奪"十一月"。

又，《舊唐書・玄宗紀》載宋璟卒於"十一月丁丑"。丁丑，十一月七日，與《通鑑》"己丑"（十九日）相異，姑存疑。

二十六年（七三八）

八月，辛巳，勃海王武藝卒，子欽茂立。

卷二百一十四，《唐紀》三十，15/6835

按，《二十史朔閏表》開元二十六年八月丁酉朔，無辛巳；閏八月丁卯朔，辛巳二十五日。《資治通鑑目錄》卷二十一本年閏七月，八月有辛巳。姑存疑。

又，《舊唐書》卷一百九十九下《渤海靺鞨傳》："（開元）二十五年，武藝病卒，其子欽茂嗣立。"《册府元龜》卷九六七《外臣部・繼襲》亦在二十五年。《唐會要》卷九十六《渤海》："初，嵩璘父欽茂以開元二十六年襲其父武藝忽汗州都督、渤海郡王、左金吾大將軍。"諸說各異。附誌於此，俟考。

玄宗天寶元年（七四二）

壬辰，群臣上表，以"函谷靈符，潛應年號；先天不違，請於尊號加'天寶'字"。從之。

卷二百一十五，《唐紀》三十一，15/6852

上接正月辛未。按，天寶元年正月丁未朔，辛未二十五日。月内無壬辰。《舊唐書・玄宗紀》云："二月丁亥，上加尊號爲開元天寶聖文神武皇帝。"《新唐書·玄宗紀》同。《唐會要》卷一《帝號上》亦云："開元二十七年二月七日，加尊號開元聖文神武皇帝，天寶元載二月十一日，又加尊號開元天寶聖文神武皇帝。"是年二月丁丑朔，十一日適爲丁亥。姑存疑。

二年（七四三）
冬，十月，戊寅，上幸驪山温泉，乙卯，還宫。

卷二百一十五，《唐紀》三十一，15/6859

按，天寶二年十月丙寅朔，戊寅十三日，月内無乙卯。《考異》曰："《舊紀》，'十月戊寅幸温泉宫，十一月乙卯還宫'，與《實録》同。'十二月戊申又幸温泉宫，丙辰還宫'，《實録》無。按十二月丙寅朔，無戊申、丙辰。《唐曆》：'十一月戊申幸温泉宫，丙辰還京'，又與《實録》本紀不同。今皆不取。"據《考異》，《通鑑》"乙卯"上當奪"十一月"。《新唐書·玄宗紀》亦正作"十一月乙卯"。十一月丙申朔，乙卯二十日。

四載（七四五）
乙巳，以刑部尚書裴敦復充嶺南五府經略等使。

卷二百一十五，《唐紀》三十一，15/6864

上接三月壬申。按，天寶四載三月己未朔，壬申十四日，月内無乙巳。《通鑑》三月後逕接五月，不書四月，或"乙巳"上奪"夏四月"；或干支有誤，姑存疑。四月戊子朔，乙巳十八日。

五載（七四六）
己亥，制："自今四孟月，皆擇吉日祀天地、九宫。"

韋堅等既貶，左相李適之懼，自求散地。庚寅，以適之爲太子少保，罷政事。

卷二百一十五，《唐紀》三十一，15/6871–2

上接四月癸未。按，天寶五載四月癸未朔，己亥十七日，庚寅八日，己亥不得在庚寅前。新、舊《唐書·玄宗紀》李適之罷相亦在四月庚寅。或"己亥"爲"己丑"之訛；或日次失序，姑存疑。己丑，四月七日。

六載（七四七）

戊寅，以范陽、平盧節度使安禄山兼御史大夫。

卷二百一十五，《唐紀》三十一，15/6876

上接正月辛巳、丁亥、戊子。按，天寶六載正月丁丑朔，辛巳五日，丁亥十一日，戊子十二日，戊寅二日。戊寅不得在諸日後。《通鑑》正月後逕接四月，不書二、三月，或"戊寅"上脱"三月"；或日次失序，姑存疑。三月丁丑朔，戊寅二日。

九載（七五〇）

秋，七月，乙亥，置廣文館於國子監，以教諸生習進士者。

卷二百一十六，《唐紀》三十二，15/6899

按，天寶九載七月丁亥朔，月内無乙亥。《舊唐書·玄宗紀》："秋七月己亥，國子監置廣文館，領生徒爲進士業者。"《唐會要》卷六十六《廣文館》亦云："天寶九載七月十三日置，領國子監進士業者。"己亥適爲七月十三日。當從《舊唐書》。《通鑑》"乙亥"顯爲"己亥"之訛。

辛卯，處士崔昌上言："國家宜承周、漢，以土代火；周、隋皆閏位，不當以其子孫爲二王後。"事下公卿集議。

卷二百一十六，《唐紀》三十二，15/6899

上接八月癸亥。按，是年八月丁巳朔，癸亥七日，月內無辛卯。《新唐書·玄宗紀》："九月辛卯，以商、周、漢爲三恪。"九月丙戌朔，辛卯六日。《通鑑》八月後逕接十月，不書九月。當從《新唐書》。《通鑑》"辛卯"上誤奪"九月"。《唐會要》卷二十四《二王三恪》作"九載六月六日"。此"六月"當爲"九月"之訛。六日辛卯，與《新唐書》合。

又，《舊唐書·玄宗紀》誤作"九月乙卯"，羅士琳《舊唐書校勘記》："沈氏炳震云：'是月無乙卯，誤。《新書》作辛卯。'"標點本《舊唐書》失校。

十一載（七五二）

六月，甲子，楊國忠奏吐蕃兵六十萬救南詔，劍南兵破之於雲南，克故隰州等三城，捕虜六千三百，以道遠，簡壯者千餘人及酋長降者獻之。

卷二百一十六，《唐紀》三十二，15/6912–3

按，天寶十一載六月丙子朔，月內無甲子。《新唐書·玄宗紀》："六月壬午，御史大夫兼劍南節度使楊國忠敗吐蕃於雲南，克故洪城。"壬午，六月七日。姑存疑。

……十一月，丁卯，林甫薨。

……

庚申，以楊國忠爲右相，兼文部尚書，其判使並如故。

卷二百一十六，《唐紀》三十二，15/6914

按，是年十一月甲辰朔，丁卯二十四日，庚申十七日，丁卯不得在庚申前。《舊唐書·玄宗紀》："十一月乙卯，尚書左僕射兼右相、晉國公李林甫薨於行在所。"《新唐書·玄宗紀》、《新唐書》卷六十二《宰相表》亦作"十一月乙卯"。乙卯，十二日。當從諸書，《通鑑》"丁卯"爲"乙卯"之訛。

十二月，楊國忠欲收人望，建議："文部選人，無問賢不肖，選深者留之，依資據闕注官。"

卷二百一十六，《唐紀》三十二，15/6915

《考異》曰："《唐曆》此敕在十月二十七日，《統紀》在七月。《舊紀》：'十二月甲戌，國忠奏請兩京選人銓日便定留放，無長名。'按國忠作相，始兼文部尚書，七月未也。今從《舊紀》。"據《考異》，《通鑑》正文"十二月"下當脱"甲戌"二字。十二月癸酉朔，甲戌二日。《册府元龜》卷六百三十《銓選部·條制》、《唐會要》卷七十五《選部》"雜處置"作"十二月二日"，與《舊唐書》合。

十二載（七五三）
春，正月，壬戌，國忠召左相陳希烈及給事中、諸司長官皆集尚書都堂，唱注選人，一日而畢，曰："今左相、給事中俱在座，已過門下矣。"

卷二百一十六，《唐紀》三十二，15/6917

《舊唐書·玄宗紀》："十二載春正月壬子，楊國忠於尚書省注官，注訖，於都堂對左相與諸司長官唱名。"按，天寶十二載正月癸卯朔，壬子十日，壬戌二十日，"壬子"、"壬戌"當有一誤，姑存疑。

阿布思爲回紇所破，安禄山誘其部落而降之，由是禄山精兵，天下莫及。
壬辰，以左武衛大將軍何復光將嶺南五府兵擊南詔。

卷二百一十六，《唐紀》三十二，15/6918

上接五月己酉。按，是年五月辛丑朔，己酉九日，月内無壬辰。《新唐書·玄宗紀》："六月，阿布思部落降。"六月庚午朔，壬辰二十三日。《通鑑》五月後逕接八月，不書六、七月。"阿布思"上當奪"六月"。

十三載（七五四）

……閏月，壬寅，貶陟桂嶺尉，溫澧陽長史。

卷二百一十七，《唐紀》三十三，15/6929

上接十一月。按，天寶十三載閏十一月壬戌朔，月内無壬寅。或"壬寅"爲"壬申"之訛，姑存疑。壬申，閏月十一日。

戊午，上還宫。

卷二百一十七，《唐紀》三十三，15/6929

上接閏十一月。按，是年閏十一月壬戌朔，月内無戊午。《新唐書·玄宗紀》："十月乙酉，幸華清宫。十二月戊午，至自華清宫。"《册府元龜》卷一百一十四《帝王部·巡幸》同。十二月辛卯朔，戊午二十八日。當從《新唐書》。《通鑑》"戊午"上奪"十二月"。

又,《舊唐書·玄宗紀》誤置"戊午"於十月之下。羅士琳《舊唐書校勘記》卷四云:"沈本上有十二月。是。《新紀》、《通鑑》同。"今按,此云《通鑑》亦有十二月。姑存疑。

肅宗乾元元年(七五八)

……慶緒聞李嗣業在河內,夏,四月,與蔡希德、崔乾祐將步騎二萬,涉沁水攻之,不勝而還。癸卯,以太子少師虢王巨爲河南尹,充東京留守。辛卯,新主入太廟。

卷二百二十,《唐紀》三十六,15/7053

乾元元年四月壬寅朔,癸卯二日,月內無辛卯。"胡注"云:"'辛卯'當作'辛亥',傳寫誤也。《新書·肅宗紀》作'四月辛亥',此又逸'四月'二字。"今按,"辛卯"應從《新唐書》作"辛亥","胡注"是(《舊唐書·玄宗紀》亦作"辛亥")。但《通鑑》上文有"夏四月"及"癸卯","胡注"云,《通鑑》逸"四月"二字,疑誤。或上文"夏四月"爲後人所補,姑存疑。辛亥,四月十日。

二年(七五九)

戊寅,上祀九宮貴神,用王璵之言也。乙卯,耕藉田。

卷二百二十一,《唐紀》三十七,15/7067

上接正月己巳。按,乾元二年正月己巳朔,戊寅十日,月內無乙卯。"胡注"云:"'乙卯',當作'乙酉'。乙酉,正月十七日,上距戊寅七日,似太久。《舊唐書》卷二十四《禮儀志》:"肅宗乾元二年春正月丁丑，將有事於九宮之神，兼行藉田禮。……戊寅，禮畢，將耕藉，先至於先農之壇……翌日己卯，致祭神農氏，以后稷配享。肅宗冕而朱紘，躬秉耒耜而九推焉。"丁丑九日，戊寅十日，己卯十一日。當從《舊唐書》。《通鑑》"乙卯"爲"己卯"之訛。"胡注"謂當作"乙酉"，亦誤。

九月，甲午，張嘉延襲破荆州，荆南節度使杜鴻漸棄城走，澧、朗、郢、峽、歸等州官吏聞之，争潛竄山谷。

卷二百二十一，《唐紀》三十七，15/7081

按，是年九月甲子朔，月内無甲午。《新唐書·肅宗紀》："九月甲子，張嘉延陷荆州。"後接戊辰（五日）。當從《新唐書》，《通鑑》"甲午"爲"甲子"之訛。

又，《舊唐書·肅宗紀》亦誤作"九月甲午"。羅士琳《舊唐書校勘記》："張氏宗泰云'甲午'當依《新紀》作'甲子'。甲子，九月朔。"標點本《舊唐書》失校。

肅宗上元二年（七六一）

……甲午，以彰爲滑、衛等六州節度使。
戊戌，平盧節度使侯希逸擊史朝義范陽兵，破之。
乙未，西川節度使崔光遠與東川節度使李奂共攻綿州，庚子，拔之，斬段子璋。

卷二百二十二，《唐紀》三十八，15/7114

上接五月癸巳。按，上元二年五月乙酉朔，癸巳九日，甲午十日，戊戌十四日，乙未十一日，庚子十六日。戊戌條不得在乙未條之前。疑應將崔光遠攻綿州置於侯希逸擊史朝義之前。

八月，癸丑朔，加開府儀同三司李輔國兵部尚書。乙未，輔國赴上，宰相朝臣皆送之，御厨具饌，太常設樂。

卷二百二十二，《唐紀》三十八，15/7115

按，八月癸丑朔，月内無乙未。上有癸丑，下接己巳（十七日），"乙未"或爲"己未"之訛。己未，八月七日。

肅宗寶應元年（七六二）

建寅月，甲申，追尊靖德太子琮爲奉天皇帝，妃竇氏爲恭應皇后，丁酉，葬于齊陵。

卷二百二十二，《唐紀》三十八，15/7118

按，建寅月即寶應元年正月。是月辛巳朔，甲申四日，丁酉十七日。《新唐書·肅宗紀》："寶應元年建寅月甲申，追册静德太子琮爲皇帝，妃竇氏爲皇后。乙酉，葬王公妃主遇害者。丙戌，盜發敬陵、惠陵。"乙酉五日，丙戌六日。後有丙戌，疑《通鑑》"丁酉"爲"乙酉"之訛。

又，《唐會要》卷二十一《諸陵雜録》："奉天皇帝齊陵，在京兆府昭應縣界，元年建寅月六日葬。"此作六日丙戌，與《新唐書》五日乙酉相差一日，姑存疑。

丙申，党項寇奉天。
李輔國以求宰相不得怨蕭華。庚午，以户部侍郎元載爲京兆尹。載詣輔國固辭，輔國識其意；壬寅，以司農卿陶鋭爲京兆尹。

卷二百二十二，《唐紀》三十八，15/7122

上接建辰月甲午。按，建辰月即寶應元年三月。本月庚辰朔，丙申十七日，壬寅二十三日，月内無庚午。前有丙申，後有壬寅，"庚午"疑爲"庚子"之訛。庚子，二十一日。

代宗永泰元年（七六五）
春，正月，癸卯朔，改元；赦天下。

卷二百二十三，《唐紀》三十九，15/7172

按，永泰元年正月癸巳朔，癸卯十一日，非朔日。《新唐書·代宗紀》："永泰元年正月癸巳，大赦，改元。"《舊唐書·代宗紀》亦載大赦改元事於癸巳。《通鑑》"癸卯"，當爲"癸巳"之訛。

代宗大曆元年（七六六）
京兆尹黎幹自南山引澗水穿漕渠入長安，功竟不成。

卷二百二十四，《唐紀》四十，15/7192

上接八月丁未。《舊唐書·代宗紀》："九月庚申，京兆尹黎幹以京城薪炭不給，奏開漕渠……渠成，是日上幸安福門以觀之。"《册府元龜》卷四百九十七《邦計部·河渠》亦作"永泰二年九月"（是年十一月改元大曆）。《通鑑》八月後逕接十月，不書九月。"京兆尹"上當脫"九月"。

又，《唐會要》卷八十七《漕運》作"永泰二年七月十日"。"七"、"九"形近，《唐會要》"七月"當爲"九月"之訛。九月甲寅朔，十日癸亥，與《舊唐書》庚申八日，相差兩日。姑存疑。

二年（七六七）
……六月，甲戌；鴻漸來自成都，廣爲貢獻，因盛陳利害，薦旴才堪寄任；上亦務姑息，乃留鴻漸復知政事。

> 卷二百二十四，《唐紀》四十，15/7195

按，大曆二年六月己卯朔，月內無甲戌，甲戌爲己卯前五日，必誤。《舊唐書·代宗紀》：" 六月戊戌，山南、劍南副元帥杜鴻漸自蜀入朝。"《新唐書》卷六十二《宰相表》：" 六月丙戌，鴻漸自劍南追至。" 丙戌八日，戊戌二十日。" 丙 "、" 戊 " 形近，當有一訛。姑存疑。

八月，庚辰，鳳翔等道節度使、左僕射、平章事李抱玉入朝，固讓僕射，言辭確至，上許之；癸丑，又讓鳳翔節度使，不許。

> 卷二百二十四，《唐紀》四十，15/7197

按，大曆二年八月戊寅朔，庚辰三日，月內無癸丑。後接丁酉（十八日），或 " 癸丑 " 爲 " 癸巳 "（十四日）之訛，姑存疑。

三年（七六八）

……乙卯制，追謚倓曰承天皇帝；庚申，葬順陵。

> 卷二百二十四，《唐紀》四十，15/7200

上接四月壬寅。按，是年四月乙亥朔，壬寅二十八日，月內無乙卯、庚申。《舊唐書·代宗紀》："（五月）乙卯，追謚故齊王倓爲承天皇帝，興信公主亡女張氏爲恭順皇后，祔葬。"《新唐書·代宗紀》同。五月甲辰朔，乙卯十二日，庚申十七日。《通鑑》四月後逕接六月，不書五月。" 乙卯 " 上當誤奪 " 五月 "。

又，《唐會要》卷二十一《諸陵雜議》：" 承天皇帝順陵，在京兆府咸陽縣界。大曆三年四月七日葬"。七日，四月辛巳。姑存疑。

四年（七六九）

黃門侍郎、同平章事杜鴻漸以疾辭位，壬申，許之；乙亥，薨。

卷二百二十四，《唐紀》四十，15/7209

上接十月。按，大曆四年十月乙未朔，月內無壬申、乙亥。《舊唐書·代宗紀》、《新唐書·代宗紀》、《新唐書》卷六十二《宰相表》均在十一月。十一月乙丑朔，壬申八日，乙亥十一日。《通鑑》十月後逕接十二月，不書十一月，"壬申"上當脫"十一月"。

五年（七七〇）

癸未，以左羽林大將軍辛京杲爲湖南觀察使。

卷二百二十四，《唐紀》四十，15/7214

上接四月庚申。按，大曆五年四月癸巳朔，庚申二十八日，月內無癸未。《舊唐書·代宗紀》："（五月）癸未，以羽林大將軍辛京杲爲潭州刺史、湖南觀察使。"五月癸亥朔，癸未二十一日。當從《舊唐書》。《通鑑》"癸未"上脫"五月"二字。

十年（七七五）

……夏，四月，乙未，敕貶承嗣爲永州刺史，仍命河東、成德、幽州、淄青、淮西、永平、汴宋、河陽、澤潞諸道發兵前臨魏博，若承嗣尚或稽違，即令進討；罪止承嗣及其姪悦，自餘將士弟姪苟能自拔，一切不問。

卷二百二十五，《唐紀》四十一，15/7230

按，大曆十年四月癸亥朔，月內無乙未。《新唐書·代宗紀》："四月癸未，河東節度使薛兼訓等討田承嗣。"癸未，四月二十一日。當從《新唐書》。《通鑑》"乙未"爲"癸未"之訛。

十二年（七七七）

……及英倩下獄，英璘遂據險作亂；上發禁兵討之，乙巳，金州刺史孫道平擊擒之。

卷二百二十五，《唐紀》四十一，15/7246

上接五月戊寅。按，大曆十二年五月辛亥朔，戊寅二十八日，月內無乙巳。《新唐書·代宗紀》："六月乙巳，英璘伏誅。給復金州二年。"六月辛巳朔，乙巳二十五日。《通鑑》五月後逕接七月，不書六月。當從《新唐書》。《通鑑》"乙巳"上誤脫"六月"。

十四年（七七九）

……甲辰，百官衰絰，序立于月華門，有制，貶衰爲潮州刺史，以祐甫爲門下侍郎、同平章事，聞者震悚。

卷二百二十五，《唐紀》四十一，15/7257

上接閏月壬申。按，大曆十四年閏五月庚午朔，壬申三日，月內無甲辰。《新唐書·德宗紀》："閏月甲戌，貶常衰爲河南少尹，以河南少尹崔祐甫爲門下侍郎、同中書門下平章事。"《舊唐書·德宗紀》、《新唐書》卷六十二《宰相表》亦作"閏月甲戌"。甲戌，閏五月五日。當從諸書。《通鑑》"甲辰"爲"甲戌"之訛。

德宗建中元年（七八〇）

中書舍人高參請分遣諸沈訪求太后，庚寅，以睦王述爲奉迎使，工部尚書喬琳副之，又命諸沈四人爲判官，與中使分行諸道求之。

卷二百二十六，《唐紀》四十二，16/7290

上接十月己亥。按，建中元年十月辛卯朔，己亥九日，月內無庚寅。《新唐書·德宗紀》："九月己卯，雷。庚寅，睦王述爲奉迎皇太后使。"九月壬戌朔，己卯十八日，庚寅二十九日。

又，《舊唐書·德宗紀》亦作"十月庚寅"。羅士琳《舊唐書校勘記》卷六："沈本在己卯雷下，屬九月。張氏宗泰云：'十月辛酉朔，無庚寅，《新紀》在九月，庚寅，九月二十九日。'"標點本《舊唐書》失校。今按，張宗泰"十月辛酉朔"，"辛酉"顯爲"辛卯"之誤。《唐會要》卷三《皇后》："建中元年八月，追尊爲皇太后，遂以睦王述爲奉迎皇太后使，工部尚書喬琳爲副"。姑存疑。

二年（七八一）

御史中丞盧杞……丁未，擢爲大夫，領京畿觀察使。

卷二百二十六，《唐紀》四十二，16/7297

上接二月辛卯，下有乙巳、丙午。按，建中二年二月庚寅朔，辛卯二日，丁未十八日，乙巳十六日，丙午十七日。丁未不得在乙巳、丙午前。《舊唐書·德宗紀》："二月乙未，以御史中丞盧杞爲御史大夫、京畿觀察使。"乙未，二月六日。當從《舊唐書》。《通鑑》"丁未"爲"乙未"之訛。

辛巳，册太子妃蕭氏。

卷二百二十七，《唐紀》四十三，16/7309

上接十月乙未。按，是年十月丙戌朔，乙未十日，月内無辛巳。《通鑑》"辛巳"上有乙未，下有癸卯（十八日），當爲"辛丑"之訛。辛丑，十月十六日。

三年（七八二）

丙寅，李惟岳遣兵與孟祐守束鹿，朱滔、張孝忠攻拔之，進圍深州……丙寅，朱滔、張孝忠與戰於束鹿城下，惟岳大敗，燒營而遁。

卷二百二十七，《唐紀》四十三，16/7316-7

上接正月。二"丙寅"重出。按，朱滔等攻拔束鹿，進圍深州；李惟岳發成德兵與孟祐圍束鹿，再敗於束鹿城下。兩次戰役不可能同在一天。《新唐書·德宗紀》："三年正月丙寅，朱滔、成德軍節度使張孝忠及李惟岳戰於束鹿，敗之。"《舊唐書·德宗紀》同。或前"丙寅"爲"丙辰"之訛。姑存疑。建中三年正月乙卯朔，丙辰二日，丙寅十二日。

……甲子，貶廷玉柳州司户，體微萬州南浦尉。

卷二百二十七，《唐紀》四十三，16/7327

上接四月甲戌。按，是年四月癸丑朔，甲戌二十二日，甲子十二日，甲戌後不得有甲子；又，上文云，四月"甲子，詔借商人錢，令度支條上"，此不得再有甲子。上有甲戌，下有戊寅（二十六日），"甲子"或爲"丙子"（二十四日）之訛。或"甲子"不誤，此日次失序。姑存疑。

澴州司馬李孟秋舉兵反，自稱安南節度使；安南都護輔良交討斬之。

卷二百二十七，《唐紀》四十三，16/7334

《通鑑》置此條於七月末，不書日。《新唐書·德宗紀》："八月癸丑，澴州司馬李孟秋、峰州刺史皮岸反，伏誅。"八月辛亥朔，癸丑二日。姑存疑。

八月，丁未，置河東、西水陸運、兩稅、鹽鐵使二人，度支總其大要而已。

卷二百二十七，《唐紀》四十三，16/7334

按，是年八月辛亥朔，月內無丁未。《舊唐書·德宗紀》亦作"八月丁未"。羅士琳《舊唐書校勘記》卷六："沈本（"本"當作"氏"——引者）炳震云：'是月無丁未。誤。'張氏宗泰云：'八月辛亥朔，在戊午前，當作丁巳。'按《通鑑》亦作丁未。"今按，《唐會要》卷八四《兩稅使》及卷八七《陝州水陸運使》均作"三年八月"。可證八月不誤。此姑從張宗泰說，"丁未"爲"丁巳"之訛。丁巳，八月七日，戊午八日。

德宗興元元年（七八四）

辛丑，六軍各置統軍，秩從三品，以寵勳臣。
吐蕃尚結贊請出兵助唐收京城。庚子，遣秘書監崔漢衡使吐蕃，發其兵。

卷二百二十九，《唐紀》四十五，16/7399

上接正月戊戌。按，興元元年正月癸酉朔，戊戌二十六日，辛丑二十九日，庚子二十八日。辛丑不得在庚子前。《舊唐書·德宗紀》

亦載六軍置統軍在"正月辛丑"。《通鑑》日次失序。

癸未，馬燧將步騎三萬攻絳州。

卷二百三十一，《唐紀》四十七，16/7445

上接八月丙午。按，是年八月庚子朔，丙午七日，月內無癸未。《冊府元龜》卷三百五十九《將帥部·立功》："興元元年七月，加燧奉誠軍及晉、絳、慈、隰節度諸軍行營副元帥，與渾瑊、駱元光同討河中李懷光。九月十五日，燧帥步騎三萬次于絳。"九月己巳朔，十五日癸未。《通鑑》八月後逕接十月，不書九月。當從《冊府元龜》。《通鑑》誤奪"九月"。

李晟初至鳳翔，希鑒遣使參候……晟顧曰："田郎亦不得無過，以親知之故，當使身首得完。"希鑒曰："唯。"遂引出，縊殺之，并其子苕。

卷二百三十一，《唐紀》四十七，16/7446

上接閏月丙子。《考異》曰："《幸奉天錄》：'十月丁丑，李晟誅田希鑒於涇州。'《實錄》：'閏月癸酉，除李觀涇原節度使。丙子，以希鑒爲衛尉卿。丁丑，晟誅希鑒。'今從之。"據《考異》，《通鑑》正文當誤奪"丁丑"。《舊唐書·德宗紀》亦載誅田希鑒於"閏月丁丑"。是年閏十月己巳朔，丙子八日，丁丑九日。

德宗貞元元年（七八五）

丁卯，詔以"李懷光嘗有功，宥其一男，使續其後，賜之田宅，歸其首及尸使葬。加馬燧兼侍中，渾瑊檢校司空；餘將卒賞賚各有差"。

卷二百三十二，《唐紀》四十八，16/7465

上接八月壬申、甲戌。按，貞元元年八月癸亥朔，壬申十日，甲戌十二日，丁卯五日。丁卯不得在壬申、甲戌後。《新唐書·德宗紀》："(八月)己卯，給復河中、同絳二州一年。馬燧爲侍中，張延賞罷。"己卯，八月十七日。當從《新唐書》。《通鑑》"丁卯"爲"己卯"之訛。

又，《舊唐書·德宗紀》亦載此詔令於"己卯"，脫"八月"。標點本《舊唐書》失校（參見羅士琳《舊唐書校勘記》卷六）。

冬，十月，癸卯，上祀圜丘，赦天下。
卷二百三十二，《唐紀》四十八，16/7467

按，是年十月癸亥朔，月內無癸卯。《新唐書·德宗紀》："十一月癸卯，有事于南郊，大赦，賜奉天興元扈從百官、收京將士階、勳、爵。"《舊唐書·德宗紀》同。當從《德宗紀》。《通鑑》"十月"爲"十一月"之誤。

三年（七八七）
……乙卯，詔先所減官，並復故。
卷二百三十二，《唐紀》四十八，16/7491

上接六月壬寅。按，貞元三年六月壬午朔，壬寅二十一日，月內無乙卯。《舊唐書·德宗紀》："(七月)乙卯，詔：'……其先敕所減官員，並宜仍舊。'"七月壬子朔，乙卯四日。當從《舊唐書》。《通鑑》下文之"秋七月"，應移至"乙卯"上。

……九月，丁卯，遣神策將石季章戍武功，決勝軍使唐良臣戍百里城。丁巳，吐蕃大掠汧陽、吳山、華亭……
卷二百三十三，《唐紀》四十九，16/7501

後有癸亥。按，是年九月辛亥朔，丁卯十七日，丁巳七日，癸亥十三日。丁卯不得在丁巳、癸亥前。《新唐書・德宗紀》："九月丁巳，吐蕃寇汧陽。"《舊唐書・德宗紀》同。可證丁巳不誤。或"丁卯"爲"乙卯"之訛。姑存疑。乙卯，九月五日。

五年（七八九）

冬，十月，韋皋遣其將曹有道將兵與東蠻、兩林蠻及吐蕃青海、臘城二節度戰于巂州臺登谷，大破之……殺其大兵馬使乞藏遮遮。

卷二百三十三，《唐紀》四十九，16/7519

《舊唐書・德宗紀》作"冬十月丙午"。羅士琳《舊唐書校勘記》引張宗泰云："十月己巳朔，無丙午；丙午，九月七日。"今按，《新唐書・德宗紀》："九月丙午，劍南西川節度使韋皋敗吐蕃于臺登北谷，克巂州。"正作"九月丙午"。《通鑑》繫於冬十月，疑誤。又，《册府元龜》卷九百八十七《外臣部・征討》亦作"五年十月"。同誤。

七年（七九一）

戊戌，詔涇原節度使劉昌築平涼故城，以扼彈箏峽口；浹辰而畢，分兵戍之。昌又築朝谷堡；甲子，詔名其堡曰彰信；涇原稍安。

卷二百三十三，《唐紀》四十九，16/7523

上接二月癸卯。下有辛巳、癸未。按，貞元七年二月壬辰朔，癸卯十二日，戊戌七日，月內無甲子、辛巳、癸未。《舊唐書・德宗紀》："（三月）甲子，涇原節度使劉昌築胡谷堡，改名彰義堡。""胡谷堡"即"朝谷堡","胡"、"朝"形近,未知孰是。《通鑑》二月後逕接四月,不書三月。當從《舊唐書》,《通鑑》"甲子"上脱"三月"。三月辛酉朔,甲子四日,辛巳二十一日,癸未二十三日。

又,《舊唐書·德宗紀》:"二月己巳,涇原帥劉昌復築平涼城……昌復浹辰而功畢,分兵戍之,邊患稍弭。"羅士琳《舊唐書校勘記》卷六:"沈氏炳震云:'是月無己巳,《通鑑》作戊戌'。張氏宗泰云:'今據《通鑑》作戊戌,定爲己亥,以兩日相次也。己亥二月八日'。按,張既據《通鑑》,則不必改作己亥矣。《通鑑》考次日月甚詳,當作戊戌。"今按,張宗泰定爲"己亥"根據固然不足,但"己巳"與"戊戌"字形相去甚遠,不易訛誤,且《通鑑》所載爲下詔之日,《舊唐書》則爲完工之日,羅士琳以"己巳"爲"戊戌",亦嫌牽強。《舊唐書》、《通鑑》俱云"浹辰而畢"。"胡注"云:"浹,與《周禮》'挾日而斂'之'挾'同。鄭'注'云:從甲至甲謂之挾。此言浹辰,從子至子也。史炤曰:自子至亥曰辰。浹辰,十二日。"戊戌下詔築城,十二日功畢,戊戌後十二日爲己酉。《舊唐書》"己巳"當爲"己酉"之訛。張、羅俱誤,標點本《舊唐書》失校。己酉,二月十八日。

八月,丙午,以翰林學士陸贄爲兵部侍郎,餘職皆解;竇參惡之也。

卷二百三十三,《唐紀》四十九,16/7524

《舊唐書·德宗紀》:"(八月)丙申,貶宗正卿李翰爲雅王傅;翰林學士陸贄爲兵部侍郎,罷學士。"按,是年八月己丑朔,丙午十八日,丙申八日。"丙午"、"丙申"當有一誤,姑存疑。

八年（七九二）

三月，丁丑，山南東道節度使曹成王皋薨。

卷二百三十四，《唐紀》五十，16/7526

後接庚午、丙子。按，貞元八年三月乙卯朔，丁丑二十三日，庚午十六日，丙子二十二日。丁丑不得在庚午、丙子前。《舊唐書·德宗紀》作"乙丑"。乙丑，三月十一日。《通鑑》"丁丑"當爲"乙丑"之訛。

又，《舊唐書》"乙丑"上脱"三月"。羅士琳《舊唐書校勘記》卷六："沈本上有三月，張氏宗泰云：'乙丑，三月十一日。'"標點本《舊唐書》失校。

十年（七九四）

橫海節度使程懷直入朝，厚賜遣歸。

卷二百三十四，《唐紀》五十，16/7553

上接二月丁卯。《舊唐書·德宗紀》三月乙亥下云："滄州程懷直來朝，賜安業坊宅，妓一人，復令還鎮。"三月甲戌朔，乙亥二日。按，《通鑑》二月後逕接四月，不書三月。或本條上奪"三月"，姑存疑。

十二年（七九六）

乙丑，以渾瑊、王武俊並兼中書令。己巳，加嚴震、田緒、劉濟、韋皋並同平章事；天下節度、觀察使，悉加檢校官以悦其意。

卷二百三十五，《唐紀》五十一，16/7570

上接正月庚子。按，貞元十二年正月甲午朔，庚子七日，月內無乙丑、己巳。《新唐書》卷六十二《宰相表》："二月乙丑，瑊兼中書令。"《通鑑》正月後逕接三月，不書二月。當從《新唐書》，《通鑑》"乙丑"上誤奪"二月"。二月癸亥朔，乙丑三日，己巳七日。

又，《舊唐書·德宗紀》"乙丑"上亦脱"二月"。羅士琳《舊唐書校勘記》卷六："沈本上有二月。張氏宗泰云：'乙丑，二月初二。'"標點本《舊唐書》失校。

宣武都虞侯鄧惟恭内不自安，潛結將士二百餘人謀作亂；事覺，董晉悉捕斬其黨，械惟恭送京師。己未，詔免死，汀州安置。

卷二百三十五，《唐紀》五十一，16/7575-6

上接十一月乙未。按，是年十一月戊子朔，乙未八日，月内無己未。《通鑑》本年末爲十一月，不書十二月。疑"己未"上脱"十二月"。十二月戊午朔，己未二日。

十三年（七九七）

十二月，徐州節度使張建封入朝。

卷二百三十五，《唐紀》五十一，16/7578

《舊唐書·德宗紀》："（冬十月）丁丑，徐泗節度使張建封來朝，上嘉之，次日於延英召對。"十月癸丑朔，丁丑二十五日。《通鑑》下文載張建封諫宫市事，據《舊唐書》卷一百四十《張建封傳》可知，《通鑑》與《德宗紀》所載爲同一事，《張建封傳》祇云"十三年冬，入覲京師"。"十月"與"十二月"當有一誤，姑存疑。

十四年（七九八）

九月，丙申，以陝虢觀察使于頔爲山南東道節度使。

卷二百三十五，《唐紀》五十一，16/7580

按，貞元十四年九月丁未朔，月內無丙申。《舊唐書·德宗紀》："（九月）丙辰，以陝虢觀察使于頔爲襄州刺史。"《舊唐書》卷一百五十六《于頔傳》："貞元十四年，爲襄州刺史，充山南東道節度使。"顯然二書爲同一事。丙辰，九月十日。當從《德宗紀》。《通鑑》"丙申"爲"丙辰"之訛。

明州鎮將栗鍠殺刺史盧雲，誘山越作亂，攻陷浙東州縣。

卷二百三十五，《唐紀》五十一，16/7582

上接十月庚子。《新唐書·德宗紀》："十二月壬寅，明州將栗鍠殺其刺史盧雲以反。"《舊唐書·德宗紀》亦繫於十二月。十二月丙子朔，壬寅二十七日。《通鑑》本年末爲十月，不書十一、十二月，疑應從《德宗紀》。《通鑑》本條上誤奪"十二月"。

十五年（七九九）

夏，四月，癸未，以安州刺史伊慎爲安、黃等州節度使。

癸巳，山南西道節度使嚴震薨。

卷二百三十五，《唐紀》五十一，16/7583

貞元十五年四月乙亥朔，癸未九日，癸巳十九日。《舊唐書·德宗紀》："六月己卯，黔中觀察使、御史中丞王礎卒。癸巳，山南西道節度使、檢校尚書左僕射、平章事嚴震卒。"《舊唐書》卷一百一十七

《嚴震傳》亦云："貞元十五年六月卒。"《通鑑》四月後逕接七月，不書五、六月。當從《舊唐書》。《通鑑》"癸巳"上脫六月。六月甲戌朔，己卯六日，癸巳二十日。

八月，［章：乙十六行本"月"下有"丙申"二字；乙十一行本同；孔本同；張校同；退齋校同。］陳許節度使曲環薨。乙未，吳少誠遣兵掠臨潁，陳州刺史上官涗知陳許留後，遣大將王令忠將兵三千救之，皆爲少誠所虜。

卷二百三十五，《唐紀》五十一，16/7583

按，《舊唐書·德宗紀》亦載曲環卒於八月丙申。但本年八月壬申朔，丙申二十五日，乙未二十四日，丙申不得在乙未前；且上官涗絕不可能在曲環卒前知留後。此必有一誤。《新唐書·德宗紀》："九月乙巳，陳許節度留後上官涗及吳少誠戰于臨潁，敗績。"九月壬寅朔，乙巳四日。顯然《通鑑》"乙未"爲"乙巳"之訛，上脫"九月"。

又，《通鑑》下文"丙午，以（上官）涗爲陳許節度使"，張敦仁云："'丙'上脫'九月'。"實則"九月"當在"乙未"（應作"乙巳"）之上，張敦仁亦誤。丙午，九月五日。

冬，十月，乙丑，邕王諒薨。

卷二百三十五，《唐紀》五十一，16/7584

按，是年十月辛未朔，月內無乙丑。《新唐書·德宗紀》："十月己丑，邕王諒薨。"《舊唐書·德宗紀》同。己丑，十月十九日。當從《德宗紀》。《通鑑》"乙丑"爲"己丑"之訛。

十六年（八〇〇）

丙戌，加淄青節度使李師古同平章事。

> 卷二百三十五，《唐紀》五十一，16/7589

上接五月丁卯（《通鑑》原作"丁丑"，嚴衍云："丑"改"卯"，姑從之）。按，貞元十六年五月戊戌朔，丁卯三十日，月內無丙戌。《通鑑》五月後逕接七月，不書六月，"丙戌"上當脫"六月"二字。六月戊辰朔，丙戌十九日。

又，《舊唐書·德宗紀》作"六月丙午"。羅士琳《舊唐書校勘記》卷六："沈氏炳震云：'是月無丙午。誤。'"今按，"丙午"當從《通鑑》作"丙戌"。標點本《舊唐書》失校。

九月，癸卯，義成節度使盧群薨；甲戌，[嚴："戌"改"辰"。] 以尚書左丞李元素代之。

> 卷二百三十五，《唐紀》五十一，16/7591

九月丙申朔，癸卯八日，月內無甲戌。嚴衍蓋因後接庚戌（十五日），故改"甲戌"爲"甲辰"（九日）。《舊唐書·德宗紀》云："（九月）義成軍節度使盧群卒。丙午，前太常卿裴郁卒。戊辰，以左丞李元素爲滑州刺史、兼御史大夫、義成軍節度使。"丙午十一日，九月無戊辰。《舊唐書》亦誤。但據《舊唐書》，李元素代義成軍節度使在丙午（十一日）之後，則甲辰（九日）似亦非是。姑存疑。

十八年（八〇二）

……三月癸酉，詔擢總爲衢州刺史。給事中長安許孟容封還詔書，曰："衢州無他虞，齊總無殊績，忽此超獎，深駭群情……"詔遂留中。己亥，上召孟容，慰獎之。

卷二百三十六，《唐紀》五十二，16/7599

按，貞元十八年三月丁巳朔，癸酉十七日，月内無己亥。"己亥"或爲"乙亥"之訛。乙亥，三月二十九日。

十九年（八〇三）

夏，四月，涇原節度使劉昌奏請徙原州治平涼；從之。
乙亥，吐蕃遣其臣論頰熱入貢。

卷二百三十六，《唐紀》五十二，16/7601

按，貞元十九年四月辛巳朔，月内無乙亥。《舊唐書·德宗紀》："夏四月乙未，涇原節度使劉昌奏請移行原州於平涼城，從之……（五月）乙亥，吐蕃遣使論頰熱入朝。"乙未，四月十五日；五月庚戌朔，乙亥二十六日。《舊唐書》卷一百九十六下《吐蕃傳》、《册府元龜》卷九百八十《外臣部·通好》均作"十九年五月"。《通鑑》四月後逕接六月，不書五月。當從《舊唐書》。《通鑑》"乙亥"上誤奪"五月"。

又，"論頰熱"，《舊唐書·德宗紀》作"論頻熱"。《新唐書·德宗紀》、《册府元龜》均作"論頰熱"。疑《舊唐書·德宗紀》"頻"爲"頰"之訛。附誌於此。

順宗永貞元年（八〇五）

壬午，奉義節度使伊慎入朝。
辛卯，夏綏節度使韓全義入朝。

卷二百三十六，《唐紀》五十二，16/7620

上接八月癸丑。按，永貞元年八月丁酉朔，癸丑十七日，月內無壬午、辛卯。《通鑑》後接己未（二十三日）、辛酉（二十五日）、癸亥（二十七日）。此二條或有竄亂，姑存疑。

憲宗元和元年（八〇六）

秋，七月，癸丑，高崇文破劉闢之衆萬人於玄武，甲午，詔：" 凡西川繼援之兵，悉取崇文處分。"

卷二百三十七，《唐紀》五十三，16/7634

按，元和元年七月壬辰朔，癸丑二十二日，甲午三日，癸丑不得在甲午前。《新唐書·憲宗紀》："（七月）癸丑，高崇文及劉闢戰于玄武，敗之。"可證癸丑不誤。或"甲午"爲"甲寅"之誤，姑存疑。甲寅，七月二十三日。

壬寅，葬至德大聖大安孝皇帝于豐陵，廟號順宗。

卷二百三十七，《唐紀》五十三，16/7634

上接七月癸丑、甲寅（《通鑑》誤作"甲午"，參見上條）。按，七月壬辰朔，癸丑二十二日，甲寅二十三日，壬寅十一日。壬寅不得在癸丑、甲寅之後。新、舊《唐書·憲宗紀》均載，葬順宗在"七月壬寅"。《新唐書》壬寅正在癸丑前，此日次失序。

辛巳，詔徵少室山人李渤爲左拾遺；渤辭疾不至，然朝政有得失，渤輒附奏陳論。

卷二百三十七，《唐紀》五十三，16/7637

上接九月辛亥。按，是年九月辛卯朔，辛亥二十一日，月內無辛巳。《舊唐書·憲宗紀》："（九月）癸丑，以山人李渤爲左拾遺，徵不至。"癸丑，九月二十三日。日次符。姑存疑。

五年（八一〇）

……甲申，承璀與行營兵馬使李聽謀，召從史入營博，伏壯士於幕下，突出，擒詣帳後縛之，內車中，馳詣京師。

卷二百三十八，《唐紀》五十四，16/7674

上接三月己未，後有丁亥、壬辰、戊戌。元和五年三月辛丑朔，己未十九日，月內無甲申、丁亥、壬辰、戊戌諸日。《舊唐書·憲宗紀》："（四月）甲申，鎮州行營招討使吐突承璀執昭義節度使盧從史，載從史送京師。"又，《通鑑》上文"三月己未"後，載白居易諫討王承宗事，《考異》曰："《白氏集》云'五月十日進'，據此疏云：'從史雖經接戰，與賊勝負略均。'則是未就縛也。此月戊戌，從史已流驩州，疑'五月'當爲'四月'。故移於此。"據《考異》可知，《通鑑》正文"白居易上言"上當誤奪"夏四月"三字。四月庚午朔，甲申十五日，丁亥十八日，壬辰二十三日，戊戌二十九日。

六年（八一一）

乙巳，上問宰相："爲政寬猛何先？"

卷二百三十八，《唐紀》五十四，16/7683

上接二月己丑。按，元和六年二月丙寅朔，己丑二十四日，月內無乙巳。《通鑑》二月後逕接四月，不書三月。或"乙巳"上脱"三月"。姑存疑。三月乙未朔，乙巳十一日。

八年（八一三）
辛卯，賜魏博節度使田興名弘正。
卷二百三十九，《唐紀》五十五，16/7699

上接正月辛未，後有丁酉。按，元和八年正月乙卯朔，辛未十七日，月內無辛卯、丁酉。《舊唐書·憲宗紀》："二月乙酉朔。辛卯，田興改名弘正。"《通鑑》正月後逕接三月，不書二月。當從《舊唐書》，《通鑑》"辛卯"上漏書"二月"。辛卯二月七日，丁酉十三日。

乙巳，廢天威軍，以其衆隸神策軍。
丁未，辰、溆賊帥張伯靖請降。
卷二百三十九，《唐紀》五十五，16/7701

上接七月辛酉。按，是年七月辛亥朔。辛酉十一日。月內無乙巳、丁未。《舊唐書·憲宗紀》："（八月）乙巳，廢天武軍，并入神策軍。"（"天威"、"天武"，當有一誤，姑存疑。）《新唐書·憲宗紀》："（八月）丁未，伯靖降。"《通鑑》七月後逕接九月，不書八月。當從《憲宗紀》，《通鑑》"乙巳"上誤奪"八月"。八月辛巳朔，乙巳二十五日，丁未二十七日。

冬，十月，回鶻發兵度磧南，自柳谷西擊吐蕃。壬寅，振武、天德軍奏回鶻數千騎至鸊鵜泉，邊軍戒嚴。
卷二百三十九，《唐紀》五十五，16/7701-2

按，是年十月庚辰朔，壬寅二十三日。下文云，振武節度使李進賢發兵往東受降城，備回鶻，軍至鳴沙，士卒作亂，於庚寅夜還兵擊進賢，進賢逃往静邊軍。丁酉，振武監軍駱朝寬奏亂兵已定。

庚寅，十月十一日，丁酉十八日。壬寅不得在庚寅、丁酉前。《舊唐書·德宗紀》作"壬辰"，壬辰十月十三日，日次亦不合。羅士琳《舊唐書校勘記》卷七："沈本作'壬寅'。張氏宗泰云：'壬辰不得在戊戌、庚寅之中。'"《舊唐書》卷一百四十八《李吉甫傳》作"八年十月"，不書日。今按，以前後史事推論，"壬寅"、"壬辰"或俱爲"壬午"之訛，姑存疑。壬午，十月三日。

九年（八一四）

……二月，丁丑，貶李進賢爲通州刺史。甲午，駱朝寬坐縱亂者，杖之八十，奪色，配役定陵。

卷二百三十九，《唐紀》五十五，16/7703

按，元和九年二月己卯朔，甲午十六日，月內無丁丑。疑爲"丁亥"（九日）或"己丑"（十一日）之誤。姑存疑。

又，《舊唐書·憲宗紀》亦作"二月丁丑"。羅士琳《舊唐書校勘記》卷七云："沈本云：'是月無丁丑，誤。'張氏宗泰云：'據下丁酉推之，此當作丁亥。'按《通鑑》亦仍舊文作丁丑。"標點本《舊唐書》失校。

十年（八一五）

王叔文之黨坐謫官者，凡十年不量移……三月，乙［嚴："乙"改"己"。］酉，皆以爲遠州刺史，官雖進而地益遠。

卷二百三十九，《唐紀》五十五，16/7708-9

按，元和十年三月壬申朔，乙酉十四日，月內無己酉。《舊唐書·憲宗紀》亦作"三月乙酉"。《通鑑》"乙酉"不誤。嚴衍改"乙酉"爲"己酉"，非是。

甲辰，李光顔又奏破淮西兵於南頓。

卷二百三十九，《唐紀》五十五，16/7711

上接三月庚子，下有辛亥。按，是年三月壬申朔，庚子二十九日，月内無甲辰、辛亥。《新唐書·憲宗紀》："三月庚子，忠武軍節度使李光顔及吳元濟戰于臨潁，敗之。四月甲辰，又敗之於南頓。"四月壬寅朔，甲辰三日，辛亥十日。當從《新唐書》。《通鑑》"甲辰"上誤奪"夏四月"。

又，《舊唐書·憲宗紀》本條上漏書"甲辰"，脱"四月"。羅士琳《舊唐書校勘記》卷七："沈本上有夏四月，據《新紀》補。張氏宗泰云：'《新紀》上有甲辰四月三日'，按《通鑑》有甲辰，亦脱夏四月。"標點本《舊唐書》失校。附誌於此。

十一年（八一六）

宥州軍亂，逐刺史駱怡；夏州節度使田進討平之。

五月，壬申，李光顔、烏重胤奏敗淮西兵於陵雲栅，斬首二千餘級。

卷二百三十九，《唐紀》五十五，16/7723

此繫田進討宥州軍於四月之末。《新唐書·憲宗紀》："五月丁卯，宥州軍亂，逐其刺史駱怡，夏綏銀節度使田縉敗之。"《舊唐書·憲宗紀》亦云："五月丁卯夜，辰、歲二宿合于東井。宥州軍亂，逐刺史駱怡。"《新唐書》卷三十三《天文志·五星聚合》同。當從諸書。《通鑑》繫於"四月"，誤。五月丙寅朔，丁卯二日，壬申七日。

十二年（八一七）

……丙戌，以度爲門下侍郎、同平章事、兼彰義節度使，仍充淮西宣慰招討處置使。

卷二百四十，《唐紀》五十六，16，/7737

上接七月乙卯。按，元和十二年七月戊子朔，乙卯二十八日，月內無丙戌。《新唐書·憲宗紀》："七月丙辰，裴度爲淮西宣慰處置使。"《舊唐書·憲宗紀》及《新唐書》卷六十二《宰相表》亦作七月丙辰。丙辰，七月二十九日。當從諸書。《通鑑》"丙戌"爲"丙辰"之訛。

十三年（八一八）

李鄘固辭相位，戊戌，以鄘爲户部尚書。以御史大夫李夷簡爲門下侍郎、同平章事。

卷二百四十，《唐紀》五十六，16/7748

上接二月壬申。後有乙巳、己酉。按元和十三年二月乙卯朔，壬申十八日，月內無戊戌、乙巳、己酉諸日。《新唐書·憲宗紀》："三月戊戌，御史大夫李夷簡爲門下侍郎、同中書門下平章事。李鄘罷。"《新唐書》卷六十二《宰相表》同。《通鑑》二月後不書三月，逕接四月。當從《新唐書》。《通鑑》"戊戌"上誤奪"三月"。三月甲申朔，戊戌十五日，乙巳二十二日，己酉二十六日。

又，《舊唐書·憲宗紀》："（三月）庚子，以御史大夫李夷簡爲門下侍郎、同平章事。宰相李鄘守户部尚書，罷知政事。"羅士琳《舊唐書校勘記》云："《册府》三百三十三（宰相李鄘）上有戊戌，是。《通鑑》有。"今按，庚子，三月十七日。蓋罷免李鄘在戊戌十五日，任命李夷簡在庚子十七日。《舊唐書》因記李夷簡任相事而叙及李鄘免相，不書戊戌，自無不可。如依《校勘記》說，加戊戌，則日次失序。羅說非是。

十四年（八一九）

是歲，吐蕃節度論三摩等將十五萬衆圍鹽州，党項亦發兵助之。

卷二百四十一，《唐紀》五十七，17/7774

上接十月丙寅，下有十一月己亥。今按，《通鑑》體例嚴謹，是歲云云，依例應在年末，今置於十月與十一月之間，不合《通鑑》體例。《舊唐書·憲宗紀》十月末云："是月，吐蕃寇鹽州。"或"是歲"爲"是月"之誤，姑存疑。

穆宗長慶元年（八二一）

……壬申，以文昌同平章事，充西川節度使；以翰林學士杜元穎爲户部侍郎、同平章事。

卷二百四十一，《唐紀》五十七，17/7789

上接二月癸酉、己卯。按，長慶元年二月戊辰朔，癸酉六日，己卯十二日，壬申五日。壬申不得在癸酉、己卯之後。《新唐書·穆宗紀》："（二月）壬午，段文昌罷。翰林学士、户部侍郎杜元穎同中書門下平章事。"《新唐書》卷六十三《宰相表》亦作"壬午"。壬午，二月十五日。當從《新唐書》。《通鑑》"壬申"爲"壬午"之訛。

又，《舊唐書·穆宗紀》亦誤作"二月壬申"。羅士琳《舊唐書校勘記》卷八云："沈本作壬午，依《新紀》。"標點本《舊唐書》失校。

四年（八二四）

八月，丁卯朔，安南奏黃蠻入寇。

卷二百四十三，《唐紀》五十九，17/7838

按，《二十史朔閏表》八月丁丑朔，丁卯非朔日，八月亦無丁卯。《通鑑》上文云"六月己卯朔"（《二十史朔閏表》同），則八月當朔"丁丑"。《資治通鑑目錄》卷二十三正作"八月丁丑朔"。《通鑑》誤。

又，《舊唐書·敬宗紀》作"八月丁酉朔"。羅士琳《舊唐書校勘記》卷八："沈本作丁丑。"標點本《舊唐書》失校。

……十二月，癸未，諫議大夫獨孤朗……請開延英論其奸邪……
十二月，庚寅，加天平節度使烏重胤同平章事。
卷二百四十三，《唐紀》五十九，17/7839–40

按上文已有"十二月癸未"，後"十二月"重出。是年十二月乙亥朔，癸未九日，庚寅十六日。後"十二月"當刪。

敬宗寶曆二年（八二六）

横海節度使李全略薨；其子副大使同捷擅領留後，重賂鄰道，以求承繼。
夏，四月，戊申，以昭義留後劉從諫爲節度使。
卷二百四十三，《唐紀》五十九，17/7850

此置李全略卒於二年三月。《舊唐書·敬宗紀》："四月戊戌朔，横海軍節度使李全略卒……戊申，昭義節度使留後劉從諫檢校工部尚書，充昭義節度副大使、知節度事。"《新唐書·敬宗紀》亦云："四月戊戌，横海軍節度使李全略卒，其子同捷反。"是年四月戊戌朔，戊申十一日。姑存疑。

己卯，上幸興福寺，觀沙門文漵俗講。

癸未，衡王絢薨。

卷二百四十三，《唐紀》五十九，17/7850

上接六月甲子，後有壬辰。按，是年六月丁酉朔，甲子二十八日，月內無己卯、癸未、壬辰。《新唐書·敬宗紀》："七月癸未，衡王絢薨。"《舊唐書·敬宗紀》同。《通鑑》六月後逕接八月，不書七月，"己卯"上當脫"秋七月"。七月丙寅朔，己卯十四日，癸未十八日，壬辰二十七日。

朱延嗣既得幽州，虐用其人；都知兵馬使李載義與弟牙內兵馬使載寧共殺延嗣，并屠其家三百餘人。載義權知留後，九月，數延嗣之罪以聞……
庚申，魏博節度使史憲誠妄奏李同捷爲軍士所逐，走歸本道，請束身歸朝；尋奏同捷復歸滄州。

卷二百四十三，《唐紀》五十九，17/7851

按，是年九月乙丑朔，月內無庚申。上文李載義爲留後事，新、舊《唐書·敬宗紀》俱在九月戊寅，又，下文接壬午（《通鑑》誤作"壬申"，見下條），則"庚申"或爲"庚辰"之訛。姑存疑。戊寅，九月十四日，庚辰十六日。

壬申，以中書侍郎、同平章事李程同平章事、充河東節度使。

卷二百四十三，《唐紀》五十九，17/7851

上接九月庚辰（《通鑑》誤作"庚申"，參見上條）。按，是年九月乙丑朔，庚辰十六日，壬申八日，壬申不得在庚辰後。《新唐書》卷六十三《宰相表》："九月壬午，程檢校兵部尚書、同平章事、河東節度使。"《新唐書·敬宗紀》同。壬午,九月十八日。當從《新唐書》。《通鑑》"壬申"爲"壬午"之訛。

又,《舊唐書·敬宗紀》亦作"九月壬申",上接甲戌、丙子、戊寅。與《通鑑》同誤。羅士琳《舊唐書校勘記》及標點本《舊唐書》均失校。

冬,十月,己亥,[嚴:"己"改"乙"。]以李載義爲盧龍節度使。

卷二百四十三,《唐紀》五十九,17/7851

按,是年十月乙未朔,己亥五日,月内無乙亥。嚴衍改"己亥"爲"乙亥",誤。

又,《舊唐書·敬宗紀》誤作"乙亥"。羅士琳《舊唐書校勘記》卷八云:"沈本作己亥。張氏宗泰云:'乙亥在乙未前二十日,不得次於朔下。據下有壬戌,非己亥即乙巳之誤'。按《通鑑》作己亥。"標點本《舊唐書》失校。嚴衍蓋從《舊唐書》而誤。

文宗太和二年(八二八)
王庭湊陰以兵及鹽糧助李同捷,上欲討之;秋,七月,甲辰,詔中書集百官議其事……己巳,下詔罪狀廷湊,命鄰道各嚴兵守備,聽其自新。

卷二百四十三,《唐紀》五十九,17/7859

按,太和二年七月乙酉朔,甲辰二十日,月内無己巳。《新唐書·文宗紀》:"八月己巳,王庭湊反。"《通鑑》七月後逕接九月,不書八月,"己巳"上當脱"八月"。八月甲寅朔,己巳十六日。

三年（八二九）

五月，庚寅，加李載義同平章事。

卷二百四十四，《唐紀》六十，17/7864

《考異》曰："《實錄》作'庚寅'，誤。"按，《考異》既云"庚寅"誤，則正文不應爲庚寅。今正文作"庚寅"，《考異》與正文必有一誤，姑存疑。太和三年五月己卯朔，庚寅十二日。

六年（八三二）

丁未，以前西川節度使李德裕爲兵部尚書。

卷二百四十四，《唐紀》六十，17/7881

上接十二月乙亥。按，太和六年十二月己未朔，乙亥十七日，月内無丁未。疑爲"丁丑"（十九日）或"丁亥"（二十九日）之訛。姑存疑。

又，《舊唐書·文宗紀》亦誤作"丁未"。羅士琳《舊唐書校勘記》云："沈氏炳震云：'是月無丁未'。張氏宗泰云：'上有乙亥，此當作丁丑。'"標點本《舊唐書》失校。

七年（八三三）

六月，乙巳，以山南西道節度使李載義爲河東節度使。

卷二百四十四，《唐紀》六十，17/7885

按，太和七年六月丁巳朔，月内無乙巳。下有壬申（十六日），或"乙巳"爲"己巳"之訛。己巳，六月十三日。

又，《舊唐書·文宗紀》亦作"乙巳"。羅士琳《舊唐書校勘記》云："沈本乙巳作己巳。張氏宗泰云：'乙巳不當在丁巳後。下有壬申，非乙丑即己巳之誤。'"標點本《舊唐書》失校。

……九月，丙寅，侍御史李款閤內奏彈注……
甲寅，以前忠武節度使王智興爲河中節度使。

卷二百四十四，《唐紀》六十，17/7892-4

按，是年九月甲寅朔，丙寅十三日，甲寅不得在丙寅後。"甲寅"當誤。姑存疑。

又，《舊唐書·文宗紀》甲寅亦在丙寅後。羅士琳《舊唐書校勘記》卷八云："沈本作甲戌。張氏宗泰云：'上已書甲寅朔，此誤。而上承丙寅，下接十月癸未朔，非甲戌即戊寅之誤。'"標點本《舊唐書》失校。

八年（八三四）
郯王經薨。

卷二百四十五，《唐紀》六十一，17/7896

上承六月丙戌，下接八月辛卯。按《新唐書·文宗紀》："（七月）癸亥，郯王經薨。"《舊唐書·文宗紀》同。《通鑑》"郯王"上當脫"秋七月"。七月庚戌朔，癸亥十四日。

九年（八三五）
……辛卯，發左、右神策千五百人浚曲江及昆明池。

卷二百四十五，《唐紀》六十一，17/7901

上接正月乙卯。按，太和九年正月丁未朔，乙卯九日，月內無辛卯。《通鑑》正月後逕接三月，不書二月，或"辛卯"上脫"二月"。姑存疑。二月丙子朔，辛卯十六日。又，《舊唐書·文宗紀》："（二月）丁亥，發神策軍一千五百人修淘曲江。"丁亥，二月十二日。較《通鑑》"辛卯"前四日。附誌於此。俟考。

三月，冀王絿薨。

卷二百四十五，《唐紀》六十一，17/7901

《舊唐書·文宗紀》："（二月）辛丑，冀王絿薨，癸卯，京師地震。"二月丙子朔，辛丑二十六日，癸卯二十八日。羅士琳《舊唐書校勘記》卷八："張氏宗泰云：'《新紀》辛丑作辛亥，癸卯作乙卯，俱在三月。而地震兩志同作三月乙卯。'"今按，標點本《新唐書》辛亥、乙卯俱在二月下，與張宗泰云俱在三月者不同，姑存疑。二月無辛亥、乙卯，三月丙午朔，辛亥六日，乙卯十日。《舊唐書》卷一百五十、《新唐書》卷八十二李絿本傳俱不載月。"二"、"三"形近易訛，李絿究竟卒於幾月，尚難確定，姑存疑。

文宗開成元年（八三六）

己酉，上御紫宸殿，宰相因奏事拜謝，外間因訛言："天子欲令宰相掌禁兵，已拜恩矣。"

卷二百四十五，《唐紀》六十一，17/7925

上接四月戊戌，下有乙丑。按，開成元年四月庚午朔，戊戌二十九日，月內無己酉、乙丑。《通鑑》四月後逕接閏五月，不書五月。"己酉"上當脫"五月"。五月己亥朔，己酉十一日，乙丑二十七日。

……冬，十一月，丁巳，貶益梧州司戶。

卷二百四十五，《唐紀》六十二，17/7927

按，是年十一月丙寅朔，月內無丁巳。《通鑑》下文"十一月"出壬午、甲申，則"丁巳"或爲"丁丑"之訛文，姑存疑。丁丑爲十一月十二日，壬午十七日，甲申十九日。

二年（八三七）

夏，四月，甲辰，上對中書舍人、翰林學士兼侍書柳公權於便殿……乙巳，以公權爲諫議大夫，餘如故。戊戌，以翰林學士、工部侍郎陳夷行同平章事。

卷二百四十五，《唐紀》六十一，17/7929

按，開成二年四月甲午朔，甲辰十一日，乙巳十二日，戊戌五日。戊戌不得在甲辰、乙巳後。新、舊《唐書·文宗紀》，《新唐書》卷六十三《宰相表》俱載陳夷行爲同平章事在四月戊戌。此或日次失序。姑存疑。

三年（八三八）

戊申，以鹽鐵轉運使、户部尚書楊嗣復，户部侍郎、判户部李珏並同平章事，判、使如故。

卷二百四十五，《唐紀》六十一，17/7931

上接正月丁卯。按，開成三年正月庚申朔，丁卯八日，月內無戊申。《新唐書》卷六十三《宰相表》："正月戊辰，户部尚書、諸道鹽鐵轉運使楊嗣復，户部侍郎、判户部李珏，並同中書門下平章事。"戊辰，正月九日。當從《新唐書》。《通鑑》"戊申"爲"戊辰"之訛。

又，《舊唐書·文宗紀》亦誤作"戊申"。羅士琳《舊唐書校勘記》卷八："沈本作戊辰。張氏宗泰云：'據上乙丑，下丙子，當作戊辰。'"標點本《舊唐書》失校。

……壬辰，夷行以足疾辭位，不許。
……丁酉，以衡州司馬李宗閔爲杭州刺史。

卷二百四十六，《唐紀》六十二，17/7932-3

上接正月丙子。按，是年正月庚申朔，丙子十七日，月內無壬辰、丁酉。《舊唐書·文宗紀》："（二月）丁酉，以衡州司馬李宗閔爲杭州刺史。"二月己丑朔，壬辰四日，丁酉九日。《通鑑》正月後逕接三月，不書二月。"壬辰"上當誤奪"二月"。

四年（八三九）

乙亥，上疾少間，坐思政殿，召當直學士周墀，賜之酒，因問曰："朕可方前代何主？"對曰："陛下堯、舜之主也。"

卷二百四十六，《唐紀》六十二，17/7941

上接十一月。按，開成四年十一月己卯朔，月內無乙亥。《舊唐書·文宗紀》："（十二月）乙亥，宰臣入謁，見上於太和殿。"十二月己酉朔，乙亥二十七日。《通鑑》本年不書十二月，"乙亥"上當脱"十二月"。

武宗會昌三年（八四三）

庚寅，太和公主至京師，改封安定大長公主；詔宰相帥百官迎謁於章敬寺前。

卷二百四十七，《唐紀》六十三，17/7974-5

上接二月甲戌。按，會昌三年二月庚申朔，甲戌十五日，月內無庚寅。庚寅爲三月朔日。《舊唐書·武宗紀》："三月，太和公主至京師，百官班于章敬寺迎謁，仍令所司告憲宗、穆宗二室。"疑《通鑑》

下文之"三月",應移至"庚寅"上。

又,《唐會要》卷六《雜錄》:"三年二月,太常禮院奏:太和公主到日,百寮于章敬寺門立班……其月二十五日,公主自蕃還京……其日,改封安定大長公主,罷太和公主府;宰臣及文武百寮于章敬寺門立班候參。"二月二十五日爲甲申。姑存疑。

壬寅,以翰林學士承旨崔鉉爲中書侍郎、同平章事。

卷二百四十七,《唐紀》六十三,17/7985

上接五月辛丑。按,《新唐書·武宗紀》:"(五月)戊申,翰林學士承旨、中書舍人崔鉉爲中書侍郎、同中書門下平章事。"一作"壬寅",一作"戊申"。《新唐書》卷六十三《宰相表》:"五月壬寅,紳爲門下侍郎。戊申,翰林學士承旨、中書舍人崔鉉爲中書侍郎、同中書門下平章事。"《通鑑》或因上承"壬寅",而誤以"戊申"作"壬寅"。姑存疑。五月己丑朔,壬寅十四日,戊申二十日。

四年(八四四)
以道士趙歸真爲右街道門教授先生。

卷二百四十七,《唐紀》六十三,17/8000

上接二月戊寅。會昌四年二月甲寅朔,戊寅二十五日。《舊唐書·武宗紀》云,本年三月"以道士趙歸真爲左右街道門教授先生。時帝志學神仙,師歸真"。按,戊寅已在月末,《通鑑》本年二月後逕接四月,不書三月,或《通鑑》誤奪"三月",姑存疑。

……戊子，再貶僧孺汀州刺史，宗閔漳州長史。上幸鄠校獵。

卷二百四十八，《唐紀》六十四，17/8012–3

上接九月乙亥。按，是年九月辛亥朔，乙亥二十五日，月内無戊子。《舊唐書·武宗紀》："十月，車駕幸鄠縣。"《新唐書·武宗紀》同。《通鑑》九月後逕接十一月，不書十月，"戊子"上疑脱"冬十月"。十月庚辰朔，戊子九日。

五年（八四五）

五月，壬戌，葬恭僖皇后于光陵柏城之外。

卷二百四十八，《唐紀》六十四，17/8015

《新唐書·武宗紀》："五月壬子，葬恭僖皇太后于光陵。壬戌，杜悰、崔鉉罷。"繫葬恭僖后於"壬子"。或《通鑑》因下接"壬戌"，而誤以"壬子"爲"壬戌"，姑存疑。是年五月丁未朔，壬子六日，壬戌十六日。

六年（八四六）

……辛酉，下詔稱："皇子冲幼，須選賢德，光王怡可立爲皇太叔……"太叔見百官，哀戚滿容；裁決庶務，咸當於理，人始知有隱德焉。

卷二百四十八，《唐紀》六十四，17/8023

上接三月。《考異》曰："《舊紀》：'三月一日，立爲皇太叔。'《武宗實録》云'壬戌'。《宣宗實録》云'辛酉'。按《獻替記》云，'自正月十三日後至三月二十日更不開延英'，蓋二十一日則宣宗見百寮也。今從《宣宗實録》。"今按，會昌六年三月壬寅朔，辛酉二十日，壬戌二十一日。《通鑑》既以二十一日爲是，則不應從《宣宗實錄》作"辛酉"，而應從《武宗實錄》作"壬戌"。《新唐書·武宗紀》亦作"壬戌"。

宣宗大中元年（八四七）
己酉，積慶太后蕭氏崩。

卷二百四十八，《唐紀》六十四，17/8030

上接閏三月。按，大中元年閏三月丙寅朔。月內無己酉。《新唐書·宣宗紀》："四月己酉，皇太后崩。"《舊唐書·宣宗紀》亦作"四月"。四月乙未朔，己酉十五日。《通鑑》閏三月後逕接五月，不書四月，"己酉"上當誤奪"夏四月"三字。

二年（八四八）
立皇子澤爲濮王。

卷二百四十八，《唐紀》六十四，17/8033

上接二月庚子。《新唐書·宣宗紀》："三月，封子澤爲濮王。"《舊唐書》卷一百七十五、《新唐書》卷八十二本傳均作"大中二年"，不書月。今按，《通鑑》二月後逕接五月，不書三、四月，或應從《新唐書》作三月，《通鑑》誤奪"三月"，姑存疑。

三年（八四九）
吐蕃秦、原、安樂三州及石門等七關來降；以太僕卿陸耽爲宣諭使，詔涇原、靈武、鳳翔、邠寧、振武皆出兵應接。

卷二百四十八，《唐紀》六十四，17/8037–8

上接二月。《新唐書·宣宗紀》亦作二月。《舊唐書·宣宗紀》

作"正月丙寅"。《册府元龜》卷一百六十五《帝王部·招懷》、卷一百七十《帝王部·來遠》作"正月",同書卷二十《帝王部·功業》作"正月丙辰"。正月丙辰朔,丙寅十一日。諸説未知孰是,姑存疑。

甲戌,追上順宗謚曰至德弘道大聖大安孝皇帝;憲宗謚曰昭文章武大聖至神孝皇帝。仍改題神主。
己未,崖州司户李德裕卒。

卷二百四十八,《唐紀》六十四,17/8041

上接閏十一月丁酉。按,是年閏十一月辛巳朔,丁酉十七日,月内無甲戌、己未。追謚順宗、憲宗事,《舊唐書·宣宗紀》、《唐會要》卷一《帝號》俱在"十二月"。《通鑑》本年末爲閏十一月,不書十二月,"甲戌"上當誤奪"十二月"。又,十二月庚戌朔,己未十日,甲戌二十五日,己未不得在甲戌後。非日次失序即干支有誤,姑存疑。

六年(八五二)
三月,敕先賜右衛大將軍鄭光鄠縣及雲陽莊並免税役。中書門下奏……

卷二百四十九,《唐紀》六十五,17/8050

《舊唐書·宣宗紀》:"二月,右衛大將軍鄭光以賜田請免租税。宰相魏謩奏曰……敕曰:'一依人户例供税。'"二月、三月,未知孰是,姑存疑。

……六月,壬申,先以誠爲刑部侍郎,癸酉,乃除邠寧節度使。

雍王渼薨，追謚靖懷太子。

卷二百四十九，《唐紀》六十五，17/8051

按，大中六年六月丙申朔，月内無壬申、癸酉。《新唐書·宣宗紀》："七月，雍王渼薨。"七月丙寅朔，壬申七日，癸酉八日。《通鑑》本年不書五、七月，"六月"當爲"七月"之誤。

獠寇昌、資二州。

卷二百四十九，《唐紀》六十五，17/8051

上接八月甲子。《新唐書·宣宗紀》："九月，獠寇昌、資二州。"《通鑑》八月後逕接十月，不書九月，或奪"九月"，姑存疑。

九年（八五五）

……甲午，以門下侍郎、同平章事崔鉉同平章事，充淮南節度使；丁酉，以悰爲太子太傅、分司。

卷二百四十九，《唐紀》六十五，17/8057

上接秋七月。按，大中九年七月戊申朔，月内無甲午、丁酉。《舊唐書·宣宗紀》："八月，以門下侍郎、守尚書右僕射、監修國史、博陵縣開國伯、食邑一千戶崔鉉檢校司空、同平章事，兼揚州大都督府長史，充淮南節度副大使、知節度使事。"八月丁丑朔，甲午十八日，丁酉二十一日。《通鑑》七月後逕接九月，不書八月，"甲午"上當誤奪"八月"。

十年（八五六）

六月，戊寅，以中書侍郎、同平章事裴休同平章事，充宣武節度使。

卷二百四十九，《唐紀》六十五，17/8060

《新唐書》卷六十三《宰相表》："十月戊子，休爲檢校户部尚書、同平章事、宣武節度使。"《新唐書·宣宗紀》亦云："十月戊子，裴休罷。"《舊唐書》卷一百七十七《裴休傳》不書月。本年六月壬申朔，戊寅七日；十月辛未朔，戊子十八日。未知孰是，姑存疑。

壬辰，以户部侍郎、判户部崔慎由爲工部尚書、同平章事。

卷二百四十九，《唐紀》六十五，17/8061

上接十一月辛亥。按，是年十一月庚子朔，辛亥十二日，月内無壬辰。《新唐書·宣宗紀》："十二月壬辰，户部侍郎、判户部崔慎由爲工部尚書、同中書門下平章事。"《新唐書》卷六十三《宰相表》同。《通鑑》本年年末爲十一月，不書十二月。"壬辰"上當脱"十二月"。十二月庚午朔，壬辰二十三日。

懿宗咸通三年（八六二）

春，正月，庚寅朔，群臣上尊號曰睿文明聖孝德皇帝；赦天下。

卷二百五十，《唐紀》六十六，17/8096

按，咸通三年正月庚午朔，庚寅二十一日，非朔日。《新唐書·懿宗紀》："三年正月庚午，群臣上尊號曰睿文明聖孝德皇帝。大赦。"《册府元龜》卷十七《帝王部·尊號》亦繫此事於本年"正月庚午"。《通鑑》之"庚寅"當爲"庚午"之訛文。

嶺南西道節度使蔡京爲政苛慘，設炮烙之刑，闔境怨之，遂爲邕州軍士所逐……

卷二百五十，《唐紀》六十六，17/8100

上接八月甲子。《新唐書·懿宗紀》："九月，嶺南西道軍亂，逐其節度使蔡京。"按，《通鑑》八月後逕接十月，不書九月，或本條上脫"九月"，姑存疑。

四年（八六三）
辛巳，廢宿泗觀察使，復以徐州爲觀察府，以濠、泗隸焉。

卷二百五十，《唐紀》六十六，17/8107

上接十一月丁酉。按，咸通四年十一月庚寅朔，丁酉八日，月內無辛巳。前有丁酉，"辛巳"或爲"辛丑"之訛，姑存疑。辛丑，十一月十二日。

六年（八六五）
春，正月，丁巳，始以懿安皇后配饗憲宗室……
……庚申，以宣猷爲宣歙觀察使，時人謂之"敕使墓户"。

卷二百五十，《唐紀》六十六，17/8111

按，咸通六年正月癸未朔，月內無丁巳、庚申。《通鑑》本年不書二月，或"正月"爲"二月"之誤，姑存疑。二月壬子朔，丁巳六日，庚申九日。

七年（八六六）
冬，十月，甲申，以門下侍郎、同平章事楊收爲宣歙觀察使。

　　　　　　　　　　卷二百五十,《唐紀》六十六,17/8115

　　《新唐書》卷六十三《宰相表》:"十月壬申,收檢校工部尚書、宣歙池觀察使。"《新唐書·懿宗紀》亦云:"十月壬申,楊收罷。"按,咸通七年十月壬申朔,甲申十三日。壬申、甲申,當有一誤,姑存疑。

十一月,壬子,赦天下。

　　　　　　　　　　卷二百五十,《唐紀》六十六,17/8116

　　《新唐書·懿宗紀》:"十一月辛亥,大赦,免咸通三年已前逋負,賜文武官階、勳、爵。"是年十一月壬寅朔,辛亥十日,壬子十一日。《舊唐書·懿宗紀》:"十一月十日,御宣政殿,大赦,以復安南故也。"與《新唐書》同。姑存疑。

　　又,《册府元龜》卷九十一《帝王部·赦宥》作"十一月壬申"。十一月無壬申,疑"壬申"爲"壬子"之訛。附誌於此。

九年（八六八）

……壬申,圍都梁城……官軍不及成列,遂大敗,將士觸兵及溺淮死,得免者纔數百人,亡器械、資糧、車馬以萬計,賊傳可師及監軍、將校首於彭城。

　　　　　　　　　　卷二百五十一,《唐紀》六十七,17/8135-6

　　上接閏十二月己亥。按,咸通九年閏十二月庚寅朔,己亥十日,月內無壬申。《考異》引《彭門紀亂》作"十二月十三日"。《考異》曰:"《實錄》,可師敗繫於閏月下,而亦云十二月十三日。《新紀》,十二月壬申,亦用《紀亂》之日也。按《紀亂》上有臘月,又云,十二月十三日,其下無閏月,疑謂閏月十三日也。"今按,閏月十三日爲壬寅。《通鑑》"壬申"或爲"壬寅"之訛。

十一年（八七〇）
春，正月，甲寅朔，群臣上尊號曰睿文英武明德至仁大聖廣孝皇帝；赦天下。

卷二百五十二，《唐紀》六十八，17/8153

《新唐書·懿宗紀》同。《舊唐書·懿宗紀》："十二年春正月戊申，宰相路巖率文武百僚上徽號曰文英武明德至仁大聖廣孝皇帝，御含元殿，冊禮畢，大赦。"戊申，十二年正月朔日。《册府元龜》卷十七《帝王部·尊號》、卷九十一《帝王部·赦宥》亦作"十二年正月戊申"。《唐會要》卷二《帝號》作"咸通十二年辛卯正月"。姑存疑。

僖宗乾符四年（八七七）
庚申，王仙芝、黃巢攻宋州，三道兵與戰，不利，賊遂圍宋威於宋州。甲寅，左威衛上將軍張自勉將忠武兵七千救宋州，殺賊二千餘人，賊解圍遁去。

卷二百五十三，《唐紀》六十九，17/8192

上接秋七月。今按，僖宗乾符四年七月庚子朔，庚申爲七月二十一日，甲寅十五日，庚申不得在甲寅之前。此云庚申圍城，甲寅解圍，庚申、甲寅必有一誤。姑存疑。

乙卯，王仙芝陷隨州，執刺史崔休徵。

卷二百五十三，《唐紀》六十九，17/8192

上接八月庚辰。按，是年八月己巳朔，庚辰爲八月十二日，月内無乙卯。《舊唐書·僖宗紀》亦繫王仙芝陷隨州事於本年八月，不書日(《新唐書‧僖宗紀》同)。此日干必誤。姑存疑。

僖宗廣明元年(八八〇)

……壬戌,至百井,軍變,還趣晉陽。傳圭閉城拒之,亂兵自西明門入,殺傳圭……

卷二百五十三,《唐紀》六十九,17/8220

上接二月辛亥。按,廣明元年二月乙酉朔,辛亥二十七日,月內無壬戌。《新唐書‧僖宗紀》:"(二月)戊戌,河東軍亂,殺其節度使康傳圭。"《舊唐書‧僖宗紀》亦在二月,不書日。戊戌,二月十四日。如從《新唐書》作"戊戌",則不得在辛亥之後;或"壬戌"爲"壬子"之訛,姑存疑。壬子,二月二十八日。

僖宗光啓元年(八八五)

己卯,車駕發成都,陳敬瑄送至漢州而還。

……

……庚申,襲歸州,據之,自稱刺史。禹,青州人成汭也,因殺人亡命,更其姓名。

卷二百五十六,《唐紀》七十二,18/8319

上接正月戊午。按,光啓元年正月丁巳朔,戊午二日,己卯二十三日,庚申四日。庚申不得在己卯後。《新唐書‧僖宗紀》:"光啓元年正月庚辰,荊南軍將成汭陷歸州。"成汭即郭禹。庚辰,正月二十四日。當從《新唐書》。《通鑑》"庚申"爲"庚辰"之訛。

二年(八八六)

戊戌,襄王熅遣使至晉陽賜李克用詔……

秦賢寇宋汴，朱全忠敗之於尉氏南；癸巳，遣都將郭言將步騎三萬擊蔡州。

卷二百五十六，《唐紀》七十二，18/8336-7

上接五月。按光啓二年五月己卯朔，戊戌二十日，癸巳十五日。戊戌不得在癸巳前。或干支有誤，或日次失序，姑存疑。

十二月，戊寅，諸軍拔鳳州，以滿存爲鳳州防禦使。

卷二百五十六，《唐紀》七十二，18/8341

按，是年十二月乙巳朔，月內無戊寅。《通鑑》下文接"甲寅"，此"戊寅"疑爲"戊申"之訛。戊申十二月四日，甲寅十日。

三年（八八七）
辛未，高駢密以金遺守者，畢師鐸聞之，壬午，復迎駢入道院，收高氏子弟甥姪十餘人同幽之。

卷二百五十七，《唐紀》七十三，18/8356

上接四月庚午。按，光啓三年四月甲辰朔，庚午二十七日，辛未二十八日，月內無壬午。《通鑑》下文接五月丙子，"壬午"疑爲"壬申"之訛。壬申，四月二十九日。

八月，壬寅朔，李茂貞奏隴州刺史薛知籌以城降，斬李昌符，滅其族。
……
丙子，以李茂貞同平章事，充鳳翔節度使。

卷二百五十七，《唐紀》七十三，18/8360

按，是年八月壬寅朔，月內無丙子。《通鑑》下文接壬子，或

"丙子"爲"丙午"之訛。丙午八月五日，壬子十一日。又，《舊唐書·僖宗紀》："七月壬申朔，隴州刺史薛知籌以城降李茂貞，遂拔隴州，斬李昌符、昌仁等，傳首獻于行在。丙子，制以武定軍節度使、檢校尚書左僕射、兼洋州刺史、御史大夫、上柱國、隴西郡公、食邑一千五百户李茂貞檢校司空、同平章事、兼鳳翔尹、鳳翔隴右節度等使。"《新唐書·僖宗紀》亦云："七月，李昌符伏誅。"七月壬申朔，丙子七月五日。或《通鑑》"八月壬寅朔"應爲"七月壬申朔"，"丙子"不誤，姑存疑。

昭宗龍紀元年（八八九）

壬子，蔡將郭璠殺申叢，送秦宗權於汴，告朱全忠云："叢謀復立宗權。"全忠以璠爲淮西留後。
戊申，王建大破山行章於新繁，殺獲近萬人，行章僅以身免。

卷二百五十八，《唐紀》七十四，18/8384-5

上接正月癸巳。按，龍紀元年正月癸巳朔，壬子二十日，戊申十六日，戊申不得在壬子後。《新唐書·昭宗紀》亦云"正月壬子"殺申叢。《通鑑》或日次失序，或"戊申"誤，姑存疑。

昭宗大順二年（八九一）

……三月，乙亥，制復敬瑄官爵，令顧彦朗、王建各帥衆歸鎮。

卷二百五十八，《唐紀》七十四，18/8412

三月辛亥朔，乙亥二十五日。《考異》曰："《新紀》：'二月，乙巳，赦陳敬瑄。己未，詔王建罷兵，不受命。'《十國紀年》亦曰：'二月，乙巳，復敬瑄官爵。'按二月辛巳朔，無己未，《新紀》誤也。今從《實錄》。"今按，標點本《新唐書・昭宗紀》"己未"作"丁未"，與《通鑑》所引不同。二月辛巳朔，乙巳二十五日，丁未二十七日，日次亦合。一爲二月二十五日乙巳，一爲三月二十五日乙亥，未知孰是，姑存疑。

丙午，立皇子祐爲德王。
楊行密遣其將李神福攻和、滁，康暀降，安景思走。

卷二百五十八，《唐紀》七十四，18/8416

上接五月。按，大順二年五月己酉朔，月內無丙午。《新唐書・昭宗紀》："六月，楊行密陷和、滁二州。丙午，封子祐爲德王。"六月己卯朔，丙午二十八日。《通鑑》五月後逕接七月，不書六月。當從《新唐書》。《通鑑》"丙午"上誤奪"六月"。又，丙午在月末，應依《新唐書》，楊行密攻和、滁二州在前，立德王在後，《通鑑》順序亦誤倒。

癸丑，建分遣士卒就食諸州，更文武堅姓名曰王宗阮，謝從本曰王宗本。

卷二百五十八，《唐紀》七十四，18/8419

上接八月癸卯。按，是年八月戊寅朔，癸卯二十六日，月內無癸丑。或下文"九月乙卯"之"九月"，應移至"癸丑"前，姑存疑。九月戊申朔，癸丑六日，乙卯八日。

昭宗景福元年（八九二）
乙未，朱全忠遣其子友裕將兵十萬攻濮州，拔之，執其刺史邵倫，遂令友裕移兵擊時溥。

卷二百五十九，《唐紀》七十五，18/8437

上接十一月。按，景福元年十一月辛丑朔，月內無乙未。《新唐書·昭宗紀》："（十一月）乙巳，朱友裕陷濮州，執刺史邵儒。"邵倫、邵儒，未知孰是。乙巳，十一月五日。當從《新唐書》，《通鑑》"乙未"爲"乙巳"之訛。

昭宗乾寧二年（八九五）

……己丑，克用進軍渭橋，遣其將李存貞爲前鋒；辛卯，拔永壽，又遣史儼將三千騎詣石門待衛。

卷二百六十，《唐紀》七十六，18/8473-4

上接七月壬午，後有癸巳、戊戌、癸卯、壬子。按，乾寧二年七月丙辰朔，壬午二十七日，月內無己丑、辛卯、癸巳、戊戌、癸卯、壬子諸日。《通鑑》七月後逕接九月，不書八月，"己丑"上當誤奪"八月"。八月乙酉朔，己丑五日，辛卯七日，癸巳九日，戊戌十四日，癸卯十九日，壬子二十八日。

三年（八九六）

……八月，丙辰，詔建關議朝政；建上表固辭，乃止。
……
癸丑，以王建爲鳳翔西面行營招討使。
甲寅，以門下侍郎、同平章事王摶同平章事，充威勝節度使。

卷二百六十，《唐紀》七十六，18/8492

按，乾寧三年八月己酉朔，丙辰八日，癸丑五日，甲寅六日，丙辰不得在癸丑、甲寅前，此日次失序。姑存疑。

四年（八九七）
庚戌，錢鏐還杭州，遣顧全武取蘇州；乙未，拔松江；戊戌，拔無錫；辛丑，拔常熟、華亭。

卷二百六十一，《唐紀》七十七，18/8505

上接七月。按，乾寧四年七月甲戌朔，乙未二十二日，戊戌二十五日，辛丑二十八日，月内無庚戌。後接乙未，"庚戌"疑爲"庚辰"（七日）或"庚寅"（十七日）之訛。

昭宗光化元年（八九八）
己丑，東川留後王宗滌言於王建，以東川封疆五千里，文移往還，動踰數月，請分遂、合、瀘、渝、昌五州別爲一鎮；建表言之。
顧全武攻蘇州；城中及援兵食皆盡，甲申，淮南所署蘇州刺史臺濛棄城走，援兵亦遁。

卷二百六十一，《唐紀》七十七，18/8517

上接九月乙亥。按，光化元年九月戊辰朔，乙亥爲九月初八日，己丑二十二日，甲申十七日，己丑不得在甲申前。《新唐書·昭宗紀》："（九月）甲申，錢鏐陷蘇州。"或"己丑"有誤，或日次失序，姑存疑。

二年（八九九）
劉仁恭之攻魏州也，羅紹威遣使脩好於河東，且求救。

壬午，李克用遣李嗣昭將兵救之。

　　　　　　　卷二百六十一，《唐紀》七十七，18/8524

　　上接三月戊申。按，光化二年三月甲午朔，戊申十五日，月內無壬午。上承戊申，下接丁巳（二十四日），"壬午"疑爲"壬子"之訛。壬子，三月十九日。

三年（九〇〇）

……甲申，王郜棄城奔晉陽，軍中推處直爲留後。存敬進圍定州，丙申，朱全忠至城下……

　　　　　　　卷二百六十二，《唐紀》七十八，18/8537

　　上接十月癸未。按，光化三年十月乙卯朔（《資治通鑑目錄》卷二十五亦作"乙卯朔"，《舊唐書·昭宗紀》作"丙辰"朔，相差一日），癸未二十九日，甲申三十日，月內無丙申。十一月乙酉朔（《舊唐書·昭宗紀》同），丙申十一月十二日。疑"丙申"上脫"十一月"。下文之"十一月"應前移至"丙申"上。

昭宗天復元年（九〇一）

春，正月，乙酉朔……

　　　　　　　卷二百六十二，《唐紀》七十八，18/8544

　　按，《二十史朔閏表》十一月甲申朔，乙酉二日，非朔日。《舊唐書·昭宗紀》亦作"甲申朔"，《新唐書·昭宗紀》"乙酉"下無"朔"字。《舊五代史·太祖紀》亦云："天復元年正月乙酉朔。"夾行注云："案：天復元年正月，當從《舊唐書》作甲申朔。考光化三年十二月爲乙卯朔，天復元年二月爲甲寅朔。《舊唐書》作癸未夜，孫德昭等以兵攻劉季述、王仲先。《通鑑》作德昭等謀以除夜伏兵俟之。

以癸未爲除夜，則正朔斷爲甲申也。《通鑑》從《薛史》作乙酉朔，疑誤。"姑從之。

二年（九〇二）
五月，庚戌，温州刺史朱褒卒，兄敖自稱刺史。

卷二百六十三，《唐紀》七十九，18/8574

按，《新唐書·昭宗紀》云："（四月）丙申，温州刺史朱褒卒，其兄敖自稱刺史。"是年四月丁丑朔，丙申二十日；五月丙午朔，庚戌五日。二説未知孰是，姑存疑。

……甲戌，命韓偓草貽範起復制……八月，乙亥朔，班定，無白麻可宣；宦官喧言韓侍郎不肯草麻，聞者大駭。

卷二百六十三，《唐紀》七十九，18/8577-8

上接秋七月。按，《二十史朔閏表》是年七月甲辰朔（《資治通鑑目録》卷二十五日同），月内無甲戌；八月甲戌朔，乙亥二日，非朔日。與《通鑑》相差一日，姑存疑。

庚戌，李茂貞出兵夜襲奉天，虜汴將倪章、邵棠以歸。乙未，茂貞大出兵，與朱全忠戰，不勝；暮歸，汴兵追之，幾入西門。

卷二百六十三，《唐紀》七十九，18/8580

上接八月丁亥。按，是年八月甲戌朔（《通鑑》"乙亥朔"，見上條），丁亥十四日，乙未二十二日，月内無庚戌。上承丁亥，下接乙未，"庚戌"疑爲"庚寅"之訛。庚寅，八月十七日。

丙子，户部侍郎、同平章事韋貽範薨。

卷二百六十三，《唐紀》七十九，18/8586

上接十一月甲寅。按，是年十一月癸卯朔，甲寅十二日，月内無丙子。《新唐書·昭宗紀》："（十一月）丙辰，韋貽範薨。"《新唐書》卷六十三《宰相表》亦作"丙辰"。丙辰，十一月四日。《通鑑》上承甲寅，後接癸亥（二十一日）。當從《新唐書》，"丙子"爲"丙辰"之訛。

昭宗天祐元年（九〇四）
九月，己巳，尊皇后爲皇太后。

卷二百六十五，《唐紀》八十一，18/8637

《舊唐書·哀帝紀》："（九月）庚午，皇帝釋服從吉。中書門下奏：'……伏以大行皇帝皇后母臨四海，德冠六宫，推尊宜正於鴻名，敬上式光於睿孝，望上尊號曰皇太后。'奉敕宜依。"《新唐書·哀帝紀》亦作"九月庚午"。天祐元年九月壬戌朔，己巳八日，庚午九日。姑存疑。

二年（九〇五）
……甲申，以門下侍郎、同平章事裴樞爲左僕射，崔遠爲右僕射，並罷政事。

卷二百六十五，《唐紀》八十一，18/8641

上接三月戊寅。《新唐書·哀帝紀》："三月甲子，裴樞罷……甲申，崔遠罷。"《舊唐書·哀帝紀》、《新唐書》卷六十三亦云，裴樞罷爲尚書左僕射在三月甲子，崔遠罷爲右僕射在甲申，二人不同時。天祐二年三月庚申朔，甲子五日，甲申二十五日。姑存疑。

壬辰，河東都押牙蓋寓卒，遺書勸李克用省營繕，薄賦斂，求賢俊。

卷二百六十五，《唐紀》八十一，18/8642

上接三月甲申。按，是年三月庚申朔，甲申二十五日，月內無壬辰。疑下文"夏，四月，庚子"之"夏四月"應移至"壬辰"上。四月己丑朔，壬辰四日，庚子十二日。

……己酉，全忠密令殷、殷衡害太后于積善宮，敕追廢太后爲庶人，阿秋、阿虔皆於殿前撲殺。庚戌，以皇太后喪，廢朝三日。

卷二百六十五，《唐紀》八十一，18/8654

上接十二月辛丑。《舊唐書·哀帝紀》："（十二月）戊申，全忠令知樞密王殷害皇太后何氏于積善宮，又殺宮人阿秋、阿虔，言通導蔣玄暉。己酉，敕以太后喪，廢朝三日。"《新唐書·哀帝紀》同。十二月乙酉朔，戊申二十四日，己酉二十五日，庚戌二十六日。新、舊《唐書》與《通鑑》相差一日，姑存疑。

三年（九〇六）

西川將王宗阮攻歸州，獲其將韓從實。

卷二百六十五，《唐紀》八十一，18/8657

上接正月庚辰。天祐三年正月乙卯朔，庚辰二十六日。《新唐書·哀帝紀》："二月，楊渥陷岳州。癸巳，王建陷歸州。"二月甲申朔，癸巳十日。《通鑑》正月後逕接三月，不書二月。疑本條上誤奪"二月"。

拾
後梁紀

太祖開平二年（九〇八）
癸亥，酖殺濟陰王於曹州，追諡曰唐哀皇帝。

卷二百六十六，《後梁紀》一，18/8691

上接二月甲辰。按，開平二年二月壬寅朔，甲辰三日，癸亥二十二日。《舊唐書·哀帝紀》："天祐五年二月二十一日，帝爲全忠所害。"天祐五年即開平二年，二十一日爲二月壬戌，與《通鑑》相差一日。《新唐書·哀帝紀》、《唐會要》卷二《帝號》均作"二月"，不書日。《新五代史·太祖紀》："（春正月）己亥，卜郊于西都。弑濟陰王。"正月癸酉朔，己亥二十七日。姑存疑。

三年（九〇九）
春，正月，己巳，遷太廟神主於洛陽。甲戌，帝發大梁。壬申，以博王友文爲東都留守。

卷二百六十七，《後梁紀》二，18/8707

按，開平三年正月戊辰朔，己巳二日，甲戌七日，壬申五日，甲戌不得在壬申前。新、舊《五代史·太祖紀》俱載"甲戌"發東都，《通鑑》下文接己卯（十二日），疑此日次失序。

……庚寅，饗太廟；辛巳，祀圜丘，大赦。

卷二百六十七，《後梁紀》二，18/8707

上接正月己卯。按，是年正月戊辰朔，己卯十二日，庚寅二十三日，辛巳十四日，辛巳不得在庚寅後。《新五代史·太祖紀》："（正月）庚寅，享于太廟。辛卯，有事于南郊，大赦。"《舊五代史·太祖紀》亦作"辛卯"。辛卯，正月二十四日。當從《太祖紀》。《通鑑》"辛巳"爲"辛卯"之訛。

庚子，以王審知爲閩王，劉隱爲南平王。

卷二百六十七，《後梁紀》二，18/8708

上接四月丙申。《舊五代史·太祖紀》："甲寅，宴宰臣及扈從官於内殿。制：易定節度使王處直進封北平王，福建節度使王審知封閩王，廣州節度使劉隱封南平王。"按，是年四月丙申朔，庚子五日，甲寅十九日，二説未知孰是。《册府元龜》卷一百九十六《閏位部·封建》作"四月"，不書日，姑存疑。

四年（九一〇）
……六月，庚戌，命崇政院直學士李玼馳往視行襲病……庚辰，行襲卒。

卷二百六十七，《後梁紀》二，18/8723-4

按，開平四年六月己未朔，庚辰二十二日，月内無庚戌。後接庚辰，疑"庚戌"應爲"庚申"（二日）或"庚午"（十二日）之訛。姑存疑。

太祖乾化二年（九一二）
戊寅，友珪易服微行入左龍虎軍……友珪僕夫馮廷諤刺帝腹，刃出於背。友珪自以敗氈裹之，瘗

於寢殿，秘不發喪。

〇〇〇〇〇〇〇〇〇〇〇〇〇〇卷二百六十八，《後梁紀》三，18/8759

　　上接六月丁丑。按，乾化二年六月丁丑朔，（《通鑑》亦作"丁丑朔"），戊寅二日。《舊五代史·末帝紀》："乾化二年六月三日，庶人友珪弑逆。"三日己卯，與《通鑑》相差一日，姑存疑。

辛巳，蜀改劍南東川曰武德軍。

〇〇〇〇〇〇〇〇〇〇〇〇〇〇卷二百六十八，《後梁紀》三，18/8763

　　上接九月壬申。按，是年九月乙巳朔。壬申二十八日，月內無辛巳。本年十月乙亥朔，辛巳十月七日。疑下文之"冬十月"應移至"辛巳"上。

均王貞明二年（九一六）

……丙寅，保勝節度使兼侍中李繼崇畏岐王猜忌，帥其衆二萬，棄隴州奔于蜀軍。

〇〇〇〇〇〇〇〇〇〇〇〇〇〇卷二百六十九，《後梁紀》四，19/8807

　　上接十月己丑。按，貞明二年十月癸未朔，己丑七日，月內無丙寅。上承己丑，下接丁酉（十五日），"丙寅"疑爲"丙申"之訛。丙申，十月十四日。

四年（九一八）

己亥，蜀主以東面招討使王宗侃爲東、西兩路諸軍都統。

〇〇〇〇〇〇〇〇〇〇〇〇〇〇卷二百七十，《後梁紀》五，19/8824

　　上接二月甲子。按，貞明四年二月甲辰朔，甲子二十一日，月內無己亥。己亥尚在甲子後三十六日，此必有誤。姑存疑。

六年（九二〇）

夏，四月，乙亥，以尚書左丞李琪爲中書侍郎、同平章事。

卷二百七十一，《後梁紀》六，19/8854

按，貞明六年四月癸巳朔，月內無乙亥。《新五代史·末帝紀》："六年夏四月己亥，降死罪以下囚。乙巳，尚書左丞李琪爲中書侍郎、同中書門下平章事。"《舊五代史·末帝紀》亦作"乙巳"。己亥四月七日，乙巳十三日。當從《末帝紀》，《通鑑》"乙亥"爲"乙巳"之訛。

均王龍德二年（九二二）

晉天平節度使兼侍中閻寶築壘以圍鎮州，決滹沱水環之。內外斷絕，城中食盡，丙午，遣五百餘人出求食……寶不能拒，退保趙州。

卷二百七十一，《後梁紀》六，19/8874

上接二月。按，龍德二年二月壬子朔，月內無丙午。《舊五代史·莊宗紀》天祐十九年（即後梁龍德二年）云："三月丙午，王師敗於鎮州城下，閻寶退保趙州。"三月辛巳朔，丙午二十六日。《通鑑》二月後逕接四月，不書三月。當從《莊宗紀》，《通鑑》本條上誤奪"三月"。

甲戌，張處瑾遣兵千人迎糧於九門，李嗣昭設伏於故營……嗣昭箙中矢盡，拔矢於腦以射之，一發而殪……
　　……
閻寶慚憤，疽發於背，甲戌，卒。
　　　　　　　　　　卷二百七十一，《後梁紀》六，19/8874-5

上接夏四月。是年四月辛亥朔，甲戌二十四日。此二甲戌重出。《舊五代史·莊宗紀》："夏四月，嗣昭爲流矢所中，卒於師。己卯，天平節度使閻寶卒。"己卯，四月二十九日。疑《通鑑》誤。

拾壹
後唐紀

莊宗同光元年（九二三）

丙申，賜滑州留後段凝姓名曰李紹欽，耀州刺史杜晏球曰李紹虔。

乙酉，梁西都留守河南尹張宗奭來朝，復名全義，獻幣馬千計；帝命皇子繼岌、皇弟存紀等兄事之。

卷二百七十二，《後唐紀》一，19/8902

上接十月甲午。按，同光元年十月辛未朔，甲午二十四日，丙申二十六日，乙酉十三日，乙酉不得在諸日後。"乙酉"上承丙申，下接戊戌（二十八日），或爲"丁酉"之訛。丁酉，十月二十七日。

三年（九二五）

庚辰，帝至洛陽；辛酉，詔復以洛陽爲東都，興唐府爲鄴都。

卷二百七十三，《後唐紀》二，19/8932

上接三月己酉。按，是年三月癸巳朔，己酉十七日，辛酉二十九日，月內無庚辰。《新五代史·莊宗紀》："（三月）庚申，至自東京。辛酉，改東京爲鄴都，以洛京爲東都。"庚申，三月二十八日。當從《新五代史》，《通鑑》"庚辰"爲"庚申"之訛。

又，《舊五代史·莊宗紀》亦作"庚辰"，注云："案：原本作庚辰，《歐陽史》作庚申，疑《永樂大典》傳寫之訛。考《通鑑》及《五代春秋》皆作庚辰，又疑原本不誤。據上文，正月甲午朔，二月甲子朔，三月癸巳朔，則三月不得有庚辰也。蓋其誤始於《薛史》，而《通鑑》、《五代春秋》皆襲其訛耳。"今按，《册府元龜》卷一百一十四《帝王部》亦誤作"庚辰"，附誌於此。

明宗天成元年（九二六）

二月，己丑朔，以宣徽南院使李紹宏爲樞密使。

卷二百七十四，《後唐紀》三，19/8957

按，《二十史朔閏表》天成元年二月戊子朔，己丑二日，非朔日。新、舊《五代史·莊宗紀》己丑下俱無朔字。或《通鑑》"朔"字誤衍，姑存疑。

戊子，朱守殷遣使馳白嗣源，以"京城大亂，諸軍焚掠不已，願亟來救之！"乙丑，嗣源入洛陽，止于私第，禁焚掠，拾莊宗骨於灰燼之中而殯之。

卷二百七十五，《後唐紀》四，19/8975-6

上接四月丁亥。按，是年四月丁亥朔，戊子二日，月內無乙丑。《新五代史·明宗紀》："四月丁亥，莊宗崩。己丑，入洛陽。"己丑，四月三日。《通鑑》下文接庚寅（四日）。當從《新五代史》，《通鑑》"乙丑"爲"己丑"之訛。

又，《舊五代史·莊宗紀》本年三月丁未朔，四月丁丑朔。顯誤。附誌於此。

三年（九二八）

契丹北走，道路泥濘，人馬饑疲，入幽州境。八月壬
[章：十二行本"壬"作"甲"；乙十一行本同；張校同，云無注本亦誤"壬"。]
戌，趙德鈞遣牙將武從諫將精騎邀擊之，分兵扼險要，生擒惕隱等數百人。

卷二百七十六，《後唐紀》五，19/9021-2

按，天成三年八月癸酉朔，月内無壬戌，甲戌二日。《舊五代史‧明宗紀》："（八月）壬午，幽州趙德鈞奏，於府西邀殺契丹敗黨數千人，生擒首領惕隱等五十餘人。"壬午，八月十日。《舊五代史》上承丁丑（五日），下接辛卯（十九日）。當以"壬午"爲是，"壬戌"、"甲戌"俱誤。

四年（九二九）

王都、禿餒欲突圍走，不得出。二月，癸丑，定州都指揮使馬讓能開門納官軍，都舉族自焚，擒禿餒及契丹二千人。辛亥，以王晏球爲天平節度使，與趙德鈞並加兼侍中。

卷二百七十六，《後唐紀》五，19/9027

按，天成四年二月辛丑朔，癸丑十三日，辛亥十一日，癸丑不得在辛亥前。《新五代史‧明宗紀》："二月，癸卯，王晏球克定州。"《舊五代史‧明宗紀》："二月乙巳，王晏球奏，此月三日收復定州。"癸卯適爲二月三日。《通鑑》"癸丑"當爲"癸卯"之訛。《舊五代史》二月三日下注云："案：《歐陽史》作二月癸卯，王晏球克定州，與《薛史》合。《通鑑》作癸丑，考癸丑非二月三日也，疑傳寫之訛（《舊五代史考異》）。"是。

癸巳，西川右都押牙孟容弟爲資州稅官，坐自盜抵死……

……癸巳，制鏐以太師致仕，自餘官爵皆削之，凡吳越進奏官、使者、綱吏，令所在繫治之。

卷二百七十六，《後唐紀》五，19/9032–3

上接九月。按，是年九月丁卯朔，癸巳二十七日，此二癸巳重出。《舊五代史·明宗紀》亦繫錢鏐事於癸巳，或前"癸巳"有誤，或後"癸巳"誤衍，姑存疑。

潞王清泰元年（九三四）

戊午，以隴州防禦使相里金爲保義節度使。

丁未，階州刺史趙澄降蜀。

卷二百七十九，《後梁紀》八，19/9120

上接五月丙午。後有戊申、己酉、庚戌。按，清泰元年五月庚子朔，丙午七日，戊午十九日，丁未八日，戊申九日，己酉十日，庚戌十一日。戊午不得在丁未、戊申、庚戌諸日前。《舊五代史·末帝紀》戊午正在諸日之後。此日次失序。

二年（九三五）

……戊寅，詔斬知隱。

卷二百七十九，《後梁紀》八，19/9133

上接九月己酉。按，清泰二年九月癸巳朔，己酉十七日，月內無戊寅。是年十月壬戌朔，戊寅十七日，或下文"冬十月己卯"之"冬十月"應前移至"戊寅"前。姑存疑。己卯，十月十八日。

乙酉，以前匡國節度使、同平章事馮道爲司空。

卷二百七十九，《後梁紀》八，19/9137

上接十二月壬申。《舊五代史·末帝紀》："乙酉，以前秘書監楊凝式爲兵部侍郎。己丑，以前同州節度使馮道爲司空。"按，十二月壬戌朔，乙酉二十四日，己丑二十八日，或《通鑑》因涉上有乙酉而誤繫己丑事於乙酉，姑存疑。

拾貳
後晉紀

高祖天福三年（九三八）

庚午，〔嚴："庚午"改"己巳"。〕楊光遠表乞入朝；命劉處讓權知天雄軍府事。己巳，〔嚴："己巳"改"庚午"。〕制以范延光爲天平節度使，仍賜鐵券……

卷二百八十一，《後晉紀》二，19/9190

上接九月壬戌。天福三年九月乙巳朔，壬戌十八日，庚午二十六日，己巳二十五日，庚午不得在己巳前，嚴衍蓋因日次不合，改"庚午"爲"己巳"；"己巳"爲"庚午"。按，《舊五代史·高祖紀》："（丙寅）遣宣徽南院使劉處讓權知魏府軍府事。己巳，復范延光官爵，其制略曰：'……改授鄆州刺史、天平軍節度、鄆·齊（案：原本有缺文）等州觀察處置等使，賜鐵券。'"《新五代史·高祖紀》亦云"己巳，赦魏州，蠲民稅"。可證《通鑑》"己巳"不誤。嚴氏所改非是，疑"庚午"誤。《舊五代史》繫劉處讓事於丙寅，丙寅九月二十二日，日次合。姑存疑。

帝以大梁舟車所會，便於漕運，丙辰，建東京於汴州，復以汴州爲開封府，以東都爲西京，以西都爲晉昌軍節度。

卷二百八十一，《後晉紀》二，19/9191

上接十月戊寅。按，是年十月甲戌朔，戊寅五日，月內無丙辰。《新五代史·高祖紀》："（冬十月）庚辰，升汴州爲東京，以洛陽爲西京，雍州爲晉昌軍。"庚辰，十月七日。當從《新五代史》，《通鑑》"丙辰"爲"庚辰"之訛。

又，《舊五代史·高祖紀》原亦誤作"丙辰"，標點本改爲"庚辰"。《校勘記》云："庚辰原作丙辰，影庫本粘籤云：'丙辰，以《長曆》推之，當作庚辰，今無別本可校，姑仍其舊。'今據殿本及《歐陽史》卷八《晉本紀》改。"附誌於此。

立左金吾衛上將軍重貴爲鄭王，充開封尹。
癸亥，［章：十二行本作"庚辰"；乙十一行本同；孔本作"庚戌"；張校同孔本。］**敕先許公私鑄錢，慮銅難得，聽輕重從便，但勿令缺漏。**

卷二百八十一，《後晉紀》二，19/9195

上接十一月癸亥。按，本年十一月甲辰朔，癸亥二十日，此癸亥與上文重出。《新五代史·高祖紀》："十二月丙子，封子重貴爲鄭王。"《舊五代史·高祖紀》亦作"十二月丙子"。《通鑑》當誤奪"十二月"。十二月甲戌朔，丙子三日。此處之"癸亥"疑因涉上文之"癸亥，敕聽公私自鑄錢"條而誤複前文。

又，十二月無庚戌，當從十二行本作"庚辰。"庚辰，十二月七日。但《舊五代史·高祖紀》十二月戊寅條下云："是日，詔：'宜令天下無問公私，應有銅欲鑄錢者，一任取便酌量輕重鑄造。'"戊寅五日，與《通鑑》"庚辰"異。《册府元龜》卷五百一《邦計部·錢幣》載此詔於十二月，不書日。姑存疑。

辛丑，〔張："丑"作"未"。〕吳讓皇卒。

卷二百八十一，《後晉紀》二，19/9195

上接十二月庚辰（參見上條）。是年十二月甲戌朔，庚辰七日，辛丑二十八日，月內無辛未。《考異》曰："《十國紀年》曰：'辛丑，唐人弑讓皇。'事不可明，今但云卒。"張敦仁蓋因不察《通鑑》上文漏書"十二月"之誤，以十一月無辛丑故，改"辛丑"爲"辛未"。《通鑑》"辛丑"不誤，張敦仁所改非是。

四年（九三九）

戊申，加楚王希範天策上將軍，賜印，聽開府置官屬。

卷二百八十二，《後晉紀》三，19/9202

上接四月丙戌，後有辛亥、乙卯、乙丑。按，天福四年四月壬申朔，丙戌十五日，月內無戊申、辛亥、乙卯、乙丑諸日。《舊五代史·高祖紀》："（五月）戊申，湖南節度使馬希範加天策上將軍。"五月壬寅朔，戊申七日，辛亥十日，乙卯十四日，乙丑二十四日。《通鑑》"四月"後逕接六月，"戊申"上當脱"五月"。

十二月，丙戌，禁創造佛寺。

卷二百八十二，《後晉紀》三，19/9209

按，是年十二月丁酉朔，月內無丙戌。《舊五代史·高祖紀》："（十二月）丙辰，詔今後城郭村坊，不得創造僧尼院舍。"丙辰，十二月二十日。當從《舊五代史》，《通鑑》"丙戌"爲"丙辰"之訛。

五年（九四〇）

二月，庚戌，北都留守、同平章事安彥威入朝……
……
二月，曦遣統軍使潘師逵、吳行真將兵四萬擊延政。

卷二百八十二，《後晉紀》三，19/9210-11

按，此二月重出。後"二月"誤衍，可刪。

丁巳，唐主立齊王璟爲太子，兼大元帥，錄尚書事。……己未，承貴以白刃驅延光上馬，至浮梁，擠于河。

卷二百八十二，《後晉紀》三，19/9216-7

上接七月己巳。按，天福五年七月甲子朔，己巳五日，月內無丁巳、己未。《新五代史·高祖紀》："（八月）己未，西京留守楊光遠殺太子太師范延光。"《舊五代史·高祖紀》亦作"八月己未"。八月甲午朔，丁巳二十四日，己未二十六日。《通鑑》七月後逕接九月，不書八月，"丁巳"上當脫"八月"。

六年（九四一）

辛巳，北京留守李德珫遣牙校以吐谷渾酋長白承福入朝。

卷二百八十二，《後晉紀》三，19/9221

上接夏四月，後有丁亥，按，天福六年四月庚寅朔，月內無辛巳、丁亥。《新五代史·高祖紀》："五月，吐渾首領白承福來。"五月庚申朔，辛巳二十二日，丁亥二十八日。《通鑑》四月後逕接六月，不書五月，"辛巳"上當脫"五月"。

又，《舊五代史·高祖紀》："（五月）甲戌，北京遣牙將劉從以吐渾大首領白承福、念龐里、赫連功德來朝。"甲戌五月十五日，與《通鑑》"辛巳"異，姑存疑。

七年（九四二）
……二月，癸巳，以重建爲彰武留後，召審琪歸朝。
卷二百八十三，《後晉紀》四，19/9234

《舊五代史·高祖紀》："（二月）己亥，以曹州防禦使何建爲延州留後。"何建即何重建，天福七年二月乙酉朔，癸巳九日，己亥十五日。未知孰是，姑存疑。

唐主自爲吳相，興利除害，變更舊法甚多。及即位，命法官及尚書删定爲《昇元條》三十卷；庚寅，行之。
卷二百八十三，《後晉紀》四，19/9240

上接八月丙寅，按，是年八月壬子朔，丙寅十五日，月内無庚寅。《通鑑》八月後逕接十月，不書九月。或"庚寅"誤；或"庚寅"上誤奪"九月"。姑存疑。九月壬午朔，庚寅九日。

齊王開運元年（九四四）
戊寅，命侍衛馬步軍都虞候、泰寧節度使李守貞將步騎二萬討楊光遠於青州……
卷二百八十四，《後晉紀》五，19/9271

上接四月辛酉，後有丙戌、丁亥、辛卯。按，開運元年四月癸卯朔，辛酉十九日，月内無戊寅、丙戌、丁亥、辛卯諸日。《舊五代史·少帝紀》:"(五月)戊寅,遣侍衛親軍都虞候李守貞率步騎二萬,討楊光遠於青州。"《新五代史·出帝紀》亦作"五月戊寅"。五月壬申朔,戊寅七日,丙戌十五日,丁亥十六日,辛卯二十日。《通鑑》四月後逕接六月,不書五月,"戊寅"上當誤奪"五月"。

六月,辛酉,官軍拔淄州,斬其刺史劉翰。
……癸卯,以道爲匡國節度使,兼侍中。

卷二百八十四,《後晉紀》五,19/9272

按,是年六月辛丑朔,辛酉二十一日,癸卯三日,辛酉不得在癸卯前。《舊五代史·少帝紀》:"六月辛丑朔,王師拔淄州,斬楊光遠僞署刺史劉翰。癸卯,以太尉、兼侍中馮道爲檢校太師、兼侍中,充同州節度使。"《通鑑》"辛酉"當爲"辛丑"之訛。

二年(九四五)

二月,壬辰朔,帝至滑州,[章:十二行本"州"下有"壬申"二字;乙十一行本同;孔本同;退齋校同。]**命安審琦屯鄴都。甲戌,帝發滑州;乙亥,至澶州。**

卷二百八十四,《後晉紀》五,19/9284

按,開運二年二月戊辰朔,壬申五日,甲戌七日,乙亥八日,壬辰二十五日,非朔日。《通鑑》"壬辰"當爲"戊辰"之訛。《舊五代史·少帝紀》:"二月戊辰朔,車駕次滑州。"正作戊辰。

三年(九四六)

晉昌節度使兼侍中趙在禮,更歷十鎮,所至貪暴,家貲爲諸帥之最。帝利其富,三月,庚申,爲皇子鎮寧

節度使延煦娶其女。

卷二百八十五,《後晉紀》六,20/9302

　　開運三年三月壬辰朔,庚申二十九日。《舊五代史·少帝紀》:"(四月)戊寅,幸相國寺禱雨。皇子延煦與晉昌軍節度使趙在禮結婚,命宗正卿石光贊主之。"四月辛酉朔,戊寅十八日,與《通鑑》"三月庚申"異。姑存疑。

……拓跋彥超、石存、也廝褒三族,共攻靈州,殺令溫弟令周。戊午,令溫上表告急。

卷二百八十五,《後晉紀》六,20/9303

　　上接夏四月,是年四月辛酉朔,月內無戊午。《通鑑》四月後逕接六月,不書五月。或誤奪"五月";或"戊午"誤,姑存疑。五月庚寅朔,戊午二十九日。

拾叁
後漢紀

高祖天福十二年（九四七）

辛巳，［嚴："巳"改"卯"。］以絳州防禦使王晏爲建雄節度使。

卷二百八十七，《後漢紀》二，20/9359

上接五月乙酉。天福十二年五月乙酉朔，月內無辛巳，辛卯七日。按，《通鑑》下文接辛卯，如依嚴衍"辛巳"作"辛卯"，則二"辛卯"重出。《舊五代史·高祖紀》："（四月）辛巳，陝州節度使趙暉加檢校太尉，華州節度使兼陝州馬步軍都指揮使侯章加檢校太傅，以陝府馬步軍副都指揮使兼絳州防禦使王晏爲晉州節度使、檢校太傅。"四月丙辰朔，辛巳二十六日。疑"辛巳"不誤，《通鑑》誤將四月事繫於五月，嚴衍所改非是。

高祖乾祐元年（九四八）

王景崇遺蜀鳳州刺史徐彥書，求通互市。壬戌，蜀主使彥復書招之。

卷二百八十八，《後漢紀》三，20/9393

上承四月乙未。按，乾祐元年四月庚辰朔，乙未十六日，月內無壬戌。後接五月乙亥，五月己酉朔，壬戌十四日，乙亥二十七日。或"壬戌"誤，或"壬戌"應在"五月"，姑存疑。

二年（九四九）

詔以静州隸定難軍，二月，辛未，李彝殷上表謝。

卷二百八十八，《後漢紀》三，20/9407

按，乾祐二年二月乙亥朔，月內無辛未。《通鑑》是年正月乙巳朔，辛未正月二十七日，姑存疑。

三年（九五〇）

……庚寅，文徽至福州，吳越知威武軍吳程詐遣數百人出迎……

丁亥，汝州奏防禦使劉審交卒。

卷二百八十九，《後漢紀》四，20/9419–20

上接二月甲申。按，乾祐三年二月己巳朔，甲申十六日，丁亥十九日，庚寅二十二日，丁亥不得在庚寅後。《舊五代史·隱帝紀》亦云："（二月）丁亥，汝州防禦使劉審交卒。"此或日次失序，姑存疑。

拾肆
後周紀

太祖廣順元年（九五一）
八月，壬戌，葬漢隱帝于穎陵。

卷二百九十，《後周紀》一，20/9462

後接壬子。按，廣順元年八月庚寅朔，壬子二十三日，月內無壬戌。《舊五代史·太祖紀》："八月辛卯，漢隱帝梓宮發引，帝詣太平宮臨奠，詔群臣出祖于西郊。"辛卯，八月二日。《舊五代史·隱帝紀》亦云："以其年八月二日……葬于許州陽翟縣之穎陵，祔神主于高祖之寢宮。"由此推之，《通鑑》"壬戌"疑是"壬辰"（三日）之訛。蓋二日辛卯，梓宮發引；三日壬辰，葬於穎陵。又，穎陵，《隱帝紀》作"穎陵"，附誌於此。

二年（九五二）
己亥，帝至大梁。

卷二百九十，《後周紀》一，20/9479

上接六月戊戌。《新五代史·太祖紀》："（六月）庚子，至自兗州。"《舊五代史·太祖紀》："（六月）戊戌，車駕至自兗州。"按，廣順二年六月乙酉朔，戊戌十四日，己亥十五日，庚子十六日。三說各異，姑存疑。

……秋，七月，戊子，峻入朝，帝慰勞令視事。

卷二百九十，《後周紀》一，20/9480

後有癸巳、辛丑、癸卯、癸丑。按，是年七月乙卯朔，月內無戊子及上列諸日。《通鑑》是月癸丑下云："始詔犯鹽、麴者以斤兩定刑有差。"《舊五代史·太祖紀》："（八月）癸丑，詔改鹽麴法，鹽麴犯五斤已上處死，煎鹻鹽者犯一斤已上處死。"《通鑑》本年不書八月，"七月"應爲"八月"之誤。八月甲申朔，戊子五日，癸巳十日，辛丑十八日，癸卯二十日，癸丑三十日。

癸酉，敕："約每歲民間所輸牛皮，三分減二；計田十頃，稅取一皮，餘聽民自用及賣買，惟禁賣於敵國。"

卷二百九十一，《後周紀》二，20/9486

上接十一月辛未。《舊五代史·太祖紀》："癸酉，青州符彥卿移鎮鄆州。甲戌，詔曰：……應天下所納牛皮，今將逐（年）所納數，三分內減二分……"此云甲戌，與《通鑑》"癸酉"異。是年十一月癸丑朔，癸酉二十一日，甲戌二十二日。《册府元龜》卷四百八十八《邦計部·賦稅》作"十一月"，不記日。《通鑑》不書符彥卿移鎮鄆州事，或《通鑑》因上有癸酉，而誤以甲戌作癸酉，姑存疑。

三年（九五三）
彰武節度使高允權卒，其子牙內指揮使紹基謀襲父位，詐稱允權疾病，表已知軍府事。觀察判官李彬切諫，紹基怒，斬之，辛巳，以彬謀反聞。

卷二百九十一，《後周紀》二，20/9489

上接閏正月戊戌。按，廣順三年閏正月壬午朔，戊戌十七日，月内無辛巳。《通鑑》"辛巳"上承戊戌，下接壬寅（二十一日）疑爲"辛丑"（二十日）之訛。

……癸亥，遣馮道迎太廟社稷神主于洛陽。

卷二百九十一，《後周紀》二，20/9497

上接九月己亥。按，是年九月戊寅朔，己亥二十二日，月内無癸亥。《舊五代史·太祖紀》："（冬十月）詔中書令馮道赴西京迎奉太廟神主。甲子……"十月戊申朔，癸亥十六日，甲子十七日。《通鑑》九月後逕接十一月，不書十月。當誤奪"冬十月"，下文"冬，十一月"之"冬"字可删。

又，《新五代史·太祖紀》："冬十月庚申，馮道爲奉迎神主使。"庚申十三日，與《通鑑》"癸亥"異，姑存疑。

太祖顯德元年（九五四）

……甲辰，帝以得中欺罔，縊殺之。
乙巳，帝發晉陽。

卷二百九十二，《後周紀》三，20/9516

上接五月辛丑。按，顯德元年五月甲戌朔，辛丑二十八日，月内無甲辰、乙巳。《新五代史·世宗紀》："六月乙巳，班師。"六月癸卯朔，甲辰二日，乙巳三日。《通鑑》五月後逕接七月，不書六月，"甲辰"上當誤奪"六月"。

乙酉，帝至潞州；甲子，至鄭州；丙寅，謁嵩陵；庚午，至大梁。

卷二百九十二，《後周紀》三，20/9516

上接六月乙巳（《通鑑》奪"六月"，見上條）。按，是年六月癸卯朔，乙巳三日，甲子二十二日，丙寅二十四日，庚午二十八日，月內無乙酉。"胡注"曰："以乙巳發晉陽甲子至鄭州考之，中間不應以乙酉至潞州，恐是乙卯。"乙卯，六月十三日。今按，《舊五代史·世宗紀》："六月癸卯朔，詔班師，車駕發離太原……乙巳，車駕至潞州……乙丑，幸新鄭縣。丙寅，帝親拜嵩陵……庚午，帝至自河東。"《册府元龜》卷一百一十八《帝王部·親征》："（六月）己巳遲明，帝發自太原……庚午，至自太原。"諸説各異，姑存疑。

二年（九五五）

乙丑，蜀李廷珪上表待罪。冬，十月，壬申，伊審徵至成都請罪。

卷二百九十二，《後周紀》三，20/9531

上接閏九月甲子。今按，《二十史朔閏表》顯德二年閏九月丙申朔，甲子二十九日，月內無乙丑。本年十月乙丑朔（《資治通鑑目錄》卷三十同），壬申爲十月初八日。《通鑑》之"冬十月"疑應移至"乙丑"之前。

三年（九五六）

春，正月，丙午，以王環爲右驍衛大將軍，賞其不降也。

丁酉，李穀奏敗唐兵千餘人于上窰。

卷二百九十二，《後周紀》三，20/9534

下文本月有戊戌、庚子、壬寅諸日。按，顯德三年正月乙未朔，丙午爲正月十二日，丁酉初三日，戊戌初四日，庚子初六日，壬寅初八日；丙午不得在諸日之前。下接"丁酉"，"丙午"或爲"丙申"之訛文。姑存疑。丙申爲正月初二日，與丁酉相次。

四年（九五七）

詔脩永福殿，命宦官孫延希董其役。丁丑，帝至其所，見役徒有削柹爲匕，瓦中噉飯者，大怒，斬延希於市。帝之克秦、鳳也，以蜀兵數千人爲懷恩軍。乙亥，遣懷恩指揮使蕭知遠等將士八百餘人西還。

卷二百九十三，《後周紀》四，20/9568–9

上接四月己巳。按，顯德四年四月戊午朔，己巳十二日，丁丑二十日，乙亥十八日，丁丑不得乙亥前。《舊五代史·世宗紀》亦載，四月丁丑殺孫延希。此日次失序。

六年（九五九）

庚申，樞密使王朴卒。

卷二百九十四，《後周紀》五，20/9595

上接二月丁亥。按，顯德六年二月丙子朔，丁亥十二日，月內無庚申。《舊五代史·世宗紀》："三月庚申，樞密使王朴卒。"《新五代史·世宗紀》亦作"三月庚申"。三月丙午朔，庚申十五日。《通鑑》二月後逕接四月，不書三月，"庚申"上當誤奪"三月"。

秋，七月，壬戌……以山南東道節度使、同平章事向拱爲西京留守；庚申，加拱兼侍中。

卷二百九十四，《後周紀》五，20/9603

按，是年七月甲辰朔，壬戌十九日，庚申十七日。庚申不得在壬戌後。《舊五代史·恭帝紀》:"壬戌……以襄州節度使、檢校太尉、同平章事向拱爲河南尹，充西京留守，加檢校太師、兼侍中。"壬戌後無庚申。《通鑑》後接丙寅（二十三日），疑"庚申"誤衍。

主要引用書目

陳垣《二十史朔閏表》，中華書局（北京）一九六二年新版（一九七八年重印本）。

司馬光《資治通鑑目錄》，四部叢刊本（上海涵芬樓影印北宋刊本）。

司馬遷《史記》，中華書局（北京）一九五九年版（一九八二年重印本）。

班固《漢書》，中華書局（北京）一九六二年版（一九八三年重印本）。

范曄《後漢書》，中華書局（北京）一九六五年版（一九八二年重印本）。

陳壽《三國志》，中華書局（北京）一九五九年版（一九八二年重印本）。

房玄齡《晉書》，中華書局（北京）一九七四年版。

沈約《宋書》，中華書局（北京）一九七四年版。

蕭子顯《南齊書》，中華書局（北京）一九七二年版（一九七四年重印本）。

姚思廉《梁書》，中華書局（北京）一九七三年版。

姚思廉《陳書》，中華書局（北京）一九七二年版。

魏收《魏書》，中華書局（北京）一九七四年版。

李百藥《北齊書》，中華書局（北京）一九七二年版（一九七三年重印本）。

令狐德棻等《周書》，中華書局（北京）一九七一年版（一九七四年重印本）。

李延壽《北史》，中華書局（北京）一九七四年版（一九八三年重印本）。

李延壽《南史》，中華書局（北京）一九七五年版（一九八三年重印本）。

魏徵、令狐德棻《隋書》，中華書局（北京）一九七三年版（一九八二年重印本）。

劉昫《舊唐書》，中華書局（北京）一九七五年版。

歐陽修、宋祁《新唐書》，中華書局（北京）一九七五年版（一九八六年重印本）。

薛居正等《舊五代史》，中華書局（北京）一九七六年版（一九八六年重印本）。

歐陽修《新五代史》，中華書局（北京）一九七四年版（一九八六年重印本）。

王欽若等《冊府元龜》，中華書局（北京）一九六〇年影印本。

李昉等《太平御覽》，中華書局（北京）一九六〇年影印本。

王溥《唐會要》，上海古籍出版社一九九一年版。

杜佑《通典》，中華書局（北京）一九八四年影印原商務印書館萬有文庫十通本。

羅士琳、劉文淇等《舊唐書校勘記》，同治十一年（一八七二）定遠方氏重刊本。

一九九五年版後記

本書初稿完成於一九八七年，改定於一九八九年。寫作過程中得到了中國社會科學院歷史研究所陳高華和張澤咸兩位先生的悉心指教，李學勤先生不僅熱心向出版社推薦，而且欣然賜序。謹借此機會向所有幫助過我的師長致以衷心的謝意。

人貴自知，但往往卻失於自是，疏漏錯謬在所難免，希望讀者不吝賜教。

吳玉貴

一九九四年春節於北京

再版後記

　　《資治通鑑疑年録》最初出版於一九九四年。這次再版重新核對了史料，改正了一些文字錯誤，對原來的内容没有作大的增補或删改，請讀者鑒諒。

吳玉貴

二〇一九年六月於上海